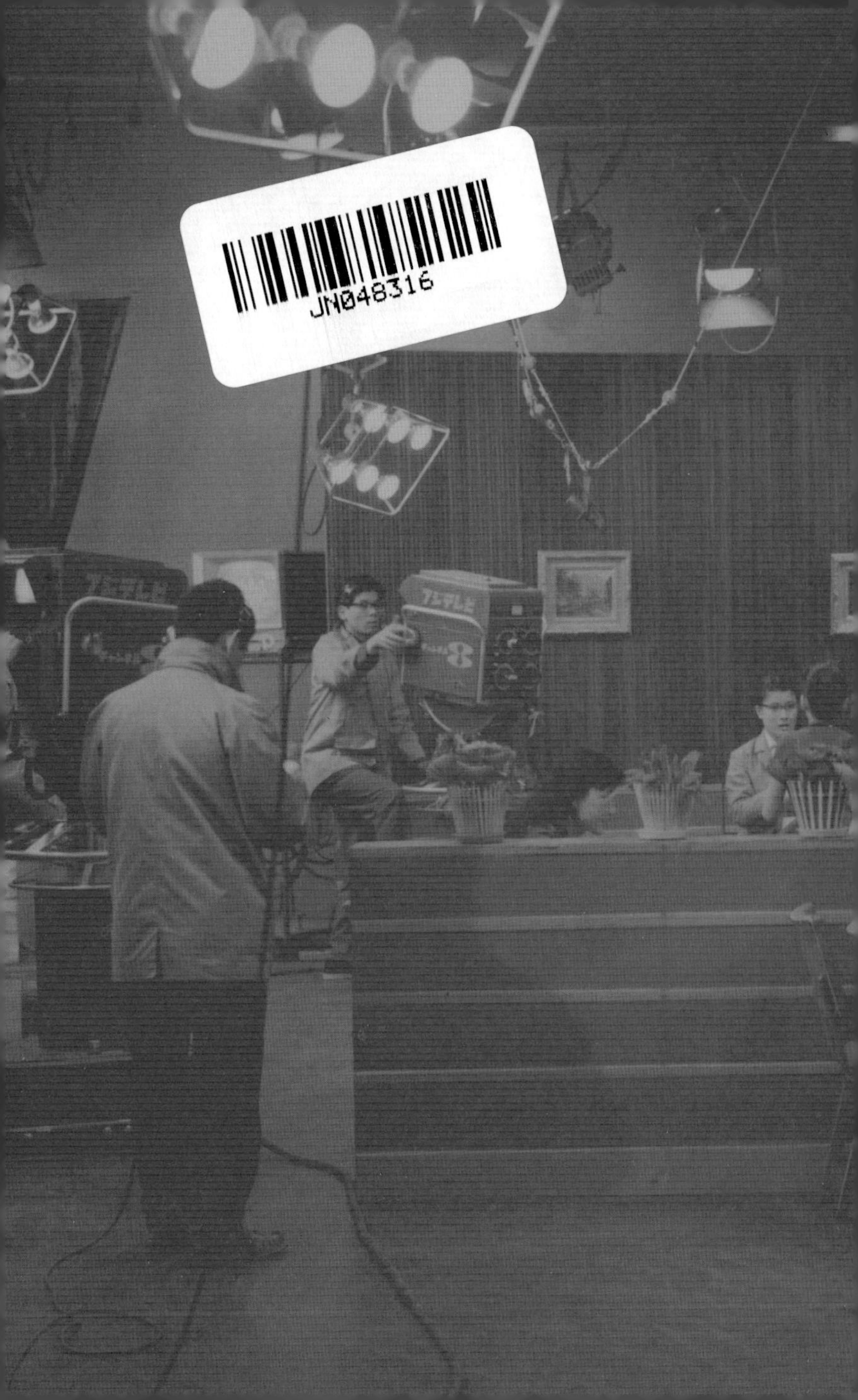

# 俳優たちの
# テレビドラマ創世記

濵田研吾

国書刊行会

# 俳優たちのテレビドラマ創世記

目次

【凡例】

一、本書は故・嶋田親一への聞き取り調査より、フジテレビ時代のドラマ演出およびドラマプロデュースに関する証言をもとにまとめた。インタビューは二〇二〇（令和二）年九月二十一日、十月十一日、十一月一日、十二月二十六日、二〇二一（令和三）年二月二十三日、三月二十一日、六月六日、七月二十四日、八月二十九日、九月十九日、十月十七日、十一月十四日、十二月十九日に都内で実施した。嶋田は、二〇二二（令和四）年七月九日逝去。本書における嶋田の証言部分の文責は、すべて筆者（濵田）にある。本文中のゴシック体の部分が、嶋田の聞き取り証言にあたる。

二、一九五〇〜六〇年代は「島田親一」名義だったが、引用部分をのぞいて原則「嶋田親一」名義で統一した。嶋田の証言部分をのぞき、本文の敬称は略した。

三、本書掲載図版のうち、嶋田親一の個人資料および旧蔵品は［嶋田旧蔵］と明記。本書掲載の新国劇、ニッポン放送、フジテレビ関係の写真は、特記なきものをのぞき、嶋田が個人で保管・所蔵していたプライベートスナップおよび資料である。そのほか特記なきものは筆者蔵。

四、本文中に特記なきドラマはすべてフジテレビ制作。人物の生没年、テレビ・ラジオの放送日、映画の公開日、舞台の上演日は、筆者の判断で適宜明記および割愛した。引用文は原則、出典文献の表記に準拠した。

# プロローグ　長寿庵の二階で

二〇二三（令和五）年九月四日の夕方、都営地下鉄大江戸線の若松河田駅を降りた。若松口を出て、「女子医大通り」を五分ほど歩くと、東京女子医科大学病院の前を通る。そこから百メートルほど行くと、向かって右がわに「食品スーパーマーケット三徳《さんとく》河田店」があり、奥には「河田町《かわだちょう》ガーデン」の住宅棟が建ちならぶ。かつてこの場所（新宿区河田町）に、フジテレビジョン（以降「フジテレビ」と表記）の局舎とスタジオがあった。俗にいう「河田町フジテレビ」である。

スーパー三徳の真向かい、女子医大通りに面して「長寿庵」がある。木造二階建て、昔ながらのおそば屋さんで、最近は平日の昼のみ営業している（二〇二四年五月現在）。一九六二（昭和三十七）年八月三十日、この長寿庵の二階で、誕生日会が催された。主賓はこの日、三十一歳を迎える嶋田《しまだ》親《しん》一《いち》（一九三一～二〇二二）。当時は「島田親一」名義で、肩書きは「フジテレビ編成局制作第一部主任・チーフディレクター」だった。

嶋田は、一九五九（昭和三十四）年三月一日のフジテレビ開局時から、スタジオドラマの演出に携わった。誕生日会の写真の後列右端、ネクタイをゆるめ満面の笑みを浮かべる丸いメガネの男性が、

「長寿庵」2階での嶋田親一誕生日会（1962年8月30日、新宿区市谷河田町）。右から2人目に嶋田親一、ほかに七尾伶子、千葉信男、渡辺篤史、中西杏子、市村俊幸、天草四郎、永井柳太郎、原泉らがいる。［嶋田旧蔵］

その人である。会する人の多くが、嶋田演出の『三太《さんた》物語』（一九六一～六二年、第二章参照）の出演者だった。神奈川県の津久井町（現・相模原市）の山里を舞台に、わんぱく小僧の三太、友だちの花子、留《とめ》、定《さだ》、担任の花荻《はなおぎ》先生が織りなす、子ども目線によるホームドラマである。

長寿庵での誕生日会、嶋田の前には三太役の渡辺《わたなべ》篤史《あつし》（一九四七～）がいる。『渡辺篤史の建もの探訪』（テレビ朝日）をはじめ、いまも現役で活躍中だ。その左隣で、花荻先生役の中西《なかにし》杏子《きょうこ》（一九三九～）が笑う。

青木茂原作、筒井敬介脚本の『三太物語』は昭和二十年代、NHKのラジオドラマで人気を博し、劇団民芸（現・劇団民藝）で舞台化、新東宝などで映画化された。フジテレビ版は、青木の原作を山中《やまなか》恒《ひさし》（一九三一～）が脚色した三十分ドラマである。

NHKがテレビの本放送をスタートさせたのは、一九五三（昭和二十八）年二月一日のこと。すでに十年に近い月日が流れていたが、『三太物語』はVTR（ビデオ・テープ・レコーディング）による収録ではなく、河田町のスタジオからの生放送だった。

二〇二〇（令和二）年九月、筆者は当時八十九歳の嶋田と初めて会った。それから一年半、いろんな思い出ばなしを聞かせてもらった。その席で嶋田は、『三太物語』の思い出をこう語った。

主役の三太は、ぼくが演出した『にあんちゃん』（一九六〇年、第二章参照）に出た劇団若草の渡辺篤史で、最初から決めていました。いがくり坊やで、三太にぴったりでしょう。

困ったのが、担任の花荻先生です。新人でオーディションをやることに決めて、知人から「いい女優がいます」と紹介されたのが中西杏子です。本人がテレビに出たかったわけではなく、まわりがやらせたかったみたいです。マネージャーといっしょに、河田町のフジテレビに来ました。派手なメーキャップで、アイシャドーがきつくて、花荻先生のイメージとぜんぜん違う。田舎の学校の先生なのに（笑）。でもね、いい顔立ちなんです。「ちょっとメーキャップを落として」と頼んだら、まさに花荻先生そのもの。それで彼女に決めました。

中西杏子は「ミス資生堂」としてデビューし、新東宝の第八期ニューフェイスとして数本の作品に出演した。一年ほどで新東宝を退社し、ファッションモデルをしていたとき、テレビの初仕事として花荻先生役に白羽の矢が立った。当時の新聞に、中西に対する嶋田のコメントがある。《メロ

中西杏子テストショット（1961年、フジテレビ）。［嶋田旧蔵］

ドラマ向きの甘いふんい気と時代劇が好きというウエットな感じがぴたりだと思う。ドラマの方も余りラジオのイメージにとらわれず、ぼくなりの感覚でやっていきたい》（「花荻先生に新人・中西杏子」一九六一年二月十八日付「東京新聞」）。

　嶋田の要求はきびしかった。「スタートして半年くらいは、日常生活も花荻先生らしく。おしゃれやデートはもってのほか」と枷《かせ》をはめた。ミス資生堂、新東宝ニューフェイス、ファッションモデルと、素顔は華やかな人である。当時は「花荻先生＝清純」なイメージが視聴者に強く、中西はそのプレッシャーに悩まされつつ、役づくりに苦心した。

　このあと中西は、嶋田が演出したフジテレビドラマのほか、他局のテレビ映画や映画に出た。一九六五（昭和四十）年ごろまで俳優を続け、それからのキャリアはわからない。「ご結婚されて、引退されたと思います。お元気かな」と嶋田はなつかしむ。

　誕生日会には渡辺と中西のほかにも、「三太」の出演者が数多く駆けつけた。「ブーチャン」の愛称で親しまれた市村俊幸《いちむらとしゆき》（三太の父）、NHK東京放送劇団出身でラジオの人気スターだった七尾伶《ななおれい》子《こ》（三太の母）、ベテラン新劇人の原泉《はらせん》（三太の祖母）、戦前から多くの映画会社でキャリアを積んだ永井柳太郎（村長さん）、日活映画の名脇役だった天草四郎（強羅さん）、大柄の人気コメディアンで嶋田のよき仲間だった千葉信男もいる。

老若男女、世代をこえて、みなさんいい表情である。この誕生日会の写真と、テスト用に撮られた中西杏子のポートレートが、嶋田の書斎に残されていた。

一九八〇年代以前のものは、満足に映像が残されていないこともあって、映画や演劇にくらべるとテレビドラマ史研究は遅れている。それが近年、少しずつ変わってきた。二〇一七（平成二十九）年には、早稲田大学坪内博士記念演劇博物館で春季企画展「テレビの見る夢─大テレビドラマ博覧会」（五月十三日〜八月六日）が開かれ、大きな注目を集めた。二〇二一（令和三）年秋には、同博物館が特別展「家族の肖像──石井ふく子のホームドラマ」（二〇二一年十月十一日〜二二年一月二十三日）を開催し、テレビ創成期から現在にいたる日本のホームドラマ史をひもといた。

創成期のテレビドラマを論じた新刊も、近年出版されている。瀬崎圭二（同志社大学文学部教授）の著書『テレビドラマと戦後文学──芸術と大衆性のあいだ』（森話社、二〇二〇年十二月）はそのひとつ。昭和三十年代に放送された「芸術祭参加作品」を論じた労作で、貴重な放送史料となった。

この本には、スタジオドラマの演出を手がけた、NHKと民放各局のドラマ担当ディレクターが数多く登場する。そこに、嶋田親一の名はない。テレビドラマ史に記録されるほどの名作、人気作、問題作を手がけていない証である。そのことを本人に訊いたことがある。

ぼくの名前は出てこないです。テレビドラマの巨匠じゃないから（笑）。ドラマ史の視点でいくと、「倉本聰《くらもとそう》と組んで『6羽のかもめ』をプロデュースした」「その倉本がフジテレビで『北の国から』を書いた」という流れで捉えられ、そこにかろうじて「嶋田親一」の名前が残るわけです。それ以前の演出の仕事は、『三太物語』にしてもあまり語られない。「そうじゃねえんだけどなあ」という気持ちは、正直なところあります。

放送評論家で嶋田と親しかった志賀信夫の著書『映像の先駆者　125人の肖像』（NHK出版、二〇〇三年三月）には、先駆者のひとりとして嶋田が取り上げられている。見出しには《倉本聰『6羽のかもめ』を生み、新国劇を守る　プロデューサーとして才能を発揮》とあり、倉本聰原案『土曜劇場　6羽のかもめ』（一九七四〜七五年、第四章参照）の仕事が紹介されている。

ただしそれは、プロデューサーとしての評価で、演出家としてではない。志賀の著書には、《「器用貧乏というのでしょうか。とにかくいっぱい作ったけれど代表作というのがなくてね。代表作のない男ですよ」》と嶋田のコメントを紹介している。器用貧乏で、代表作のない男。そこに悔いは感じられず、誇らしげでさえあった。

「職人肌のドラマ屋」と言うべきでしょうか。そのなかで夢中で走ってきたし、自分からそれを希望した。人と比較しないことが、ぼくの人生哲学です。「芸術祭参加作品」をうらやましく思っても仕方がない。それよりも「これ、見たことある」と思い出してもらえるほうがうれしい。当時の現場、フジテレビの社風が、そうした道に導いてくれたんでしょうね。

新国劇出身という土台もあります。創立者の澤田正二郎《さわだしょうじろう》が掲げた理念「右に芸術、左に大衆」が、つねに根底にありました。誰のホン（脚本）で、誰の演出か、よほどの巨匠じゃないとお客さんは意識しません。舞台の良し悪しはやっぱり、島田（正吾）と辰巳（柳太郎）に極まるわけです。そうした世界で育ったことが、ドラマを演出するうえでも大きかった。


テレビドラマの世界で「職人」と呼ばれたことの自負は、現役時代のインタビューでも、たびたび語っていた。嶋田のキャリアをたどるうえで、ひとつのキーワードといえる。

嶋田親一のキャリアは、一九五〇（昭和二十五）年秋、新国劇文芸部入りからスタートする。演出助手として下積み時代を送り、劇団二枚看板の島田正吾《しまだしょうご》と辰巳柳太郎《たつみりゅうたろう》、劇作家で演出家の北條秀司《ほうじょうひでじ》から、芝居のイロハを徹底的に仕込まれた。

瀬崎圭二の『テレビドラマと戦後文学』に、一九五〇～六〇年代のドラマディレクターの一端を示す文章がある。《この時期にテレビドラマを制作していたディレクターたちは、ラジオや映画、演劇に携わった経験を持つ者が多かった。（中略）この時期のテレビ業界が演劇や映画、ラジオといった先行の業界と地続きであったことが分かる》。早稲田大学で演劇を専攻し、新国劇、ニッポン放送をへてフジテレビ入りした嶋田は、まさにそのひとりだった。

嶋田も芸術祭参加ドラマを演出しているが、映像が残されることはなかった。演出したドラマを論じようにも、肝心の映像が残されておらず、残されていてもおおやけに公開されることはない。

「あけぼのばし通り」道標（2023年、新宿区住吉町）。[筆者撮影]

石原裕次郎主演の単発ドラマ『一千万人の劇場　小さき闘い』（一九六四年、第三章参照）が、「放送ライブラリー」（横浜市中区）で公開されているくらいだ。

映像がうしなわれ、それがテレビドラマ史に刻まれない作品であっても、なにかしら記録しておくべきではないか。それが、制作に関わった人たちへの供養になるのではないか。いまは亡き嶋田と筆者に共通する気持ちは、そこにある。

一九九七（平成九）年三月、フジテレビの局舎とスタジオは、新宿区河田町から港区台場に移転した。跡地は「河田町ガーデン」となり、フジテレビ時代の面影はない。わずかな名残りとして、河田町から念仏坂を下り、「あけぼのばし通り」に入る住吉町の一角に道標（一九八四年九月建之）がある。そこには《右　あけぼの橋地下鉄驛》《左　フジテレビ》と刻まれている。

フジテレビは、民放のテレビ局としては後発だが、テレビドラマはまだ若かりし時代だった。そこで本書を「テレビドラマ創世記」とつけた。河田町のフジテレビで、嶋田はどんなスター、名優と仕事をしたのか。出会い、ともに過ごした俳優や放送人とのあれこれ、スタジオドラマ制作の日々をたどりたい。

# 第一章

# 河田町にありて

## わが師、わが本――佐々木孝丸

一九五九（昭和三十四）年三月一日にフジテレビが開局し、嶋田は「編成局芸能部」のディレクターとなる。局制作のスタジオドラマの演出は、ディレクターの仕事だった。それから三年ほどのち、一九六二（昭和三十七）年一月十一日、フジテレビは編成局内の「芸能部」「社会教養部」「アナウンサー室」を廃止し、「制作第一部」「制作第二部」「アナウンス部」を新設した。その組織変更にあわせて、嶋田が「編成局制作第一部主任・チーフディレクター」に抜てきされた。プロローグで書いた誕生日会は、昇格祝いを兼ねる席となった。

主任・チーフディレクターに昇格した翌月、練馬区南町（現・桜台）にある嶋田の自宅に一通のハガキが届く（一九六二年二月三日、鎌倉局消印）。差出人は、鎌倉の稲村ケ崎に暮らす仏文学者で翻訳家の小牧近江《こまきおうみ》（一八九四～一九七八）。小牧の弟・嶋田《しまだ》晋作《しんさく》（一九〇一～一九五〇）は嶋田の父で、ふたりは伯父と甥の関係にあたる。

チーフディレクター主任待遇昇格のお知らせ、これこそ最もすぐれた十三周忌え《ママ》の報告、心

からお喜びいたします。おめでとう。孝丸君の喜び察する。（以下略）

文面の《十三周忌えの報告》は、嶋田の父・晋作の十三回忌を意味する。《孝丸君の喜び察する》は、小牧と親交の深い俳優の佐々木孝丸《ささきたかまる》（一八九八〜一九八六）のことをさす。佐々木は戦後、たくさんの映画に出演し、早くからテレビドラマにも出た。嶋田は父・晋作の急逝をきっかけに佐々木に師事し、演劇と放送への道すじをつくった恩人として慕った。

嶋田親一は、一九三一（昭和六）年八月三十日、東京府豊多摩郡野方町（現・東京都中野区）で生まれた。父の晋作、母の妙子にとっては第一子となる。父方の祖父にあたる近江谷栄次《おうみやえいじ》は、実業家、政治家として活動する秋田県土崎の名士だった。伯父の小牧近江も、両親の晋作と妙子も秋田出身であり、嶋田も「秋田生まれ」に間違えられることが多かった。

小牧近江（近江谷栄次の長男、本名・近江谷駉《こまき》）は、父の栄次とともにパリに渡り、パリ大学に留学する。そのパリで、反戦平和運動「クラルテ」の影響を受けた。帰国後の一九二一（大正十）年二月、土崎小学校の同級生だった金子洋文《かねこようぶん》、今野賢三《いまのけんぞう》らと月刊同人誌『種蒔く人《たねま》』を創刊した。この直後、小牧は東京で佐々木孝丸と出会う。この年の十月には、佐々木が同人に加わり、『種蒔く人』の「東京版」が創刊された。一九二三（大正十二）年四月には、小牧と佐々木が共訳したアンリ・バルビュス著『クラルテ』（叢文閣）が刊行され、版を重ねた。

佐々木孝丸は、大正の末ごろから、プロレタリア文学および演劇の世界で活動を本格化させていく。小説、戯曲、評論、翻訳、演出、俳優と多才なところをみせた。土蔵劇場（先駆座）、トランク

左に嶋田晋作、右に小牧近江（昭和10年代、中央区銀座）。［嶋田旧蔵］

劇場に関係したのち、千田《せんだ》是也《これや》、村山知義《むらやまともよし》、佐《さ》野《の》碩《せき》らと前衛座を結成する。その後も、東京左翼劇場（のちの中央劇場）、丸山定夫、薄田研二《すすきだけんじ》、山本安英《やまもとやすえ》らの新築地劇団など、関係した劇団・ユニットは数多い。労働歌、革命歌として親しまれた『インターナショナル』では、佐野碩とともに日本語訳を手がけた。大正から昭和、戦前にかけての新劇界を牽引する存在だった。

　嶋田晋作（近江谷晋作）は、近江谷栄次の二男で、小牧近江の七歳下にあたる。能代市で代々続く嶋田家は、近江谷家の親戚にあたり、晋作は嶋田家のひとり娘・妙（妙子）と結婚、嶋田家の十四代目として養子（入り婿）に入る。晋作は、東京帝国大学（現・東京大学）経済学部を卒業し、「日本経済新聞」の前身「中外商業新報」の記者となる。そののち経済ジャーナリストとして独立し、『文藝春秋』（文藝春秋社）連載の「財界夜話」をはじめ、健筆をふるう。島田晋作、相模太郎、檜六郎《ひのきろくろう》（赤坂檜町六番地に暮らしたことに由来）など複数の筆名を使いわけ、それぞれの名で著書を出した。

**尋常小学校に通っていたころ、鎌倉に住んでいたんです。江ノ電の駅を降りると、『刑事コロン**

ボ』みたいなレインコートを着たおじさんから「シマダくん。今日はお父さん、いるかい？」と声をかけられた。特高（警察）ですよ。ぼくもピーンときて、「わかりません」ととぼけた。うちに帰っておやじに伝えると、「そうかあ。そうかあ」とびくともしない。いまから考えると、いろんな意味で、あれが戦争だったのかなあ。

おやじは新聞記者をやめて、いくつもペンネームをもって、物書きで家族を食わせていた。完全に左だったけど、祖父（近江谷栄次）は右だった。だから政治をやる気は毛頭なかった。そういう家で、ぼくは育ったわけです。

自宅で取材を受ける佐々木孝丸（1983年、世田谷区）。［嶋田旧蔵］

新劇界で名を馳せた佐々木孝丸も、一九四〇（昭和十五）年には当局から弾圧・拘束され、転向を迫られる（この年、新協劇団と新築地劇団が解散に追い込まれた）。特高警察の手で検挙され、マルクス主義との絶縁を宣言し、戦意高揚を目的とした演目を演出するようになる。

戦争が激しくなり、晋作の一家は秋田に疎開する。一九四五（昭和二十）年八月十五日、晋作は秋田市役所土崎出張所長として敗戦を知る。そのあとすぐ執筆した論文「四等國民に訴ふ―日本未だ目覺めず―」は、月刊

『さきがけ』創刊号（秋田魁新報社、一九四五年十一月）に掲載され、話題を呼ぶ。まもなく晋作は上京し、一九四六（昭和二十一）年四月の衆議院選挙に日本社会党から立候補（秋田県全県）し、初当選を果たす。そのあと一度は再選したものの、一九四九（昭和二十四）年一月の衆院選で落選した。

こうしたリベラルな家風のなか、嶋田は少年時代から映画と演劇に親しむ。戦争を知る世代といっても、数年異なるだけで、敗戦の受けとめ方も戦後の身の振り方も変わってくる。その意味で嶋田は、家族を含め、めぐまれた環境にあった。晋作が命を賭して書いた「四等國民に訴ふ―日本未だ目覺めず―」を、嶋田はずっと誇りにしていた。

敗戦の年、嶋田は秋田市立中学校（現・秋田県立秋田中央高等学校）二年に編入し、学内で演劇部を立ち上げた。そのあと東京に戻り、早稲田大学高等学院三年に編入する。一九五〇（昭和二十五）年には、早稲田大学文学部芸術科に入り、演劇を専攻した。学生演劇に没頭し、外国映画と芝居見物（前進座と俳優座が好きだった）にのめりこむ。ちょうどこのころ、父・晋作に伴われ、劇作家組合委員長の佐々木孝丸と初めて会った。

早稲田大学に進学してまもなく、一家に悲劇が襲う。一九五〇（昭和二十五）年六月二十日、嶋田晋作急逝。肝硬変の悪化で、四十九歳の若さだった。嶋田は、「父の遺志を継ぐべき」と親族から政経学部への転科をすすめられた。しかし、演劇への夢は捨てきれず、退学を決意する。その行く末を、まわりの大人たちは案じた。伯父の小牧近江と佐々木孝丸も、そのなかにいる。嶋田の新国劇入りが、ここで具体化していく。

劇団に入るイメージはなかったんですが、どちらかというと新劇志向になります。佐々木先生が「杉村春子さんに話して、文学座の研究生になるOKはとったよ」と。新国劇も研究生扱いで、これは島田（正吾）に話を通してくれた。「文学座か、新国劇か、君が決めろ。ただし文学座はお金が出ないよ」と言われて考えました。新国劇は研究生でも、いくばくかの給料が出る。本音では文学座に行きたい。でも、おやじが死んで、人に頼るのは嫌だから新国劇に決めたわけです。

一九四六（昭和二十一）年、俳優の千秋実《ちあきみのる》と妻の佐々木踏絵が、劇団「薔薇座《ばらざ》」を旗揚げした。踏絵の父・佐々木孝丸は、演出を手がけるなど協力を惜しまなかった（薔薇座は一九四九年に解散）。そのころ佐々木は、新国劇公演『シラノ・ド・ベルジュラック』（一九四七年二月、有楽座）を演出した。その縁で、シラノ役の島田正吾とつながりがあった。

本音では文学座に入りたかった嶋田だが、新国劇にも思い入れはある。創設者の澤田正二郎は、退学したとはいえ母校早稲田の先輩である。戦後まもない時期、新国劇から一時抜けていた秋月正夫ひきいる「協同座」の公演を、秋田で観たこともあった。この公演は、父・晋作が会長だった「土崎文化協会」が主催した。

嶋田の新国劇入りへの決意を知った佐々木は、一九五〇（昭和二十五）年九月二十九日夜、「島田親一」宛ての手紙を速達で出した（翌三十日消印）。そこには浜田右二郎《はまだゆうじろう》宛ての紹介状が同封されていた。浜田は新国劇の舞台装置を一手に引き受けるとともに、劇団総務を束ねた大物である。

左に嶋田親一、右に新国劇の香川桂子（1952年、東京・明治座楽屋）。[嶋田旧蔵]

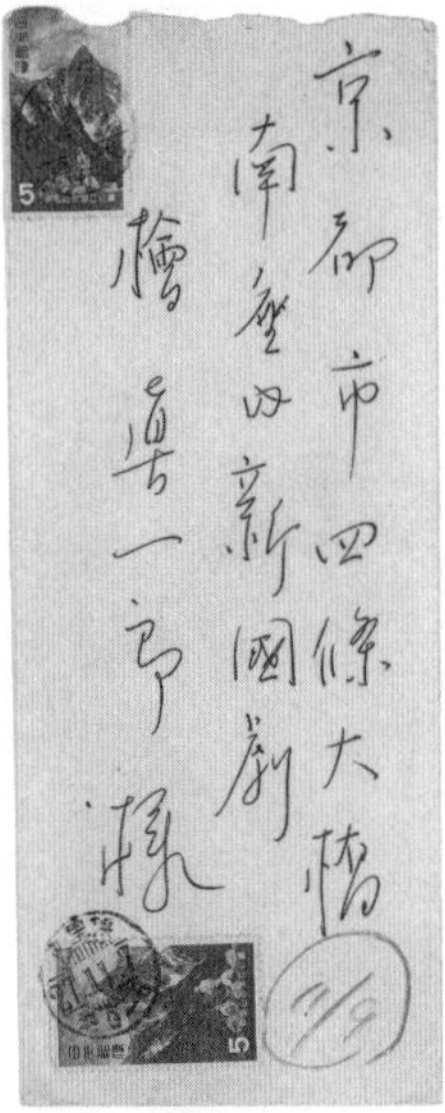

檜眞一郎（嶋田親一）宛て、佐々木孝丸書簡（1952年）。[嶋田旧蔵]

（前略）幸いに採用されることになりましたら、将来のことは別として、新国劇に居る間だけは、「島田」という姓を何か変えられた方がよくはないかと思います。何しろ劇団の御大が島田なので、「島田君」と人に呼ばれたりするときに具合が悪いのではないかと思います――

（中略）

　君の最初の舟出に僕が附き添って行ってあげられないのはかえすがえすも残念ですが、人生とは、とかくそういうもの。これからも（新国劇に入ってからも）苦しいことや気に喰わぬことや事志と違うことが次ぎ〳〵と襲いかかってくることでしょう。屁古垂《へこた》れずにやって下さい。

佐々木からの速達を受け取った嶋田は、十月四日、浜田右二郎を東京・築地の「松竹寮」に訪ねた。中里介山《なかざとかいざん》の七回忌追善『大菩薩峠』（新橋演舞場、十月七〜二十九日）の稽古中で、嶋田は浴衣姿で稽古する辰巳柳太郎（机龍之助役）の姿を見かけた。

十九歳で研究生として新国劇文芸部に入り、佐々木の提案を受けて「檜眞一郎《ひのきしんいちろう》」を名乗った。亡き父・晋作の筆名「檜六郎」と本名の「親一」に由来する。文芸部では、演出助手として裏方（雑務）を担い、PR誌『新国劇ニュース』の編集も手がけた。なにより大きかったのは、北條秀司についた演出助手の仕事である。『王将』『文楽』『霧《きり》の音《おと》』『井伊大老』など、新国劇になくてはならない作家にして演出家だった。

文芸部入りして二年後の一九五二（昭和二十七）年十一月、研究生から「正座員」に昇格した。ところが翌一九五三（昭和二十八）年五月、新国劇を退座した。長谷川伸《はせがわしん》の門下生で八歳上の作家・池波正太郎《いけなみしょうたろう》との確執である。池波が書いた『渡辺崋山《わたなべかざん》』（明治座、一九五三年四月上演）に嶋田が注文をつけ、関係者が居ならぶ本読みの席でふたりは口論となる。

池波との口論が引き金になったとはいえ、それだけが退座の原因と思えない。このまま新国劇に居続けて、芽が出るのか。当時二十一歳、わが身の将来にあせりを覚えたのでは、と思う。新国劇をやめて無職になった嶋田を、佐々木孝丸は公私ともに援助した。

師の佐々木孝丸には、「せっかく入って、島田と辰巳に会ったときも『あいつ、いいよ』と言われたのに、やめるのか」と言われました。でも、結局は反対しなかった。伯父の小牧近江からもハガキがきて、「やめたあとも、勉強しなさい」と応援してくれました。

　それからは佐々木孝丸のかばん持ちですよ。勝手に「佐々木孝丸演劇映画研究所」という名刺をつくってね。そのころから先生が映画に出始めたので、撮影所にもときどきついていきました。でも先生は、かばん持ちをさせる気はない。「月々一万円のお小遣いをやるから、好きに勉強しろ」と言ってくれた。

　博識でしたね。久里浜（神奈川県）に住んでいて、書庫には数か国語の百科事典がならんでいる。エンサイクロペディアにかけて、「佐々木エンサイ」と呼ばれたくらいです。「これ読んでおけよ、おもしろいよ」とフランス語の演劇論をくれました。そんなの、わかるわけがないのに。

　渋谷の居酒屋「とん平」が、先生の行きつけでした。一階がカウンターで、二階に座敷がある。先生がまだ来ていないときは、外で待つわけです。毎日のことなので、とん平のママが顔を覚えてくれて、「なかで座んなさいよ」と声をかけてくれる。カウンターには、滝沢英輔（映画監督）や辰野隆《のゆたか》（仏文学者）がいたりする。すごいお店でしょう。


　当時つけていた嶋田の日記には、《いつの日か、先生より独立して御恩返し出来るか？　ちょっとのびて、サラリー（８０００）うける》（一九五四年三月二日）とある。人事院の記録によると、一九五四（昭和二十九）年の国家公務員六級職（のちの上級、現在はⅠ種・Ⅱ種）初任給は、大学卒業程度で八千七百円だった。それだけの金額を佐々木は、嶋田に渡していた。

一九五三（昭和二十八）年から五四（昭和二十九）年にかけて、佐々木は新東宝や東映の映画に、渋い脇役（悪役）で顔を出すようになった。あわせて十五分枠のラジオドラマ『月の物語』（ラジオ東京、一九五三年四月一日〜五四年三月三十一日放送）の演出を手がけた（花王石鹸提供）。古今東西の神話、伝説、民話、童話、名作物語を、世界を旅する月（俳優座の村瀬幸子ふんする）が物語る趣向で、詩人の大木《おおき》惇夫《あつお》が台本を書いた。

嶋田は佐々木のアシスタントとして、『月の物語』の収録に立ち会い、佐々木が不在のときは代理で演出した。その番組が、一九五四（昭和二十九）年三月で打ち切りになることが決まる。このままずっと佐々木の世話になるわけにもいかず、開局を間近にひかえた株式会社ニッポン放送への入社を決めた。

日本で民間放送（民放）がスタートしたのは、一九五一（昭和二十六）年である。名古屋の中部日本放送、大阪の新日本放送（現・毎日放送）、東京のラジオ東京（現・TBSホールディングス）、翌五二（昭和二十七）年には文化放送など民放の開局があいつぐ。その後も管轄する郵政省には、東京地区における新ラジオ局の免許申請が多く出され、それを一本化してニッポン放送が生まれた。

嶋田のニッポン放送入りについては、佐々木孝丸も奔走した。ただ、それが入社の後押しになったわけではない。嶋田の親戚筋に、経済界への太いパイプがあったことが大きい。嶋田のニッポン放送入りに尽力したひとりが、のちのフジテレビ社長・水野《みずの》成夫《しげお》である。だからといって、まったくのコネ入社というわけではない。新国劇文芸部時代には、新国劇ユニットの『鞍馬天狗』（ラジオ東京）の演出助手をやり、佐々木孝丸のアシスタントとして『月の物語』にも関わった。創成期の民放ラジオドラマで、スタッフの経験がある。

　一九五四（昭和二十九）年三月二十三日、『月の物語』は最終収録の日を迎えた。演出の佐々木は不在で、嶋田が本番を告げる「キュー」をふった。翌月の四月十三日、嶋田はニッポン放送に入社する。佐々木は、行きつけだった渋谷の「とん平」でビールをふるまい、「今日から君、酒は自分で勘定払うんだよ」と愛弟子の再スタートを祝った。伯父の小牧近江からは《これも孝丸さん、新国劇諸氏のおかげで実を結んだのですから》（同年五月二十三日記）とハガキが届いた。

　ニッポン放送の開局記念前夜祭番組『一谷嫩軍記《いちのたにふたばぐんき》　熊谷陣《くまがいじん》屋《や》』（一九五四年七月十四日放送）に裏方として参加したのが、同局での初仕事となる。東京の歌舞伎座からの劇場中継（録音）で、熊谷直実《くまがいなおざね》を演じた初代中村吉右衛門にとって、これが生前最後の役となった。

檜眞一郎（嶋田親一）作『放送劇　丁字路』原稿（1953年）。［嶋田旧蔵］

　新国劇をやめ、ニッポン放送に入社するまでの一年弱、嶋田は佐々木の指導を受けながら、ラジオドラマの創作に励んだ。檜眞一郎作『放送劇　丁字路』は、そのとき書いた一本で、文化放送『新人劇場』の放送作に入選した。一九五四（昭和二十九）年八月七日には、同局の『新人劇場』（四十分枠）で放送され、「劇団七曜会」の田中明夫、真木恭介、水城《みずき》蘭子《らんこ》らが出演した。七曜会は、一九五〇年代に活動した新劇の劇団のひとつ。演劇評論家の矢野《やの》誠一《せいいち》は、《群小劇団のなかでは首ひとつ抜けた存在だったように思われた》(『舞台人走馬燈』早川書房、二〇〇九年八月)とふりかえる。看板女優の水城の存在が、七曜会の人気をさらに高めた。嶋田の放送デビュー作『丁字路』は、若き新劇人とラジオドラマをつなぐものとなる。

放送の日、嶋田はすでにニッポン放送の社員だった。ライバル局のドラマを局内で聴くことはできず、近くの喫茶店に行き、同僚でのちに脚本家となる松木ひろし(一九二八〜二〇一六)と聴いた。「松木とふたりで『新人劇場』に応募して、『先を越された』と松木が悔しがっていました。舞い上がっていて、ドラマの出来は記憶にありません」と嶋田は言う。

嶋田の書斎には、『丁字路』の自筆台本と謄写版《とうしゃばん》台本(ガリ版刷り)が残されていた。ある朝、狭いバス通りと商店街が突き当たる「丁字路」で死亡事故が起こる。加害者の路線バス運転手(四十六歳)、軽傷を負った求職中の男性(二十五歳)、犠牲となった駅売店で新聞を売る女性(十八歳)。三人はどんな暮らしをしていて、なぜ事故が起きたのか。新聞記者が、警察署の交通課主任に取材するかたちでドラマは展開する。交通死亡事故の加害者と被害者、それぞれのなにげない日常と暗転を描く佳品である。

台本を読ませてもらい、ラジオドラマの魅力に感銘を受けた。嶋田自身、「我ながらよく出来ていた」と自負する。戦後のラジオドラマ史に記録されることはないものの、師・佐々木孝丸とのつながりを物語る記念碑となった。

ニッポン放送に入ってからも、ふたりの師弟関係は変わらない。一九五五(昭和三十)年十月二十二日、嶋田はニッポン放送アナウンサーの小島英子と結婚し、銀座教会で式を挙げた。佐々木孝

『ありちゃんのパパ先生』リハーサル。左に佐々木孝丸、中央に島田妙子（1959～60年、フジテレビ）。[嶋田旧蔵]

丸夫妻が媒酌人となり、《島田（正吾）辰巳（柳太郎）》の連名で「御祝」が届いた。

戦後になって新劇界から距離を置いた佐々木は、映画とテレビの名脇役として活躍するようになる。フジテレビでは、開局の翌月に放送された『三行広告』第八回「許す」（山本雪夫作、小川秀夫演出、一九五九年四月十九日放送）に出た。長崎で被ばくした娘（河内桃子《こうちももこ》）を不器用に見守る元軍人の父を演じた。

嶋田の演出作では、有島一郎《ありしまいちろう》主演『ありちゃんのパパ先生』（一九五九～六〇年、本章参照）にゲスト出演したほか、『サンウエーブ火曜劇場　暖流』（一九六〇年、同）、『さくらスターライト劇場　哀愁によろしく』（一九六四年、第三章参照）に出演した。師とあおぐ人が出る記念すべきドラマだけれど、演出した当人は覚えていない。多忙でときには混乱する現場で、一出演者に過ぎない佐々木と語らいの場をもつ余裕はおそらくなかった。

忘れた理由はそれだけではない。佐々木孝丸といえば今日、俳優としての印象が強い。嶋田は違う。俳優ではなく、文学者であり演出家としての佐々木を慕っていた。佐々木孝丸の自叙伝『風雪新劇志―わが半生の記―』（現代社、一九五九年一月）の出版記念会では、師にこうかみついた。《〃演出をやる〃といったのに孝丸は役者ばかりやっている。オレは演出家佐々木のでし《ママ》だが、役者のでしではない。しっかりして》（一九六五年三月四日付「東京新聞」）。聞き取りの席でも、名脇役としてのキャリアは、さほど関心がない様子だった。

最晩年まで映画、ドラマに出演した佐々木は、俳優・芸能人の権利を守る仕事に取り組み、一九八〇（昭和五十五）年には協同組合日本俳優連合理事長に選任された。一九八三（昭和五十八）年には、嶋田が編集長をしていた『放送批評』（放送批評懇談会編、行政通信社発行）で、佐々木と嶋田の師弟対談が実現した（「ｃｌｏｓｅ・ｕｐ　エンサイクロペディアと人は言う」一九八三年十二月号）。その席で佐々木が、うれしそうな表情をうかべるスナップが一枚ある。

三年後の一九八六（昭和六十一）年十二月二十八日、佐々木孝丸は八十八歳で世を去った。

佐々木孝丸は、おやじ（嶋田晋作）と伯父（小牧近江）の真ん中くらいの年なんです。おふくろ（嶋田妙子）に言わせると、俳優のイメージじゃなかったみたい。着物を着てもゾローっとしていて、風来坊とは言わないまでも、いつもお金を持ってなくて、しかも態度がでかい（笑）。

そういう人が、ぼくの本当の意味での師匠となり、一生付き合うことになるとは思わなかった。佐々木先生からの手紙（書簡、ハガキ）は、ぜんぶ残してあります。「島田正吾がいるから、新国劇では名前を変えたほうがいい」とか、律儀な人でしょう。

全十三回、一年半におよぶ聞き取りのなかで、嶋田は多くの俳優、作家、演出家、演劇人、映画

佐々木孝丸『風雪新劇志―わが半生の記―』（現代社、1959年）。［嶋田旧蔵］

人、放送関係者の思い出を語った。とりわけなつかしそうに語って聞かせてくれたのが、佐々木孝丸のことだった。ふたりのつながり、佐々木の面倒見の良さ、素顔と人柄は、ここまで書いてきたとおりである。「俳優だけじゃないんだよなあ」とつぶやいたとき、「俳優としてだけ評価してほしくない」とのニュアンスを感じた。

　嶋田の本棚には、小牧近江、北條秀司、島田正吾の著書とともに、佐々木孝丸の『風雪新劇志―わが半生の記―』が大切に置かれていた。表見返しに「佐々木孝丸　一九五九年一月　島田親一様」と献呈署名がある。裏見返しには「嶋田藏書」の印と「1959.1.17　S. SHIMADA」の書き込みがある。終生変わらなかった師弟の証である。

## スーパーインポーズ――滝田裕介、大塚道子

一九五四（昭和二十九）年四月十三日、開局を七月に控えたニッポン放送（千代田区有楽町）に入社した嶋田は、ディレクター兼プロデューサーとなる。新国劇出身で、初代中村吉右衛門の『熊谷陣屋』を担当したことから、劇場中継を任せられると本人は思った。ところが劇場中継は担当外となり、一般聴取者参加のクイズ番組、バラエティショー、演芸番組、公開ラジオミュージカル、ラジオドラマなどを担当する。

ニッポン放送時代で印象に残っているのは、トニー谷（一九一七〜一九八七）です。ぼくが担当した公開番組『ポーラファニーショー　飛び出す放送』（ニッポン放送、一九五五年二月十九日〜八月二十日放送）の司会が、トニー谷でした。そろばん芸でドーンとあたって、文化放送で人気が出た。そこで後発のニッポン放送が、「うちでも」と口説いたらしい。

当時は飛ぶ鳥を落とす勢いの人気タレントで、ニッポン放送の担当者とことごとく合わない。四人目の担当がぼくで、ようやく落ち着いた。ぼくが担当になったのは、お子さんが誘拐されて騒ぎ

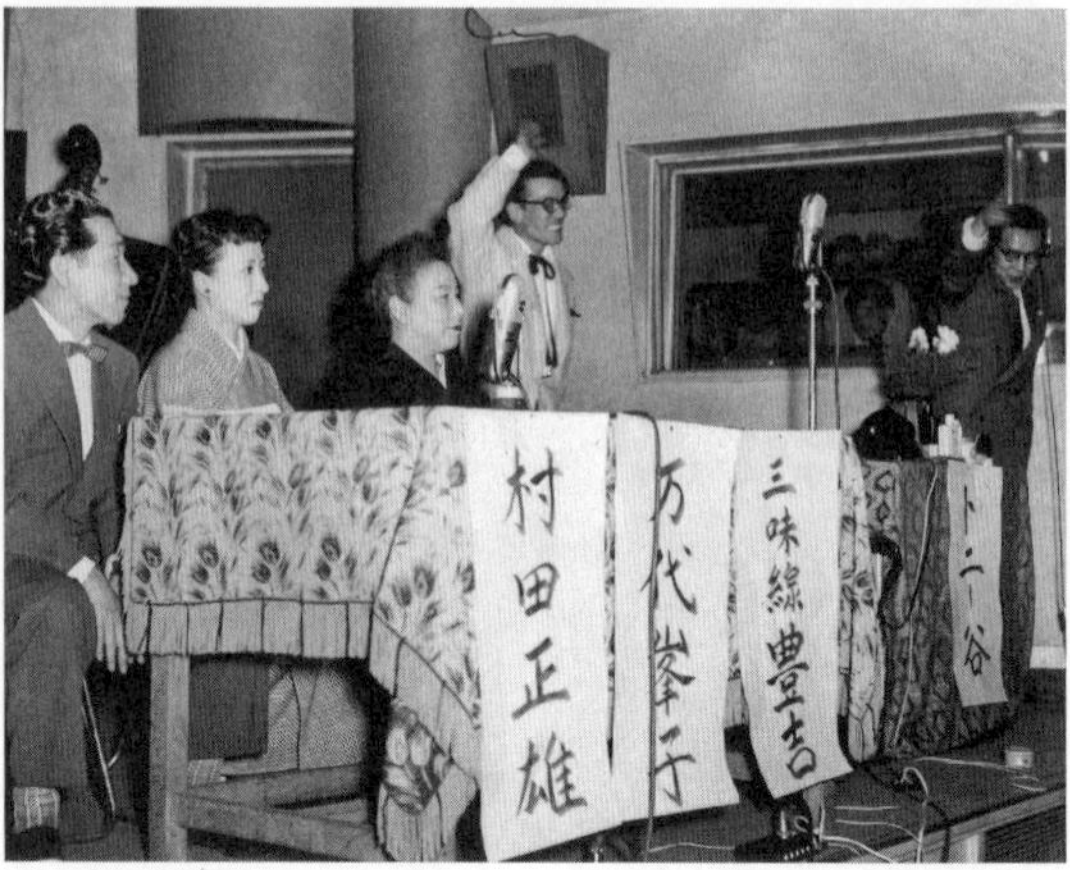

『ポーラファニーショー　飛び出す放送』公開収録（新日本放送［現・毎日放送］第1スタジオ、1955年4月29日、大阪市）。左から村田正雄、万代峯子、三味線豊吉、トニー谷、嶋田親一。［嶋田旧蔵］

になる前ですよ。付き合ってわかりましたが、なかなかシャイな方なんです。現場では殿様でも、そうそう悪い人はいるもんじゃない。トニー谷がそうでした。けっこう仲良くなりましたよ。

ニッポン放送での担当番組のひとつに、白《しら》井《い》喬二《きょうじ》原作、徳川《とくがわ》夢声《むせい》台本・語りの『夢声の忍術こらい也《や》』（一九五七年三月七日～五月三十日放送）もあった。「夢声さんが自分で擬音（効果音）を出すので、技術が大変でした。擬音に注文をつけるとジロッとぼくを見てね、怖かった。超大物ですから」とふりかえる。

このころから、フジテレビの開局が具体化していく。一九五七（昭和三十二）年二月二十一日、文化放送とニッポン放送の首脳が顔を揃え、第一回「中央テレビ首脳者会議」がニッポン放送で開催された。政府側では、電波監理審議会の答申やテレビ免許申請者を呼んだ公聴会をへて、NHK教育第二テレビ（第1チャンネル）、中央テレビジョン（第8チャンネル）、東京教育テレビ放送

（第10チャンネル、現・テレビ朝日）の京浜地区におけるテレビ新三波構想がまとまる。それにともない日本電波塔、現在の「東京タワー」ができた。

同年七月八日付で、中央テレビジョンあらため「富士テレビジョン」に予備免許が交付された。同年十一月、ニッポン放送と文化放送に加え、映画会社としてテレビ申請をおこなった大映、松竹、東宝の三社が資本参加し、株式会社富士テレビジョンを設立。翌五八（昭和三十三）年十一月に「フジテレビジョン」に改称した（「富士」だと画数が多くて見にくいため）。

呼び出し符号および呼び出し名称は「ＪＯＣＸ―ＴＶ」で、放送エリアは東京都全域と茨城・栃木・群馬・千葉・埼玉・神奈川各県の一部となる。局舎（本社兼スタジオ）の建設用地は、新宿区市谷河田町（当時）に約六千坪の土地を確保した。京浜地区でのテレビ局としては、ＮＨＫ（一九五三年二月一日）、日本テレビ（一九五三年八月二十八日）、ラジオ東京テレビ（一九五五年四月一日、現在のＴＢＳ）が先輩にあたる（カッコ内は開局日）。

本放送がスタートしておよそ五年、「電気紙芝居」「一億総白痴化」（評論家である大宅壮一の造語）と呼ばれ、テレビは高い評価を受ける新メディアではなかった。その反面、経済界や映画界がテレビに可能性を見いだし、思惑が入りみだれ、利権目的に暗躍する政治家もいた。

いっぽうで、テレビ受像機の契約者数は年々伸びていく。『ニッポン放送社報　いづみ』第五号（一九五七年三月五日発行）には、同年一月のテレビ加入者（契約者）が三万八千を超え、《三十二年には一層急激な増加を示すものと期待》とある。事実そうなった。こうした放送界の流れに、当時二十代の嶋田は、いい意味で巻き込まれていく。

一九五八（昭和三十三）年五月六日、嶋田に辞令がおりた。『ニッポン放送社報　いづみ』第十四号（一九五八年五月三十一日発行）に、《五月六日付　富士テレビジョンに出向を命ずる》として《嶋田親一》《松木ひろし》の名がある。

ニッポン放送では、いろんなレギュラー番組を担当し、みんなで楽しくやっていたんです。だから、ラジオを離れるさびしさはありましたよ。ニッポン放送の連中にも同情され、慰められた。でも、テレビは嫌じゃなかったし、新しいところに行く気持ちのほうが強かった。画《え》を見せる意味では、ラジオよりテレビのほうが舞台に近いし、新国劇にいた経験も生かせます。明治座の文芸部からニッポン放送に移った松木ひろしも同じ気持ちだったようで、いっしょにフジテレビに移って心強かったです。

「テレビは嫌じゃなかった」という言葉は、記憶の美化ではない。映画評論家の四条貫哉は、『映画評論』（映画出版社）一九五九（昭和三十四）年十月号「ある現代の英雄物語　テレビ・プロデューサーとは？」にこう書く。《フジテレビは、おそらく簇生《そうせい》する民間テレビ局のしんがりを承ることになるから、このチャンスを逸したらもうテレビ入りのチャンスは二度とめぐってこないかも知れない、という焦燥がマス・コミの尖兵たらんとする野心多き若人たちの胸をしめつけた。それに、フジの開局は誕生の前ぶれのあった当初より何か華やかな夢を一般に与えていた》。四条の指摘は、開局とともにフジテレビ入りする放送人の息吹を知るうえで参考になる。

嶋田と松木ひろしは、フジテレビへの出向が命じられた前月、加藤勇（劇団東芸出身の演劇プロデューサー）と語らい、「現代劇場」を旗揚げした。オリジナルの和製コメディ、フランスの「ブールバール劇」を目ざした劇団である。ニッポン放送の上司からは、「基本給は出すから、フジテレビの開局準備が本格化するまで、テレビに役立つことなら好きにしていい」とお墨つきをもらった。その第一回公演『娑婆に脱帽』（有楽町にあった東京ヴィデオホール、一九五八年四月十〜十二日）は松木の作、嶋田の演出で好評を博した。新国劇出身の嶋田のベースには、たえず演劇があった。テレビに役立つかどうかより、とにかく芝居がやりたかった。

そのかたわら、フジテレビへの出向が命じられた社員の研修が本格化する。嶋田と松木は、「日本テレビ浜町《はまちょう》スタジオ」（中央区日本橋浜町）に通う。日曜の午後に生放送された人情コメディ『OK横丁に集れ』（日本テレビ、一九五七年十月六日〜六〇年七月三日放送）が、初のテレビの現場となる。アメリカの西部劇映画『OK牧場の決斗』（一九五七年）をもじった題である。主演（薬屋のお若婆さん役）の藤村有弘《ふじむらありひろ》（一九三四〜一九八二）は喜劇畑の俳優で、コメディアンである千葉信男の元付き人だった。藤村は当時、テレビや日活映画のバイプレーヤーとして顔が売れ始めていた。多くの俳優と仕事をした嶋田にとって、テレビの現場で最初に印象づけられたのが藤村だった。

藤村有弘は愉快な人でしたが、稽古ができなくて困りました。前日に立ち稽古をやるのに、肝心の藤村が来ない。ゲストも「主役はいないのか」と言って来ない。稽古に来ないから、絵コンテも、カット割《わ》り台本も決まらない。仕方がないのでアルバイトのフロアディレクター「イガワくん」が、主役やゲストの代役をやりました。「器用な男だ」と感心しましたよ。このイガワくんが、のちの愛川欽也（本名・井川敏明、元俳優座養成所三期生）です。

台本は本番当日にできて、われわれアシスタントが手書きして、カメラマンに渡していた。当日のリハーサルも、段取りくらいです。「これで放送ができるのか」と心配していたら、藤村さんはすごい。あれがヴォードヴィリアンというのか、アドリブでやりきっちゃう。そんな現場を目の当たりにしたので、生放送のドラマはこわくない度胸がつきました。

『OK横丁に集れ』のプロデューサーは、日本テレビの松本尚彦さん。ぼくと松木に目をかけてくれて、「演出してみろよ。トチったら俺の責任にする」と提案されました。フジテレビから研修に来ている人間に、すごい度胸でしょう。さすがに演出は勘弁してもらいましたが、「開局ぎりぎりまでいろよ」と言ってくれてね。日本テレビとTBS（当時はKR、ラジオ東京テレビ）で三か月ずつ研修する予定が、TBSには行けなくなりました。

一九五八（昭和三十三）年十二月三十一日、フジテレビに出向中のニッポン放送社員の大部分に、同局退社およびフジテレビ社員への移籍が正式に発令された。移籍が発令された九十九名のなかに嶋田もいる。フジテレビ開局時（一九五九年三月一日）の組織体制は、総務局、営業局、編成局、技術局、経営委員会事務局、関西支社で、ドラマ制作は編成局の芸能部（全五班）の担当となる。嶋田は、その第四班の所属となった。

開局時の芸能部員は、部長以下全三十三名。ニッポン放送でクイズ、バラエティ、演芸番組を担当した嶋田は、なぜかドラマの現場にまわされた。芸能部にはほかに、小川秀夫、松木ひろし、五《ご》社英雄《しゃひでお》、岡田太郎、森川時久、丹羽茂久などがいた。文化放送とニッポン放送から集められた多士済々、若きテレビのつわものたちばかりだ。

小川秀夫は、『シオノギ劇場』（第三章参照）をはじめ、ベテラン演出家として活躍。松木ひろしは、数年後にフジテレビを辞め、舞台やテレビの売れっ子脚本家となる。五社英雄は、『トップ屋』『三匹の侍』で評判をとり、一九七〇年代以降は映画監督として名をなす。岡田太郎は、『日日《にちにち》の背信』（第二章参照）で「よろめきドラマ」ブームを巻き起こす。森川時久は、演出作『若者たち』で多くの視聴者から共感を得た。丹羽茂久は、松竹と組んだテレビ映画『お嫁さん』シリーズのプロデューサーとなる。

ドラマ担当の新人（演出、撮影、音声、効果）は三班にわかれ、十六ミリフィルムのテレビ映画を研修制作した。松山善三作『むなしきもの』、キノトール作『殺人の技術』（未完成）、松木ひろし作『恋と御同席』の三本である。嶋田は、森川時久、丹羽茂久の三人で『恋と御同席』を共同演出し、シナリオには制作として武田信敬、岡田太郎の名がある。

ドラマは、建築デザイナーの川添（沼田曜一）と「おしゃれの店」の売り子・邦子（松田敦子）がおりなすラブコメディである。登場人物は、川添、邦子、売り子の桃子（今井和子）と春美（翠潤子）、喫茶店のボーイ（河野彰）の五人で、ドラマは喫茶店とおしゃれの店の二場で展開する。

**開局前の研修期間中に十六ミリで撮りました。誰がどこを担当するのか、くじ引きで決めたよう**

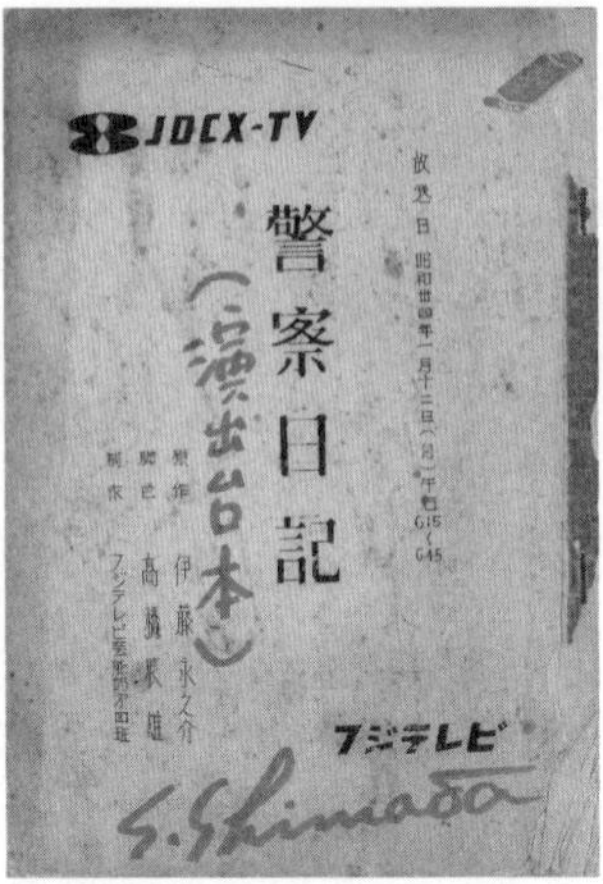


『警察日記』演出台本（1959年）。
[嶋田旧蔵]

な気がします。みんなで「あ〜でもない、こ〜でもない」と言い合い、ダメを出しあいながらね。荻窪にあった、誰かの知り合いのお店で撮りました。そしたら森川（時久）が、ぼくの自宅までやってきた。「降りる。舞台（ムーラン・ルージュ新宿座）出身で、こういう映画は苦手なんだ」と言い出した。仕方がなく、ぼくが演出をやりました。

　ロケは、荻窪の中華料理店「ふんよう亭」と西荻窪のレストラン「こけし屋」でおこなわれた。出演者は交通費のみで、ノーギャラだった。『恋と御同席』は一九五九（昭和三十四）年四月十一日、フジテレビの開局後に放送された。このテレビ映画をのぞき、嶋田がフジテレビ時代に演出した作品は、生放送かＶＴＲ収録のスタジオドラマだけである。

　一九五九（昭和三十四）年一月、河田町で建設が進んでいたフジテレビの局舎とスタジオが竣工した（地上三階、地下一階）。一月十日から「試験放送」が本格的にスタートし、嶋田は演出家としての第一歩を踏み出す。アシスタントディレクター（ＡＤ）経験を積んでからではなく、いきなりディレクターとして独り立ちした。

　一月十二日、午後六時十五分から試験放送された三十分ドラマ『警察日記』の演出が、その初仕事となる。嶋田の書斎には、《演出台本　S. Shimada》と赤のマジックで記された台本が残っていた。「演出」の文字はなく、台本一ページ目のスタッフ欄に、プロデューサー・ディレクターを意味する《P・D　島田親一》の文字がある。

原作は伊藤永之介、脚本（脚色）は高橋辰雄、制作はフジテレビ芸能部第四班、ADの藤井謙一は、のちに同局で『三匹の侍』を演出することになる。美術の妹尾河童《せのおかっぱ》は『少年H』で知られる舞台美術家、音楽の横森良造《よこもりりょうぞう》はアコーディオン奏者として人気があった。開局前の試験放送とはいえ、本格的である。

出演は、赤沼司法主任に軽演劇の名脇役だった村田正雄、神成捜査主任に新劇俳優で演劇書も著した浮田左武郎《うきたさぶろう》、窃盗で捕まる桃代に劇団青年座の今井和子、貧しい姉妹のアヤとトミに池田昌子と三田佳子などである。池田と三田は、嶋田がやっていた劇団「現代劇場」のメンバーで、池田は声優として、三田はスター女優としてのちに大成する。

『警察日記』は、福島の田舎町にある警察署が舞台の群像劇で、当時は知られた原作だった。一九五五（昭和三十）年には、一度に映画化（日活）、舞台化（新国劇）、ラジオドラマ化（ラジオ東京）されたほどである。ただしフジテレビ版は、記録が残されていない。『フジテレビジョン開局50年史』（フジ・メディア・ホールディングス、二〇〇九年八月）では、樋口一葉原作、久保田万太郎脚本、小川秀夫演出『わかれ道』（一九五九年一月二十六日放送）が、同局試験放送における初ドラマとされ、『警察日記』の記載はない。

ドラマ初演出の『警察日記』は、嶋田みずから企画を立てた可能性がある。作者の伊藤永之介は、

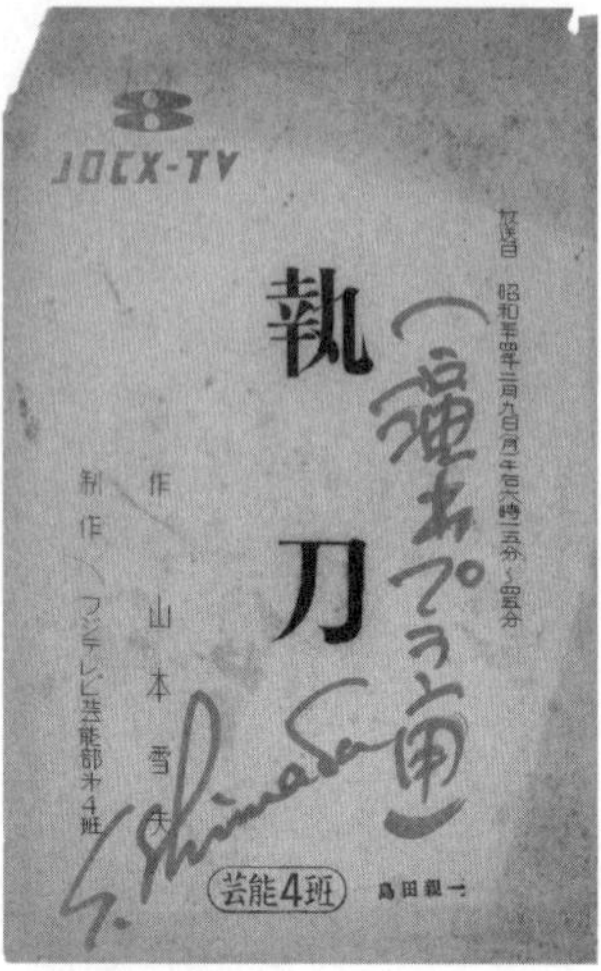

『執刀』演出プラン用台本（1959年）。［嶋田旧蔵］

亡き父・晋作の親友であり、嶋田家と伊藤家は家族ぐるみで付き合いがあった。嶋田の気合の入れようは、保存された演出台本で一目瞭然である。演出プラン、カメラや照明の指示、台詞の変更など書き込みがびっしり。現場での格闘が目に浮かぶ。

　ところが聞き取りの席で、このドラマに関する話題はなぜか出なかった。演出台本は、入院中の嶋田から資料整理を依頼されたとき、書斎の奥から見つかった。嶋田はそのまま亡くなったため、『警察日記』の思い出を聞くことはできなかった。

　『警察日記』から一か月ほどのち、二月九日の午後六時十五分から、嶋田にとって二本目の演出作『フジ劇場　執刀』（三十分）が試験放送された。《演出プラン用　S. Shimada》と赤のマジックで書かれた台本の表紙には、《作　山本雪夫》《制作　フジテレビ芸能部第四班》とある。その一ページ目には『警察日記』と同様に、プロデューサー・ディレクターとして《P・D　島田親一》とあり、ここにも「演出」の文字はない。

**ぼくにとってテレビドラマは、限りなく映画に挑戦する気持ちでした。映画へのあこがれととも**

に、新たなテレビドラマをつくる意気込みがあった。そこで考えたのが、字幕の「スーパーインポーズ」です。登場人物が自分たちで言いにくいことを、外国語で話す。そこに字幕をいれる。映画みたいでしょう（笑）。それをやるには医者の話がいい。そのプランを山本雪夫に話すと、「おもしろい」とノッてくれた。こうして上がってきたホンが『執刀』です。

それからは勝手なものです。手術のシーンを入れたい。スタジオに手術室のセットもつくりたい。夫婦間のコンプレックスも描きたい。やってみたいことをぜんぶ試験電波でやる。フジテレビの隣に東京女子医大があって、心臓外科の榊原仟《さかきばらしげる》先生に協力を仰ぎました。若いっておそろしいですね、いきなり会いに行きましたから。榊原先生は、「隣にあるのはご縁だから」と協力してくれました。山本雪夫のホンはよくできていたし、いまでもいいドラマだったと思いますね。

ドラマは、外科医局員の三枝浩平（三十二歳）と世津子（二十九歳）夫妻の葛藤と愛情を描く。同僚でありライバルのふたりは、運ばれた変死体の解剖所見をめぐって対立する。職場で公私の区別がつきにくいふたりに、同僚の医局員は好奇の目を向ける。制作にあたっては、フジテレビに隣接する東京女子医科大学病院でロケハンをおこなった。スタジオには、五つのセット（病院廊下、解剖室と手術室、医局事務室、外科部長室、ベランダ）を組んだ。

作者の山本雪夫は、すでにテレビドラマの脚本をいくつか手がけていた。嶋田によると、ムーラン・ルージュ新宿座出身の劇作家で、北條秀司の弟子でもあった。文化放送の『新人劇場』で檜眞一郎（嶋田のペンネーム）作『丁字路』（前項参照）が放送された翌月には、山本作『流れ星』もこの枠で放送（一九五四年九月十一日）された。ふたりの相性はよく、フジテレビでは脚本家と演出家として、たびたびコンビを組むことになる。

配役は嶋田が決めた。夫の浩平には、俳優座の滝田裕介（一九三〇～二〇一五）をキャスティングした。一九五三（昭和二十八）年に俳優座入りした滝田は、舞台のかたわらテレビドラマに出た。『執刀』の前年には、NHKテレビ『事件記者』のイナちゃん役（東京日報の伊那記者）に起用される。『事件記者』は、日活で映画化されるほどの人気となり、若手俳優として顔が知られていく。同時期のテレビドラマでは、石川甫《はじめ》演出『東芝日曜劇場　マンモスタワー』（ラジオ東京テレビ、一九五八年十一月十六日放送）で演じた、才気ばしったテレビディレクター・斎田浩役が印象ぶかい（映像が残っている）。

妻の世津子には、同じく俳優座の大塚道子《おおつかみちこ》（一九三〇～二〇一三）を配した。俳優座では滝田の先輩にあたり、一九四八（昭和二十三）年に入座した。『三人姉妹』のイリーナ（三女）をはじめ、若手として将来を嘱望され、さまざまな舞台に出た。テレビの本放送がスタートしてからは、俳優座の俳優とともにNHKドラマに積極的に出た。同座の俳優の多くが、劇団活動を支えるために映画、ラジオ、テレビに出た時代である。

滝田裕介と大塚道子、どちらも俳優座の若手実力派です。早稲田の高等学院に通っていたころから俳優座のファンで、俳優さんとも親しかった。あのころの新劇の若手はみんな、テレビをおもしろがってくれました。それこそテレビドラマは、滝田さんと大塚さんのほうがぼくの先輩です。フジテレビができる前から出ているし、すでに慣れている。

滝田さんは、それほど親しかったわけではなく、最初に大塚さんに話したんです。ぼくが観た俳優座の舞台に、大塚さんが出ていた。好きな女優さんで、「こういうドラマを試験電波でやるんだけど」と頼んだ記憶があります。「うん、うん」とすぐノッてくれたみたいで、ピタッと決まった。ドイツ語をしゃべって、そこに日本語の字幕が出るアイデアに惹かれたのかな。滝田さんも、夫の役を引き受けてくれました。

東宝の舞台『放浪記』で大塚さんは、森光子（林芙美子役）のお母さん（きし役）をやったんです。平成に入ってからですが、楽屋でひさしぶりに再会しました。ぼくの顔を見た大塚さんが「ああっ！」って。「覚えてる？」「覚えてるわよ！」（笑）。

滝田裕介（俳優座宣材写真、昭和30年代）。

大塚道子（永井智雄撮影、『俳優座No.18』、1956年）。

滝田裕介と大塚道子はそれぞれ、俳優座に長く在籍した。ヘンリック・イプセンの『ヘッダ・ガブラー』（一九七八年）など、ふたりの舞台共演が話題になることもあった。ともに葛藤を抱える若き外科医夫妻に、滝田と大塚を配した嶋田のセンスはいい。

ほかのキャストは、外科部長に立川恵作（現代座）、医局員の小宮山に松村達雄（ＰＴＣ）、酒田に西田昭市（葦）、伊東に重森孝（現代劇場）など。嶋田が関わった現代劇場と劇団葦の俳優が多く、葦にいた藤岡琢也《ふじおかたくや》の名もある（取材カメラマン役）。

『執刀』では、外科医をこころざす夫妻のライバル意識と、浩平の世津子に対するコンプレックスがテーマとなる。外科医としては世津子のほうが優秀で、外科部長もそのことをわかっている。浩平は世津子にいら立ちを募らせ、浩平を愛する世津子もまた素直になれない。

浩平の所見ミスで、変死体の解剖は再鑑定がおこなわれることになった。世津子のフォローでことなきを得たものの、それが許せない浩平は外科部長に辞表を出す。回診を済ませた世津子と辞表を出した浩平が、病院の廊下で出会う。小走りで避ける浩平と、あとを追う世津子。スーパーインポーズは、ここで登場する。以下は、嶋田旧蔵台本より引用する。

シーン⑦廊下

世津子　（独逸語――テロップ・スーパーで和文を）逃げないで。

（ト書き）浩平、ギクッと振向く。

（中略）
世津子　（独逸語で）卑怯よ、貴方。云いたいことを何故云って呉れないの？
浩平　（立停る。が、振向かない）
世津子　（独逸語）辞めるんなら私が辞めるわ。貴方が勤めろって仰有るから私……いつだって戻れるわ家庭へ。
浩平　（独逸語）辞めろなんて云ってやしない。
世津子　そんなら何故（ハッとして独逸語に変える）私が辞めるのが当然じゃないの。（通行人が過ぎたので日本語）私がここえ入ってからよ。貴方の心が少しずつ判らなくなっていったのは。そこに何か……

そこへ、交通事故に遭った少年が救急車で運び込まれる。病院の理事長の息子で、意識不明の重体だった。助かる見込みは薄いものの、ただちに緊急手術がおこなわれた。執刀を命じられた浩平は、メスをにぎる。緊張に支配された浩平のメスさばきを、世津子は見逃さない。

シーン⑭手術室
（前略）
世津子　（低く）部長さん。（低く独逸語）私にやらせて下さい。
部長　（驚いて）何を突然。

世津子　（独逸語）お願いします。
部長　（独逸語）いかん、いかん。
世津子　（独逸語）替ります。
（ト書き）ズカズカ歩み寄ると、いきなり新らしいメスを執って、浩平を押しのける。浩平の驚いた眼が、カッと憤りに燃える。
世津子　（冷静に）替ります。
（ト書き）酒田、伊東の驚いた顔。看護婦、顔見合わせる。浩平、憤然と世津子に詰め寄る。世津子、執刀者の威厳を全身に漲《みなぎ》らせて、手捌き鮮やかに手術を継続する。
浩平　（燃える眼で、低く独逸語）最後の最後まで俺に勝ちたいのか。
世津子　（冷然と）メッサー。
（ト書き）手から手へ渡るメス。整然と進む手術。
浩平　（独逸語。低く）覚えていろ。

理事長の息子は結局、助からなかった。あのまま執刀を続けていたら、浩平の責任になってしまう。それを予期して世津子は執刀を替わり、みずから責任を負った。外科部長からその真相を聞かされた浩平は、呆然として立ちつくす。放心した浩平の横顔と地上に曳いた長い影、そこに病院のチャイムが鳴る。ここでドラマは終わる。
山本雪夫が書く夫婦の機微は、目新しいものではない。クラシカルでさえある。嶋田の新たなテレビドラマを目ざす意気込みも、そこにはない。スーパーインポーズを多用した医療ドラマにこそ、ドラマづくりの夢があった。ここまでつくり込んだ三十分ドラマが、試験放送で終わったとはもったいない。当夜の映像は記録されず、二度と見ることはできない。

『執刀』の台本を見ると、当時の「生ドラマ」の制作スケジュールがよくわかる。ロケハンから本番までは五日間しかなく、音楽録音、本読み、立ち稽古と衣装合わせ、スタッフ会議（カット割り）、ドライリハーサル、カメラリハーサルをへて、本番となる。ドライリハーサルでは、衣装をつけずに演出をかためていく。「日本テレビやTBS（ラジオ東京テレビ）のやり方を参考に、見よう見まねでスケジュールを組んだはず」と嶋田は語る。

小川秀夫演出の『わかれ道』をはじめ、試験放送のドラマは研修を兼ねて、嶋田以外のディレクターも演出した。試験放送を命じられたとき、スタジオドラマ制作のノウハウを教えてくれる先輩はいない。それぞれの独学と流儀、試行錯誤のなかでドラマをつくりだした。

『フジ劇場　執刀』制作進行スケジュール（1959年2月4〜9日）

| 月日 | 曜日 | 時間 | 摘要 | 場所 |
|---|---|---|---|---|
| 2月4日 | 水 | PM1：00〜5：00 | 女子医大見学打合せ・ロケハン | 女子医大 |
| 2月6日 | 金 | AM11：00〜PM1：00 | 音楽録音 | CX（フジテレビ）5スタ |
| 2月7日 | 土 | PM9：00〜12：00 | 本読み | 地下第2リハーサル室 |
| 2月8日 | 日 | PM0：00〜5：00<br>PM5：30〜8：30 | 立稽古（及び衣装合せ）<br>スタッフ会議（カット割り） | 地下第2リハーサル室<br>3階応接室 |
| 2月9日 | 月 | PM0：00〜2：00<br>PM2：00〜5：30<br>PM6：15〜6：45 | ドライ・リハーサル<br>カメラ・リハーサル<br>本番 | CX3スタ<br>CX3スタ<br>CX3スタ |

（嶋田親一旧蔵「演出プラン用」台本より作成）

『執刀』の演出プラン用台本と、ドイツ語のスーパーインポーズを含む手書きのテロップは、嶋田みずから「一般社団法人　日本脚本アーカイブズ推進コンソーシアム」に寄贈した。台本とテロップは現在、国立国会図書館におさめられ、デジタル資料として閲覧できる。ただし、台本の一ページ目（表紙、スタッフ欄）が欠けている。寄贈のさいに破れてしまったのか、記念にそこだけ残したのか、嶋田の書斎にその一ページ目だけが残されていた。

民放後発のフジテレビでドラマを演出するディレクターたちは、先行する民放テレビ局にライバル心を抱く。松木ひろしは後年、《産れて間もないテレビと云うヤンチャ坊主に振り廻されながら、NTVやTBSの先輩ディレクター達に何とか追いつこうと必死だった》（「原稿用紙三枚の脚本」『ドラマ』二〇〇五年五月号、映人社）と回想している。嶋田もまた、「TBSのドラマは意識しましたね」と語った。

フジテレビのたしか応接室に、よその局の番組が映るテレビがありました。「岡本（愛彦《よしひこ》）さんの演出だから、みんなで見よう」と。いまみたいに予約録画はできないから、一所懸命でしたし、相当吸収したんじゃないかな。『私は貝になりたい』は、ショックと感動を受けました。「TBSに負けない」という意欲は、岡田（太郎）や五社（英雄）にもすごくあったはずだし、「フジテレビはドラマでTBSと対抗できる」と確信のようなものがあった。それも誰かの真似ではなく、それぞれが自分の流儀でつくる情熱がありましたね。

橋本忍《はしもとしのぶ》物語・構成、岡本愛彦演出『サンヨーテレビ劇場　私は貝になりたい』（ラジオ東京テレビ、一九五八年十月三十一日放送）は、ＢＣ級戦犯として裁かれる理髪師・清水豊松（フランキー堺）の悲劇で、一九五〇年代の秀作テレビドラマとして名高い。本放送時、フジテレビはまだ開局しておらず、嶋田は再放送で見たのかもしれない。

先行するＮＨＫテレビ、日本テレビとの差別化をはかるため、ラジオ東京テレビ（現・ＴＢＳ）は、スタジオドラマの制作に注力した。開局の翌年にスタートした『東芝日曜劇場』（一九五六〜二〇〇二年）が、その代表的なプログラムとなる。「ドラマのＫＲ」を自負するＴＢＳの側にも、後発のフジテレビを意識する部分があった。フジテレビ開局の年（一九五九年）にラジオ東京に入社し、テレビ演出部に配属された今野勉《こんのつとむ》（一九三六〜）は、著書『テレビの青春』（ＮＴＴ出版、二〇〇九年三月）にこう綴る。

> ＫＲテレビの局舎は、コンクリートむき出しの四角い塊で内部は継ぎたし継ぎたしで迷路のようになっていた。それは、見通しのたたないテレビへの最小限の投資から始まったことを物語っている。それに比べ、新宿・河田町に建った後発のフジテレビのビルは、すでにテレビの可能性への確信を象徴している。

今野がそう書いた気持ちは、河田町に落成したフジテレビの社屋を見ればよくわかる。その全貌は、『新建築』一九五九年四月号（新建築社）掲載のグラビア「フジテレビスタジオ」および、設計監理にあたった清田文永（梓建築事務所）による「TV放送所計画概要」に詳細がある。正面の外観は、スチールサッシとガラスを用いたモダンなデザイン。一階には第一から第九スタジオまであるほか、テレビのあらゆる専門施設を完備した。

一九五九（昭和三十四）年二月二十八日、フジテレビ開局の前日、嶋田の神経をすりへらす大仕事が待っていた。午後六時五十五分から九時まで生放送された『フジテレビ開局前夜祭　第一部（コマ劇場の部）』（東芝提供）である。新宿コマ劇場からの生中継で、嶋田はテレビ中継車の担当責任者だった。松竹歌舞伎「舞踊　お祭り」、松竹ファンタジー「スターの花園」、「大映ダイヤモンド・アワー」、「舞踊　仇姿《あだすがた》隅田の雨」、東宝スターパレード「華々しき饗宴」と豪華けんらん。十七代目中村勘三郎、岡田茉莉子《おかだまりこ》、桑野みゆき、佐田啓二、高田浩吉、トニー谷、山本富士子、越路吹雪《こしじふぶき》、司葉子、宝田明、三木のり平、森繁久彌《もりしげひさや》、柳家金語楼《やなぎやきんごろう》などなど、フジテレビに資本参加した東宝、大映、松竹の専属スターが大挙して勢ぞろいした。

分刻みの過酷な進行を、嶋田はのちに回想する。《ぶっつけ本番の新宿コマ劇場の中継は、今でも断片的にしか覚えていない。よく時間に入ったものだ。（中略）みんな快よい興奮に酔って一体になって開局のよろこびをかみしめていた》（「あの頃、あなたは……」『フジテレビ社内ニュース』一九七四年三月一日、フジテレビ）。

現場第一線のディレクターに、のんびりする余裕はない。二日後にはもう、連続ドラマの演出『ありちゃんのパパ先生』の仕事が控えていた。

# 演出のせんせい――有島一郎

一九五九（昭和三十四）年三月一日、フジテレビが開局する。開局前日と前々日の「産経新聞」には、全面見開き二面分の巨大広告が掲載され、《明るい家庭に楽しいテレビ　母とこどものフジテレビ》のキャッチコピーが躍る。

午前九時、コールサインを伝えるアナウンサーが声を発した。《JOCX―TV、こちらはフジテレビ、第8チャンネルでございます》（『フジテレビジョン開局50年史』）。開局第一週のプログラムは、午前中に『こどものひろば』『たのしいお料理』『モダン寄席』『おとなの漫画』などを放送。午後の「テストパターンミュージック」をはさんで、夕方より再開され、夜はドラマ、人形劇、トーク番組『スター千一夜』といったプログラムがならぶ。

この年の一月十日にはNHK教育テレビ（現在のNHK Eテレ）が、二月一日には日本教育テレビ（NETテレビ、現・テレビ朝日）が開局していた。テレビ開局は東京だけではない。大阪を例にすると、大阪テレビ（一九五六年十二月一日、現・朝日放送）、読売テレビ（一九五八年八月二十八日）、関西テレビ（同十一月二十二日）、毎日放送テレビ（一九五九年三月一日）と開局があいつぐ。

フジテレビ開局の翌月、皇太子明仁親王（上皇明仁）と正田美智子（上皇后美智子）の結婚パレード（四月十日）がおこなわれた。各テレビ局が総力を挙げて中継し、視聴者の推定は千五百万人、お茶の間にテレビを定着させる契機となる。開局まもないフジテレビは、日本テレビとの共同系列で中継し、慶祝特別番組は十五時間四十一分にわたった。

この年の末には、開局時に八百六十六台でスタートしたＮＨＫのテレビ受信契約台数が、三百四十六万世帯を超えた。民放局は全国で三十八社に増えた。一九五四（昭和二十九）年当時、十二〜十五万円した十四インチ型の受像機は、五年で半値の六万円台にまで下がった（それでもまだ高かった）。四月には、日本テレビがカラーテレビの広告放送を始めた。まさにテレビが上げ潮のときに、フジテレビは開局した。

前項で書いたとおり、嶋田にはのんびりと開局を祝う余裕はない。試験放送の段階から、本放送開始後の番組制作は本格化していた。開局前の二月二十四日の日記によると、『フジテレビ開局前夜祭』の全体会議のあと、歌舞伎座で十七代目中村勘三郎の踊りを下見し、『ありちゃんのパパ先生』のスタッフと打ち合わせしている。

『ありちゃんのパパ先生』は開局二日後の三月三日、午後十時十五分にスタートした。毎週火曜夜の三十分ドラマで、河田町のフジテレビスタジオから生放送する（のちに午後十時開始に変更）。開局のころ、フジテレビには二台のＶＴＲがあったものの、ドラマのほとんどは生だった。

「パパ先生」は、フィルム撮りのテレビ映画ではないが、フジテレビの株主である東宝が企画に関与している。この年、それまで東宝演劇部にあったテレビ制作室が独立し、テレビ部が新設された。これにより東宝は、映画、演劇、テレビの三部門体制となる。東宝テレビ部が関与するとはいえ、現場実務と実際の生放送はフジテレビの役割である。編成局芸能部第四班ディレクターの嶋田にとって、「パパ先生」が連続ドラマ初演出となった。

主演は「ありちゃん」こと有島一郎（一九一六〜一九八七）で、嶋田にとってひとまわり以上離れた大先輩だった。男やもめの開業医（有島）と三人の娘（若山セツ子、家田《いえだ》佳子《よしこ》、野上優子）が織りなすホームドラマで、サンウエーブ工業株式会社（現在はＬＩＸＩＬグループ傘下）の一社提供だった。

『ありちゃんのパパ先生』が、プロデューサー兼ディレクターのデビュー作になるのかな。有島さんとは、ニッポン放送時代に一度お目にかかったくらいの関係です。「パパ先生」は、ぼくの企画でもなんでもない。「有島一郎主演のドラマを東宝とやることになった。君に演出してもらいたい」と上司から命じられたんです。

お母さんがいなくて、三人の娘のお父さんが有島さん。「パパ先生」、つまりお医者さんです。キャスティングは、脇までほとんど決まっていました。「ぜんぶ決まっているんですか」と上司にぼやいたら、「東宝はフジテレビの株主だし、開局すぐのドラマだから、キャスティングそのほかは東宝のチカラを借りたほうがいい。でも演出は君だ。このドラマは、有島さんとうまくいかないとできない。君はニッポン放送での経験があるし、（有島の俳優仲間である）千葉信男や市村俊幸とも親しい。きっとうまくいくよ」。そう説得されて、有島さんと初めてお会いしました。

有島一郎は、おもに軽演劇の世界で活躍した。戦前、戦中、戦後にわたり、笑の十字軍、名古屋劇場、ムーラン・ルージュ新宿座、有島一郎一座、新進劇団、劇団新生家族、劇団たんぽぽ、空気座、松竹、東宝ミュージカル、東宝現代劇と多くのグループや劇団を転々とした。舞台、映画、ラジオ、テレビとジャンルもまた問わない。

一九五三（昭和二十八）年二月のテレビ本放送開始時から、ドラマに多く出た。NHK、日本テレビ、ラジオ東京テレビ（KRテレビ、現・TBS）とキャリアを重ね、フジテレビが開局したころはテレビの売れっ子だった。当時は東宝専属で、映画で脇にまわることが多かったものの、テレビでは堂々たる主演スターである。有島左内役で主演した生ドラマ『ありちゃんのおかっぱ侍』（ラジオ東京テレビ、一九五七〜五九年）の人気は高く、主題歌はレコード発売された。

その「おかっぱ侍」が二月いっぱいで終了して一週間後、開局したてのフジテレビで『ありちゃんのパパ先生』がスタートする。嶋田は当初、このドラマに気乗りがしなかった。試験放送時代の『執刀』（前項参照）のように、企画から配役まで自分のカラーを出したかった。上司に「ぜんぶ決まっているんですか」とぼやいた真意はそこにある。

お仕着せの企画と言うと言葉は悪いですが、気乗りはしませんよ。でもね、有島さんとの最初の顔合わせで、「すごい人だ」と感じたんです。開口一番、「東宝がお膳立てしたけど、つくるのはあなたです。ひとつ、いっしょにやりましょう」と。

有島さんは早くから、テレビドラマに出られていました。「恐縮です。ぼくは舞台出身ですが、テレビドラマを生で演出するのは初めてです。ご指導をお願いします」と言いました。それから本当によくしていただいたし、仲良くなりました。謙虚な方でしたよ。出会ってから亡くなるまで、ずっと「シマダさん」と「さん」づけでしたし。

原案と脚本は、ムーラン・ルージュ新宿座で活躍した劇作家・小崎政房《おざきまさふさ》（松山宗三郎の名で俳優としても活動）によるもの。ただしドラマの基本フォーマットは、有島の意向を反映している。コメディの『ありちゃんのおかっぱ侍』とは路線を変え、父と娘の愛情をしっとりと描くホームドラマを目ざした。

メイク中の有島一郎（1959〜60年、フジテレビ）。［嶋田旧蔵］

有島が思い描く世界は、お茶の間にじかに入っていくテレビの媒体に合っていた。ごくまじめな小市民、年ごろの娘をもつ父親、男やもめの哀歓とペーソス。「パパ先生」のキャラクターは、有島の人となり、芸と持ち味にうってつけである。なにより有島自身、三人の娘をもつパパだった。演劇評論家の戸《と》板康二《いたやすじ》は、家族連れで歩く有島の姿を東京・日比谷で見かけている。《子供をつれて散歩し

『ありちゃんのパパ先生』本読み。右端に有島一郎（1959〜60年、フジテレビ）。［嶋田旧蔵］

ている彼は、日曜日のサラリーマンのように、あかるい表情の一市民だ》（『百人の舞台俳優』淡交社、一九六九年五月）。

三月三日、午後十時十五分より『ありちゃんのパパ先生』第一回「先ずはお目見得の巻」が放送された。家庭でのテレビの普及は進んでいたとはいえ、まだまだラジオがお茶の間の中心にあった。当日の放送欄にも『ありちゃんのパパ先生』の新番組紹介は見当たらない。

制作現場では演出の嶋田ではなく、有島がまとめ役となった。残された本読みやリハーサル中の写真を見ると、有島の現場での存在感がわかる。有島は演出にも口をはさみ、嶋田はそこにドラマ演出のキモを見いだす。『ＯＫ横丁に集れ』の藤村有弘、『警察日記』の村田正雄と浮田左武郎、『執刀』の滝田裕介と大塚道子、『恋と御同席』の沼田曜一など、すでに何人もの俳優と仕事をしていた嶋田にとって、有島との出会いは大きかった。

「パパ先生」は、演出コンテ台本をもとに立ち稽古をします。「このカットはアップで撮る」と決めておく。でも、有島さんほどのキャリアのある方は、いろんな発想をお持ちだし、あんまりこちらで決めるとおもしろくない。立ち稽古のとき、「ここ、もらえる?」と有島さんがぼくに言う。「自分をアップで撮ってほしい」というわけ。カメラや演出に問題がなければ、「有島アップ」と台本に書き込む。そして生放送本番、ゆがめたり、笑ったり、顔で芝居をする。有島芸ですよ。脚本にないアドリブを入れるときは、事前にきちんと言ってくれました。現場ではあうんの呼吸で楽しかったし、「名優だな」と思いましたよ。

演出はディレクターの仕事ですが、有島さんクラスになると演出家以上です。島田正吾と辰巳柳太郎もそう。舞台稽古で演出が気にいらないと、舞台上で動かない。客席から自分がどう見えるのか、ちゃんとわかっている。自分を客観視することができて、そこに俳優としての筋が通っている。有島さんもそうでした。ブラウン管に自分がどう映り、どうすれば視聴者がよろこぶのか、ちゃんと知っている。演出家以上の注文を、こちらにぶつけてくる。ドラマ演出のなんたるかを、盗むわけではなく、自然と有島さんから会得していました。

「春のためいきの巻」「緑の雨の巻」「祇園まつりの巻」「秋風たちての巻」などのサブタイトルからは、季節感や年中行事をいかしつつ、一家の日常を描いたことが想像できる。卒業や恋愛といった三人の娘のエピソードだけでなく、男やもめの恋ごころも、そのときどきでテーマとなった。

原案の小崎さんは、新国劇でごいっしょしたことがあり、なつかしかったです（一九五三年上演『平手造酒』は小崎政房作）。ただ最初のほうで脚本を降り、そのあとは小野田勇《おのだいさむ》が中心となります。ニッポン放送にいたころ、小野田さんが三木のり平、市村俊幸らとやっていた「虻蜂座《あぶはちざ》」の芝居が大好きでね。

テレビドラマは、お茶の間にスッと入っていかなければなりません。とくにこの作品は、「ありちゃんの」と主演俳優の名前が頭についています。一話完結の人情モノ、いわゆる「父もの」のホームドラマで、テレビ的だったと思います。小野田さんの脚本も、長くても前後編で完結するようにお願いしました。

メインライターの小野田勇は、有島とつながりの深い劇作家で、『ありちゃんのおかっぱ侍』の脚本も手がけた。小野田の脚本はなかなか上がらず、ホテルに缶詰になって仕上げていた。ホンは遅いが、出来はうまい。有島の持ち味を生かしたシナリオに、嶋田は舌を巻く。もうひとりメインライターとして、須崎勝弥が参加した。東宝と契約する脚本家で、のちに数多くの映画やテレビドラマのシナリオを手がけた。

出演は有島一郎のほか、若山セツ子、家田佳子、野上優子が三人の娘をやり、島田妙子（お手伝いさん役か？）がレギュラー出演した。若山は映画でよく知られた清純派スターで、家田、野上、島田は新人に近い若手だった。小野田脚本の第二十六回「おふくろ台風の巻」の演出コンテ台本によ

『ありちゃんのパパ先生』のサブタイトル（表記は各紙新聞縮刷版のテレビ欄に準拠）

| 回数 | サブタイトル | 放送日 |
|---|---|---|
| 第1回 | 先ずはお目見得の巻 | 1959年3月3日 |
| 第2回 | 先きんずればの巻 | 3月10日 |
| 第3回 | 春のためいきの巻 | 3月17日 |
| 第4回 | 智恵子の卒業式の巻 | 3月24日 |
| 第5回 | 昔の部下の巻・前編 | 3月31日 |
| 第6回 | 昔の部下の巻・後編 | 4月7日 |
| 第7回 | 辛い日曜日の巻 | 4月14日 |
| 第8回 | 親馬鹿の巻 | 4月21日 |
| 第9回 | 晩春の巻 | 4月28日 |
| 第10回 | 緑の雨の巻 | 5月5日 |
| 第11回 | 夫婦喧嘩の味の巻 | 5月12日 |
| 第12回 | お早くどうぞの巻 | 5月19日 |
| 第13回 | 邪魔ですの巻 | 5月26日 |
| 第14回 | 青春ふたたびの巻 | 6月2日 |
| 第15回 | 本日開業の巻 | 6月9日 |
| 第16回 | 狼なんか怖くないの巻 | 6月16日 |
| 第17回 | 奇妙なお見合の巻 | 6月23日 |
| 第18回 | 風と花と聴診器の巻 | 6月30日 |
| 第19回 | 今夜はラッキーセブンの巻 | 7月7日 |
| 第20回 | 祇園まつりの巻 | 7月14日 |
| 第21回 | 奥さま飼育法の巻 | 7月21日 |
| 第22回 | 箱入娘冒険旅行の巻 | 7月28日 |
| 第23回 | ラブレター第一号の巻 | 8月4日 |
| 第24回 | 雷雨もたのしの巻 | 8月11日 |
| 第25回 | なぐられたラッキーボーイの巻 | 8月18日 |
| 第26回 | おふくろ台風の巻 | 8月25日 |

| 回数 | サブタイトル | 放送日 |
|---|---|---|
| 第27回 | 風が九月を持ってきたの巻 | 9月1日 |
| 第28回 | まごころありての巻 | 9月8日 |
| 第29回 | 招かざるお客の巻 | 9月15日 |
| 第30回 | お月様はレモン色の巻 | 9月22日 |
| 第31回 | 秋風たちての巻 | 9月29日 |
| 第32回 | 困った病人の巻 | 10月6日 |
| 第33回 | わが家の禁句の巻 | 10月13日 |
| 第34回 | 大阪よいとこの巻 | 10月20日 |
| 第35回 | 智恵子の特ダネの巻 | 10月27日 |
| 第36回 | 菊咲きみだれての巻 | 11月3日 |
| 第37回 | 花束は誰に贈られたの巻 | 11月10日 |
| 第38回 | 落葉の贈りものの巻 | 11月17日 |
| 第39回 | 吾娘よ美しくあれの巻 | 11月24日 |
| 第40回 | 何でも大当りの巻 | 12月1日 |
| 第41回 | 師走のバラードの巻 | 12月8日 |
| 第42回 | 捕らぬ狸の何とやらの巻 | 12月15日 |
| 第43回 | 今宵楽しくの巻 | 12月22日 |
| 第44回 | 鬼が笑いますの巻 | 12月29日 |
| 第45回 | 華やかな招待の巻 | 1960年1月5日 |
| 第46回 | 白梅の宿の巻 | 1月12日 |
| 第47回 | 商売がたきの巻 | 1月19日 |
| 第48回 | みぞれ後ゆきの巻 | 1月26日 |
| 第49回 | ある夜の出来事の巻 | 2月2日 |
| 第50回 | 看板に偽りなしの巻 | 2月9日 |
| 第51回 | 結婚準備完了の巻 | 2月16日 |
| 第52回 | ハッピーエンドの巻 | 2月23日 |

（筆者作成）

ると、ほかに舟橋元《ふなばしげん》、武智豊子《たけちとよこ》、小田切みき、村田正雄が出ている。ニッポン放送時代から付き合いのある村田は、すっかり「嶋田組」の常連になっていた。

東宝テレビ部が企画に関与したため、多彩な俳優がゲストで顔を出した。越路吹雪、三木のり平、久慈あさみ、市川春代、高杉妙子、高島忠夫、安西郷子《あんざいきょうこ》、花井蘭子、田代百合子、三条美紀、清川虹子、殿山泰司《とのやまたいじ》、中村是好《なかむらぜこう》、嶋田の師である佐々木孝丸も出た。小野田作の第三十四回「大阪よいとこの巻」は、系列の関西テレビ放送スタジオで収録され、松竹新喜劇の曽我廼家五郎八《そがのやごろはち》がゲスト出演した。

有島さんだけではなく、東宝の担当者もなかなかいい人で、うまくいっしょに仕事ができました。ゲストスターはこちらでも考えて、佐々木のおやじに出てもらいました。たった一度とはいえ、あの越路吹雪を演出（第四十五回「華やかな招待の巻」）できたのは、よき思い出だし、いまから考えるとありがたいです。越路さん、感じのいい人だった記憶があります。

大手映画六社（松竹、日活、東宝、大映、新東宝、東映）は、自社のスターをテレビドラマに出すことを許さなかった。そのため、中村竹弥《なかむらたけや》（ラジオ東京テレビ専属の時代劇俳優）のようなテレビ独自のスターが生まれた。創成期のテレビドラマを語ると、よくこの話題になる。たしかに東宝の原節子や三船敏郎は、テレビドラマに出ていない。しかし、有島一郎、三木のり平、越路吹雪、久慈あさみ、若山セツ子も、東宝映画で名の知られた存在だった。無名の俳優ばかりが、テレビドラマを席巻したわけではない。

「パパ先生」の制作費は不明だが、開局とともにスタートしたフジテレビの単発ドラマ『三行広告』（一九五九年）の制作費は三十七万円だった（レギュラー番組企画書「単発ドラマ　三行広告」フジテレビ編成部）。当時の三十分枠のドラマ予算の目安にはなる。

『ありちゃんのパパ先生』は毎週火曜の夜、子どもが寝静まるころに放送された。メディアの注目を集めることなく、ささやかに、ひっそりと回を重ねていく。それでも熱心な視聴者はいた。番組のファンだった小学一年の少年が、ひとつの逸話を残す。きっかけは、フジテレビに届いた母親からの手紙だった。一九六〇（昭和三十五）年一月二十二日付「東京新聞」に、「少年ファンへ寄せ書き　有島一郎たちが感謝して」の見出しで記事がある。

中森さん一家は大変な有島一郎ファン、それというのも中森さんの夫が有島そっくりで近所でも評判の人。夫婦には小学一年生の男の子があるが、夫の帰りが遅いと「アリ《ママ》ちゃんのパパ先生」を見て「お父さんだ」と、一時のさびしさをまぎらしてきたという。ところが昨年十月十五日、突然その父親が他界してしまった。それ以来というもの、一年生の子供は毎週土曜《ママ》日夜「もう遅いから」という母親の言葉も聞かずにテレビの「アリちゃん」にかじりついて離れない。亡き父をしのぶ子供心の哀れさにたまりかねた中森さんが、子供にかわって「有島一郎さんがんばって」と手紙を書いたもの。感激した有島一郎や島田親一プロデューサーが、早速記念品を贈ろうと協議した末、とりあえず出演者一同の寄せ書きで「力を落とさず明るく暮らして下さい」と激励することになった。

その愛すべき「パパ先生」に、別れのときが訪れる。スポンサーであるサンウエーブ工業の都合で、一九六〇（昭和三十五）年二月をもって終了が決まった。放送開始から丸一年である。『週刊明星』（集英社）の同年二月二十八日号では、「有ちゃん一家の別れ話」と題し、三人娘（若山、家田、野上）の座談会が掲載された。長女役の若山セツ子は、《パパも、この一年間、久慈あさみさん、市川春代さん、髙杉妙子さん、ずいぶん、ヨロめいたわネ、でも、いいパパだった》と語った。

二月二十三日、『ありちゃんのパパ先生』の最終回「ハッピーエンドの巻」が放送された。サブタイトルと同エピソードのスチールから推測して、長女（若山）の結婚が描かれたようである。有島のパパ先生は「花嫁の父」となり、有終の美を飾った。放送当日の新聞テレビ欄には、とくに最終回を紹介する記事はなく、ドラマはひっそり幕をとじた。

最終回の当日、フジテレビのスタジオにスタッフと出演者が勢ぞろいし、記念撮影がおこなわれた。生みの親というべき原案の小崎政房、脚本の小野田勇、主演の有島一郎、三人娘の若山セツ子、家田佳子、野上優子とともに、嶋田の姿もある。

あのころのテレビドラマは、お茶の間にストレートに入っていくものでした。「パパ先生」に亡き父親の面影をみた男の子もそうですが、生放送だからこそ、見ている人や子どもたちにスッと伝わったはずです。「パパ先生」は、視聴率も安定していたように思います。テレビのよき時代だっ

『ありちゃんのパパ先生』完結記念（1960年2月23日、フジテレビスタジオ）。前列中央に小野田勇、小崎政房、野上優子、有島一郎、若山セツ子、家田佳子、2列目（有島の左後）に嶋田親一がいる。［嶋田旧蔵］

たという気がしますね。

「パパ先生」終了から半年後、一九六〇（昭和三十五）年八月六日、「東芝土曜劇場」の枠で単発ドラマ『墓場はバラ色』が放送された。松木ひろし作、嶋田演出、有島主演の顔ぶれで、「パパ先生」とはうってかわり、スリラー仕立ての風刺喜劇となる。

パリに憧れるコックの伴六平（有島一郎）はある日、フランス帰りの犬丸かおり（鳳《おおとり》八千代《やちよ》）と知り合う。かおりの希望で、ふたりは偽装夫婦となる。フランスにいるかおりの夫の財産を、夫のいとこ夫婦（高橋昌也、加代キミ子）が狙っているからだ。殺し屋（植村謙二郎）が暗躍し、金と欲をめぐるトラブルに六平は巻き込まれていく。

TBSの「東芝日曜劇場」に対抗して、フジテレビは「東芝土曜劇場」をやった（笑）。このころの東芝はフジテレビの大スポンサーで、担当者は偉そうにしていました。このドラマは覚えています。「パパ先生」でいい気になって、有島さんに出てもらって、松木といっしょにやったんです。セットを横につないで、その前を登場人物が歩き、カメラが移動する実験的な演出をしました。ぼくとずっとコンビを組む松下朗が美術で、壁面だけのセットを組みました。カメラが横に移動して、カットをそこで切りかえると、ぜんぜん違う画がそこに映る。エンドマークもフランス語で出して、しゃれたつもりでした。これが失敗作でね。映画評論家の飯島正さんに、ばっさりやられました。もう、めったぎりに。

映画評論で名をなす飯島正は、早くからテレビドラマの可能性に着目していた。『墓場はバラ色』は新聞のテレビ欄で知り、放送を楽しみにした。その期待は裏切られる。同年八月第二週号『週刊テレビ時代』（旺文社）のなかで、こう評している。《「しゃれたタッチ」も「チョッピリ風刺」も「ムーランの再現」も感じられなかった。いや、それらしいものをだそうとする意図の片鱗は見えないこともないのだが、それはムーラン・ルージュのような小舞台で、むしろチャチにやってこそ生きるのでテレビには無理である》。

『墓場はバラ色』は、テレビと舞台のメディアミックスでもあった。ドラマ放送の翌月、日比谷の東京宝塚劇場で「秋の東宝特別公演」（九月一～二十八日）が上演された。三本の演目のうち最初の『夜の道化師』（四場）が、『墓場はバラ色』の舞台版である。松木ひろし作、菊田一夫演出、有島一郎主演で、ヒロインに越路吹雪、財産を狙う夫婦に八波《はっぱ》むと志と加代キミ子、殺し屋が三木のり平だった。

『君の名は』などで知られる劇作家・演出家の菊田一夫は、新国劇で多くの舞台を手がけた。新国劇文芸部にいた嶋田も、菊田のことをよく覚えている。しかし、舞台『夜の道化師』のことは知らなかった。菊田のキャリアのなかでも、『夜の道化師』は論じられることがない。この公演の前後で菊田は、『まり子自叙伝』『がめつい奴』といった話題作を東宝で上演した。こうした話題作のはざまで、『夜の道化師』は大きな話題とならずに終わった。

『ありちゃんのパパ先生』と『墓場はバラ色』のあと、しばらくの月日をへて、有島と嶋田はふたたび仕事をする。一九六七（昭和四十二）年には、小林桂樹《こばやしけいじゅ》主演『シオノギテレビ劇場　ピーターと狸』（第四章参照）に有島が付き合った。この作品が嶋田にとって、ディレクターとして最後のドラマ演出となる。

さらに有島は、嶋田がプロデュースした『土曜劇場　6羽のかもめ』（一九七四～七五年、第四章参照）にもゲストで顔を出している。第十回「花嫁の父」（一九七四年十二月七日放送）で演じたのは、人気女優の娘・冬子（泉晶子）をもつ松平公介（仕事は区役所戸籍課の課長）。冬子は、やはり人気スターの黒岩伸吉（郷鍈治《ごうえいじ》）との結婚が決まる。華やかな芸能ニュースを背景に、ひとり娘を送り出す父をほろにがく演じた。脚本は倉本聰で、花嫁の父という設定は『ありちゃんのパパ先生』の最終回を思わせる。

ドラマの後半、公介と劇団「かもめ座」のマネージャー・川南弁三《かわなみべんぞう》（加東大介）のやりとりがいい。戦中派の悲哀とセンチメンタリズムにあふれる名場面だった。加東のエッセイ『南の島に雪が降る』（文藝春秋新社、一九六一年九月）にヒントを得たもので、久松静児《ひさまつせいじ》監督の映画版（東京映画、一九六一年九月二十九日公開）では、加東と有島がすでに共演している。

一九八六（昭和六十一）年十一月二十四日、嶋田は、大阪・新歌舞伎座の楽屋に有島を訪ねた。「松平健特別公演」（十一月一～二十八日）夜の部『吉宗評判記　暴れん坊将軍―二人吉宗・望郷の唄―』（土橋成男脚本・演出）に、有島は持ち役である吉宗（松平健）の守り役・加納五郎左衛門役で特別出演した。有島は楽屋で元気に立ち上がり、「ホラ、まだやれるでしょ。もう一度やろうよ、シマダさん！」と大声で笑った。

翌一九八七（昭和六十二）年七月二十日、有島一郎は七十一歳で亡くなる。『ありちゃんのパパ先生』で出会ってからおよそ三十年、嶋田にとってずっと忘れ得ぬ人となった。

## 巨匠錦を飾る——左卜全

『ありちゃんのパパ先生』がスタートして五か月後の一九五九（昭和三十四）年の夏、嶋田演出の連続時代劇『風雲さそり谷』（一九五九年八月三十日〜六〇年二月二十八日放送）が始まった。原作は角田《つのだ》喜久雄《きくお》の『風雲将棋谷』で、戦前からたびたび映画になった冒険怪奇物語である。

テレビ映画ではなく、河田町スタジオからの生放送で、さそり、手裏剣、捕り縄、魔術、からくり屋敷など、演出にトリックをちりばめた。主人公の雨太郎にふんした若柳敏三郎《わかやぎとしさぶろう》は、時代劇を中心に映画（新東宝、日活）とテレビに出ていた。そのほか、ヒロインの朱実に白銀道子、仲間の竜王太郎に山田吾一（NHKテレビ『事件記者』のガンさん役で人気）、悪役のさそり道人にベテラン剣劇俳優の金井修を配し、「嶋田ドラマ」の常連である村田正雄、旭輝子（神田正輝の母）も出ている。

角田喜久雄の有名な作品で、映画でよくやりました。なぜ、この作品をやれといわれたのか、いきさつは忘れてしまいました。「嶋田は新国劇から来ているんだから、時代劇は目をつぶってでもできるだろう」と言われた記憶があります。いきなり『風雲さそり谷』と言われても、そんなのすぐに出来っこありませんよ。

『風雲さそり谷』の人気は高かったようで、大映のトップスター・長谷川一夫もファンで見ていた。話題になったのがタイトルバックで、東宝テレビ部とのつながりで円谷英二《つぶらやえいじ》から知恵を借り、電動式さそりを特注した。ところがリモートコントロールによるさそりは、いまひとつ動きが悪い。そこで小道具係が生きたエビガニを池で捕まえ、衣をつけ、さそりに似せた。生きたエビガニなので勝手に動いたり、暑さでヘタることもある。そこで保険として、十六ミリフィルムでさそり風エビガニの動きを撮りためた。

濁流で岩が押しつぶされる水責めのシーンでは、濁流に見せようと水に色をつけた（リハーサルでは無色透明の水）。ところが水に着色したため、水槽がミラーになり、本番ではスタッフの顔が大きく映ってしまった。のちに嶋田は、多くのフジテレビ時代劇を手がけたプロデューサー・能村庸一《のむらよういち》にこう明かした。《その教訓は「本番はリハーサル通りにやれ」ってところかな》（『実録テレビ時代劇史』ちくま文庫、二〇一四年一月）。

『風雲さそり谷』の後番組『小天狗小太郎』（一九六〇年三月六日～六一年二月二十三日放送）の演出も、嶋田が担当した。新国劇の文芸部長だった谷屋充《たにやみつる》の原案で、歌舞伎の藤間城太郎《ふじまじょうたろう》（現・中村東蔵《なかむらとうぞう》）が主演した。月影流の使い手である小太郎（藤間）が、手下の団平（千葉信男）の助けを借りながら活躍する、子ども向けの痛快娯楽時代劇だった。

こうしたテレビ時代劇を演出しながら、嶋田は違和感を抱く。一九六〇（昭和三十五）年七月十六日付「東京新聞」掲載「時代劇をつくる⑤　フジテレビ　島田親一」で、こうコメントした。《現在のテレビ時代劇には時代ものの意識が持てないし、新国劇のムードを求めても、なにもない。（中略）人間を書きこんだもので、過ぎ去った昔の価値を出せるもの、たとえば〝沓掛時次《くつかけときじ》郎《ろう》〟みたいなものとガッチリ取り組んでみたいですね》。聞き取りの席で、この記事を本人に見せた。

『小天狗小太郎』ロケ。右から美川洋一郎、ひとりおいて、藤間城太郎、嶋田親一（1960年７月７日、千葉県房総・峯山）。［嶋田旧蔵］

時代劇はスタジオドラマもあったけれど、どちらかといえばフィルム撮りのテレビ映画が主流です。その意味では、ぼくはあまり縁がありませんでした。たとえやったにしても、「東京新聞」の記事でも話しているように、「違うな」と感じているわけです。そういう演出家は、時代劇をやらないほうがいい。

生のドラマで密度の濃いものができると、達成感があるんです。ＶＴＲでテープをバサバサ切って編集すると、たしかにひとつの作品になります。でも、達成感がない。映画にあこがれていたけれど、その意味では映画の演出、テレビ映画に向いていません、ぼくは。

生放送はたとえ失敗しても、終わればそこで済んでしまう。こちらも若いから、失敗しても割り切れる。本番になったら、若さとカンと度胸で、とにかく終わりまでやっちゃう（笑）。そこは新国劇で鍛えられたところですね。

その言葉どおり、『小天狗小太郎』を最後に現代劇の演出に専念した。フジテレビでは当時、スタジオ時代劇『新国劇アワー』が放送されていたが、劇団ＯＢの嶋田が担当することはなかった。

２インチＶＴＲ（一九八〇年代まで主流だった放送局用ビデオテープ）による収録は始まっていたが、ドラマの多くは生放送（生ドラマ）だった。黒柳徹子がエッセイや自伝で書くように、生ドラマには失敗がつきもの。しかし嶋田は、失敗談をあまり語ろうとしなかった。そこには、プロの矜持《きょうじ》が宿っていたように感じる。

「テレビの生放送は、若くないと対応できなかった」とも語る。嶋田は、三台のカメラの話を例に出す。本人が使った台本には、マジックで大きく「１」「２」「３」と書かれている。三台のカメラを使いわけ、カットを切りかえるための指示、いわゆる「カット割り」である。

スタジオの副調整室のモニターに、三台のカメラからの画《え》が映る。いまは「1カメ」で録っていて、次は「3カメ」でいくとします。スムーズに切りかわるように、「3カメ」がスタンバイできているか、進行中の画（モニター）と同時に確認します。

それとは別に、照明チェック用など、ぜんぶで八台くらいのモニターがありました。そのときの修練が、いまも沁みついているんです。誰かと真正面で話しながら、別の誰かが横から入ってきても、すぐ気づく。視野が広いというか、ずっと抜けないテレビ屋の習性ですね。

ぼくのそばにいる「スイッチャー」も重要です。ぼくが「3カメ！」と指示してから切りかえのスイッチを押すと、ドラマ画面のテンポが遅くなる。ディレクターの指示と同時に、スイッチャーがスイッチを押さないと間延びするんです。

左からスイッチャー、嶋田親一、タイムキーパー（1959年、フジテレビスタジオ副調整室）。［嶋田旧蔵］

生放送に慣れていない俳優も大変だった。たとえVTR収録でも、実際は生放送に近かった。2インチVTRのテープは高く、おいそれと編集ができない。嶋田によると、編集室に入るときはスリッパに履きかえ、担当の技術者がマスクをつけて編集した。テープを一か所編集するだけで、当時の金額で二万円かかる。その費用は制作費から削られるため、そう何度も編集できなかった。

そのため長まわしのシーンでNGが出ると、最初から収録のやり直しとなる。そのプレッシャーに押しつぶされる出演者は、少なくなかった。本番の十分くらい前から、スタジオ内の緊張感が高まってくる。嶋田は五分前に持ち場へ入り、まず椅子に座った。ディレクターが立ったままだと、出演者が落ち着かないからである。こうした現場の雰囲気づくりも、担当ディレクターの大切な仕事だった。

　生放送に向き・不向き、得手・不得手もある。嶋田は、テレビに向いた俳優として三宅邦子（一九一六～一九九二）の名を挙げる。戦前から松竹映画で活躍し、小津安二郎監督作品の常連であった。嶋田の演出ドラマでは『ソフラン座　若い川の流れ』（一九六二年二月六～二十七日放送）、『ソフラン座　愛する』（同六月五日～八月二十八日放送）などに出演した。

「『ソフラン座』はVTR収録だったかもしれませんが、生放送に近かったはずです。テレビをおもしろがる俳優じゃないと、うまくいかなかった。その点、三宅さんはテレビ向きの映画スターでした。テレビに対して柔軟で、馴染んでいたんでしょうね。映画俳優は、ワンカットずつ撮ることに慣れています。だから、長めのワンシーンが苦手な人が多かった。ちょっとでもNGを出すと、『ごめんなさい』と演技をやめてしまう。トチってもごまかして、やり過ごすたくましさ、順応性が欲しい。三宅さんはまさに、そういう俳優でした」

　テレビに対する好奇心、台詞を間違っても気にしない順応性、いい意味でのずぶとさ。嶋田は、それを体現する俳優としてもうひとり、左卜全《ひだりぼくぜん》（一八九四～一九七一）を挙げた。

　大正の初め、帝国劇場歌劇部（第三期生）に入った左は、コーラスメンバーのひとりとしてデビューする。それから大阪新派新声劇、東京歌劇座、神戸聚楽館、天華綜合芸術座などを転々とし、一九三五（昭和十）年、ムーラン・ルージュ新宿座の座員となる。戦時中は松竹演劇部、「劇団たんぽぽ」にいて、戦後まもなく劇団「空気座」の結成に参加する。俳優業のかたわら、放浪、結婚、引っ越し、闘病、信教とプライベートは波乱だった。

一九五〇年代に入ると、銀幕の名脇役として個性をきわだたせ、テレビドラマにも早くから出た。嶋田の演出ドラマにも顔を出し、プロローグで紹介した『三太物語』（第二章参照）では、三太（渡辺篤史）の祖父・仙爺にふんした。

俳優座をはじめ、学生時代は新劇が好きでした。ただ小さいころ、新宿のムーラン・ルージュにも通ったらしいです。同居していた伯父たちが連れていってくれたのかな。それもあって軽演劇の俳優に、とても愛着があるんです。有島一郎、杉狂児《すぎきょうじ》、市村俊幸、千葉信男、村田正雄、旭輝子といった人たちは、ぼくのドラマに出てもらいました。なかでも大好きだったのが左卜全。ムーラン・ルージュの舞台に立っていて、覚えていませんが観ているはずです。

卜全さんでまず思い出すのが『三太物語』。よくカンニングペーパーに頼るんです。いつだったか、貼った場所を忘れてしまった。三太の渡辺篤史は、いつもちゃんと台詞を覚えている。とっさに出た台詞が、「三太、爺ちゃんの言いたいこと、わかるだろう」「お使いに行け、ってことだろ」。生放送ですよ。スタジオで受けるのって、なんのって。もう天才（笑）。あとでスタッフに言われました。「左卜全さんだけには甘いんですね」。あの人は別格なんです、ぼくにとっては。

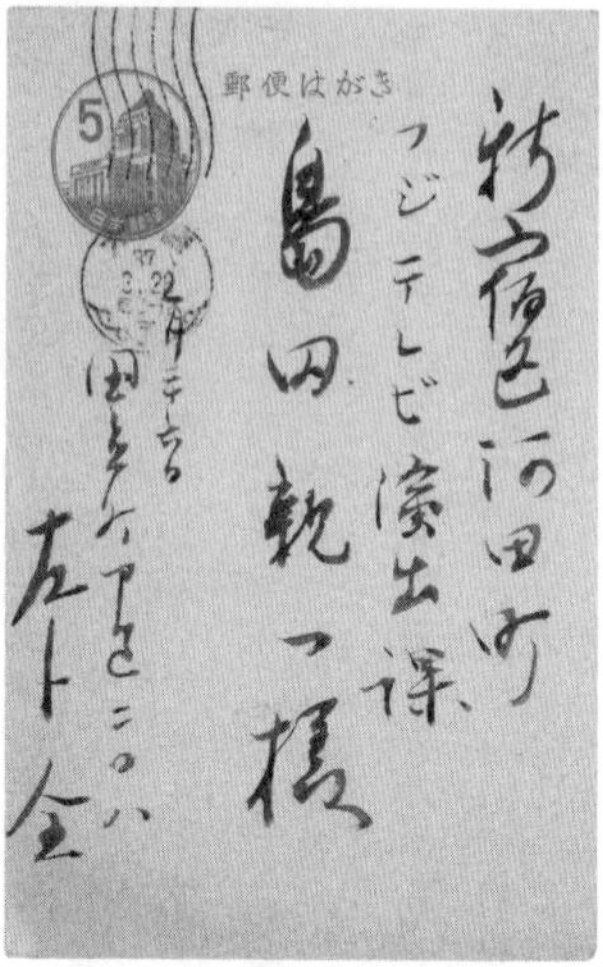


島田親一（嶋田親一）宛て、左卜全ハガキ（1962年）。[嶋田旧蔵]

そう言って嶋田は、左からのハガキを見せてくれた。宛て名は《新宿区河田町　フジテレビ演出課　島田親一様》、消印の日付は《37.3.26》（一九六二年三月二十六日）。毛筆で綴られた文面は、『三太物語』のリハーサルを欠席した詫びである。《やう〱春めいて参りました　御機嫌お伺ひ申し上げます　この間ハやむなくリハーサルも休ませて頂きまして　誠申し訳なく存じて居ります　何せ　よわい方の足を痛めました為　回復はか〲しからず》とある。「奇人だったわけではない。まじめな人なんですよ」。そのハガキを手に嶋田は言った。

『三太物語』では、別の証言もある。音さん役でレギュラー出演した牟《む》田《た》悌三《ていぞう》が、自伝的エッセイ『むた爺のつぶやき』（文藝春秋企画出版部、二〇〇五年九月）に書く。《いくらマキがかかってもマイペースでしゃべる左卜全氏のおじい》。テレビ向きの順応性としなやかさ、ということか。生放送なので、現場のスタッフは気が気でなかったと思うが。

嶋田が初めて左卜全と仕事をしたのは、『サンウエーブ火曜劇場　巨匠錦を飾る』（一九六〇年五月三十一日放送）だった。「サンウエーブ火曜劇場」は、サンウエーブ工業一社提供の単発ドラマ枠（四十五分）で、前項で書いた有島一郎主演『ありちゃんのパパ先生』も、サンウエーブ工業がスポンサーである。

この作品の「演出コンテ台本」（決定稿）を、嶋田は捨てずに保管していた。演出に関するメモ、カメラ・音楽・効果の指示、台詞の変更をびっしり書き込んでいる。台本を補強するために貼ったセロテープとビニールテープは、経年劣化で変色し、ボロボロになっている。台本とは別に、撮影現場の写真、タイトル文字のスライド（本書のカバー参照。『匠』の文字のみ現存せず）も残していた。それだけ、思い入れのあるドラマだった証である。

『巨匠錦を飾る』は、直木賞作家の多岐川恭《たきがわきょう》（一九二〇～一九九四）によるオリジナルで、午後十時からの生放送だった。音楽は宇野誠一郎、決定稿のスタッフ欄には《PD島田親一》《AD藤井謙一》と記されている。

『巨匠錦を飾る』演出コンテ台本（1960年）。［嶋田旧蔵］

ぼくが最初に多岐川さんにホンをお願いしたのは、『東芝土曜劇場　私は死んでいる』（一九五九年八月十五日放送）です。島田正吾と杉村春子、すごいふたりが出ていますが、中身はまったく忘れちゃった。

『巨匠錦を飾る』は、よく覚えています。このドラマは、今日この席でお見せしたかった。多岐川さんのホンが、なにより傑作で。左卜全が地元警察の署長で、スリの西村晃《にしむらこう》をかつて捕まえたことがある。でも、思い出せない。「どこかで会ったことがあるなあ」と(笑)。

列車スリの谷川九郎(西村晃)、光村守(岡田真澄)、小山治子(夏川かほる)はある日、映画監督・大賀英作(成瀬昌彦)の一行と同じ列車に乗り合わせる。大賀は、生まれ故郷の福島・郡山へのロケハンに出かける途中である。無賃乗車の三人は、大賀のポケットから三枚の切符を盗む。そのまま列車を降りた三人は、出迎えた町の人たちから大賀監督一行と勘違いされる。いまや巨匠となった大賀を利用しようと、市長(小林重四郎《こばやしじゅうしろう》)ら町の有力者は、三人のスリをあの手この手でもてなす。ニコライ・ゴーゴリの戯曲『検察官』と似た筋立てである。

その騒ぎのなか、地元警察署の署長(左卜全)は、谷川を見てずっとモヤモヤしている。署長はかつて腕っこきの刑事で、谷川をスリの現行犯で捕まえたことがあった。署長の顔を見て、すぐ思い出した谷川は、気が気でない。しかし署長は、なかなか思い出せない。

三人はその夜、町ぐるみで大歓迎を受ける。こうなるとごまかし、やりすごすほかない。谷川は大賀監督、光村は美術監督、小山はニューフェイス女優と偽り、宴にのぞむ。宴には市長以下、映画でひとやま当てようと目論む有力者がずらっと居ならぶ。この席に署長もいる。以下の引用は『巨匠錦を飾る』決定稿より。

署長　大賀先生、私はね、どうも昔、どこかで先生を……

谷川　いやいや、会ったことはないですよ。（ごまかして歌に合せて徳利を叩く）
署長　いや、たしかにどこかで……。
（署長、独りで何かブツブツ言っている）

西村晃と左卜全、それぞれうってつけの役どころだ。台本のやりとりを読むだけで、映像が目に浮かぶようである。このあとドラマは、谷川の戦争体験を描きながら、地元の芸者（沢阿由美）やホンモノの大賀監督とのやりとりを交え、終盤へ。町の有力者たちは、三人の素性に最後まで気づかない。卜全の署長も、である。

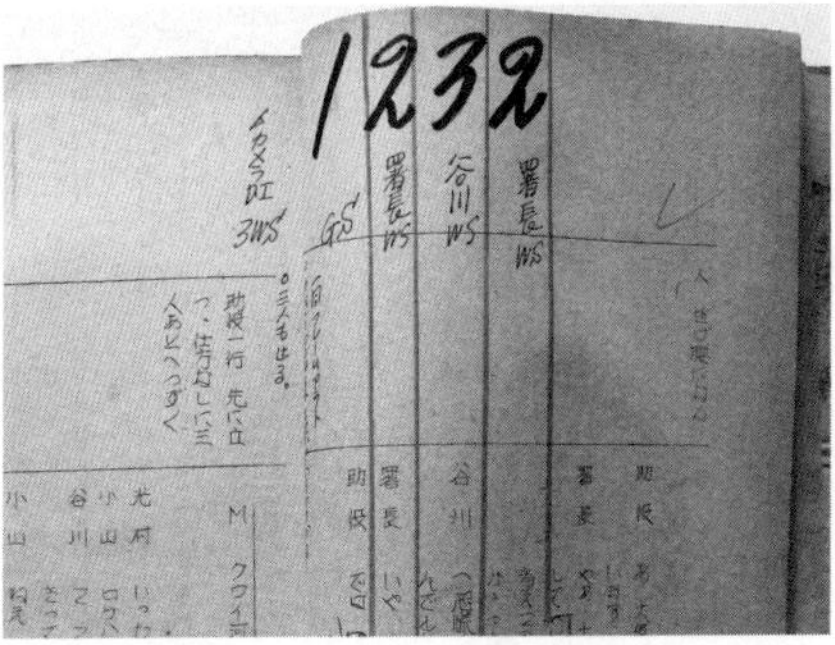

『巨匠錦を飾る』演出台本。［嶋田旧蔵］

ラスト、三人は列車で去っていくわけ。スタジオに、ホームと汽車のセットを組みました。車輪もつくってね、二メートルくらい動いてくれないと画になりません。車輪がガタッと動いて、カメラがフレームアウトして、あとは音で汽車が走り去る雰囲気を演出する。ぼく、こういう仕掛けが好きでね。凝り性だから（笑）。

車輪を動かすのに苦労しました。車輪がガタッと動くタイミングで、卜全署長が「あ、思い出した！」とくる。ここでエンディングです。このラストは、話題になったんじゃないかな。

当時のテレビドラマは、屋外はフィルム撮影、屋内（スタジオ）は生放送ないしビデオ（VTR）録画が中心であった。屋外でVTRを使うためには、中継車を出さなければならず、大変だったからである。フィルムとビデオでは、画質に大きな差が出るため、演出担当ディレクターの多くが知恵をしぼった。

TBSにいた今野勉は、《フィルムを使わずに、スタジオで不自由なテレビカメラを使いながらドラマを作るには、どんな作り方があるのか考えるようになった。日本の初期のテレビドラマは、映画的手法に頼らないという意味では世界的に見ても独自の発展をしてきたと思います》（『大テレビドラマ博覧会――テレビの見る夢』早稲田大学坪内博士記念演劇博物館、二〇一七年五月）と言う。『巨匠錦を飾る』のラストシーンも、映画的手法に頼らない嶋田なりのアイデアの結晶であった。

『巨匠錦を飾る』の決定稿によると、万歳三唱の声に見送られ、三人は列車に乗り込む。このときになっても、ト全署長は思い出せない。谷川は、最後の最後までひやひやしっぱなし。列車の発車まぎわ、ようやく署長がピンとくる。《あッ、思い出した。思い出したぞ。おい！》（決定稿）。ときすでに遅し。けたたましくホームに汽笛が響き、ついに列車は動き出す。汽笛に耳をふさぎ、頭を抱えてしゃがみこむ署長。《……忘れた……》（決定稿）。

決定稿の「スケジュール」によれば、五月二十八日に読み合わせ、二十九日に半立ち稽古と立ち稽古、三十日に立ち稽古と音楽録音、本番の三十一日にカット割り、ドライリハーサル、メーク、

『巨匠錦を飾る』リハーサル。駅名は「みちのく」。左から左卜全、西村晃、沢阿由美、岡田真澄、夏川かほる（1960年、フジテレビスタジオ）。[嶋田旧蔵]

着付け、カメラリハーサルをおこない、そのまま生本番（第三スタジオ）となる。本番が近づくなか、左卜全ふんする署長は現場の話題をさらった。放送翌日（六月一日）の「東京タイムズ」コラムに、こう取り上げられている。

劇中にこの署長が三人組のスリを見てどこかで会ったような顔だと思い、それを思い出そうとするシーンがあったが、左がいちばん苦心したのはこの場面で何とかしてそれを思い出そうとする時の表情。威厳をもった中に深刻な顔つきをしなければならず、本番の直前まで鏡とニラメッコでいろいろな表情の研究をしていたが、それが百面相にソックリなので、横にいた夏川かほるが思わず吹き出し、本番がはじまってからも左の顔を見るとツイ吹き出したくなり、笑いをこらえるのに夏川も苦心サンタン。

四十五分のドラマで、左卜全の出番は多くない。わずかな出番で、なんとか印象に残そうとしたのか。あるいは、夏川かほる（戦前の人気スター、夏川静江の娘）が大受けするのを見て、ノッてしまったのか。とぼけた味わいで魅せただけではない、名脇役のプロ根性がうかがえる。

二〇二三（令和五）年五月二十一日から二十八日まで、埼玉県所沢市小手指元町の北野天神社「多目的ホール」において、「所沢が生んだ名優　左卜全展」が開かれた。所沢は左のふるさとで、故人の縁者らで組織する「左卜全の会」が企画・主催した。

ゆかりの品々がならぶ会場には、左が一九六〇（昭和三十五）年に出演し、使用した旧蔵台本が五冊展示されていた。妻の三ヶ島糸（『奇人でけっこう——夫・左卜全——』の著者）が保存した台本の多くは、所沢市に寄贈され、「左卜全の会」の手元には展示の五冊しか残っていない。台本のいたるところに左の書き込みがあり、几帳面な性格だったことがわかる。そのいっぽう、自分が出ないシーンは、ページごとにひもで綴じていた。

展示された五冊の台本のひとつが、あの『巨匠錦を飾る』だった。左は自分（警察署長）の台詞に、赤えんぴつでしるしをつけていた。まさかここで、嶋田の演出作に出会うとは。しかもそれが、「左卜全の会」の手元にある五冊のうちの一冊とは。そのことを知れば、嶋田はどんなに感激したことだろう。

『巨匠錦を飾る』の映像はうしなわれ、見ることは二度と叶わない。

# 演出家志願――森雅之、松本典子

一九六〇（昭和三十五）年三月、フジテレビは開局一周年を迎えた。社内の合い言葉は「追いつけ、追い抜け」。全国にテレビネットワークが広がるなか、東京ではＮＨＫ、日本テレビ、ラジオ東京テレビ（ＫＲテレビ、現・ＴＢＳ）、日本教育テレビ（ＮＥＴテレビ、現・テレビ朝日）、フジテレビがしのぎを削っていた。

この年、岸信介《きしのぶすけ》政権のもと、安保問題が国会と社会を揺るがす。「安保改定阻止国民会議」などによる反対デモが激化し、多くの俳優、演劇人、映画人、放送関係者が国会前に参集した。嶋田は当時、安保反対デモに参加しなかったのか。そうした証言は得られなかった。ノンポリだったわけではなく、とてもその時間的余裕がなかったように思う。

芸能部ディレクターとして、連続生ドラマの『ありちゃんのパパ先生』『風雲さそり谷』『小天狗小太郎』を演出するいっぽう、単発枠も担当した。『ありちゃんのパパ先生』の後番組「サンウエーブ火曜劇場」はそのひとつ。毎週火曜、午後十時からの四十五分枠で、サンウエーブ工業の一社提供である。シリーズは全十二作で、少なくとも嶋田は以下の四作を演出した（『巨匠錦を飾る』は前項参照）。

◆岸田國士《きしだくにお》原作、高橋辰雄脚本『暖流』前後編（一九六〇年三月一、八日放送）
◆松田暢子《まつだのぶこ》作『横丁の女』（四月十九日放送）
◆山本雪夫作『脚光―フットライト―』前後編（五月三、十日放送）
◆多岐川恭作『巨匠錦を飾る』（五月三十一日放送）

「サンウエーブ火曜劇場」は、NHK、日本テレビ、ラジオ東京テレビに対抗する文芸ドラマ枠として企画された。若手ディレクターが交代で演出をおこない、その第一回作品として、岸田國士の『暖流』がえらばれ、演出を嶋田が任される。脚本は、試験放送の『警察日記』でコンビを組んだ高橋辰雄が書いた。

『暖流』は老舗病院が舞台のメロドラマで、たびたび映画化、テレビ化された。「サンウエーブ火曜劇場」版の配役は、病院長令嬢の志摩啓子に俳優座の河内桃子、その恋敵で看護婦の石渡ぎんに同じく俳優座の岩崎加根子《いわさきかねこ》、病院経営に乗り出す実業家・日疋祐三《ひびきゆうぞう》に劇団民芸（現・劇団民藝）にいた富田浩太郎《とみたこうたろう》、院長の志摩泰英に嶋田が師とあおぐ佐々木孝丸が付き合った。

『週刊サンケイ』（産経新聞出版局）一九六〇（昭和三十五）年三月二十一日号掲載「テレビ・ラジオ今週の見るもの・聞くもの」に、嶋田が紹介されている。《担当した島田親一ディレクターは二十九歳。かつて松竹大船作品として監督、ヒットした『暖流』は吉村公三郎《よしむらこうざぶろう》監督が二十七歳のときの作品であったから、映画をみて、覚えている向きには、同じ頃の年代の演出者によって描かれた画面を、興味深く見たに違いない》。このように鳴り物入りで始まったシリーズだが、嶋田は別の受けとめ方をする。

『暖流』は、映画にもなった岸田國士の有名な原作でしょう。「初回は名前の知られた作品がいいだろう」と選ばれたんじゃないかな。安易というか、安全パイを狙った気がします。ぼくの立場はディレクター兼プロデューサーで、演出はもちろん、キャスティングの権限もありました。岩崎加根子と河内桃子は、俳優座の若手にして売れっ子です。富田浩太郎は、芝居はあんまりうまくないけど、誠実な男で、ぼくのドラマによく出てもらいました。佐々木のおやじ、出てたかな。覚えてないなあ（笑）。

嶋田としては、ありものの原作よりオリジナルがいい。「サンウエーブ火曜劇場」で次に演出した『横丁の女』のほうが、『暖流』より記憶は鮮明だった。松田暢子（一九二六～二〇〇八）のオリジナルで、場末のやきとり屋で働くふたりの女性の恋模様を描く。

陽気で天真爛漫な君子に中村メイコ、かたや陰のある早苗に吉行和子、君子と早苗を手玉にとる常連客の矢島に高橋昌也、焼きとり屋の常さんに村田正雄。中村は売れっ子の俳優にしてタレント、吉行は劇団民芸の若手、高橋は劇団新人会などで頭角をあらわす有望株、村田は嶋田ドラマの常連である。クライマックス、矢島をめぐって君子と早苗は対決し、そのまま和解する。

『横丁の女』リハーサル。左から高橋昌也、吉行和子、中村メイコ（1960年、フジテレビスタジオ）。[嶋田旧蔵]

『暖流』より、気合いをいれてやった記憶があります。主演のメイコさんより、吉行さんの役がよくなっちゃって、メイコさんに申し訳なかった。一階と二階の設定でセットを組んで、階段もつくって、クレーンで上下階の動きを見せました。クレーンで上から撮るから、セットに手が抜けない。当時のスタジオ生ドラマにしては、大がかりでした。

『横丁の女』だから、横丁を路地っぽく見せることにも苦心しました。そこで出たアイデアが犬。路地に犬が歩く画《え》が欲しくて、作曲家の渡辺浦人《わたなべうらと》さんの愛犬に出てもらった。ところが、リハーサルからうまくいかない。渡辺岳夫《わたなべたけお》（浦人の長男）に、つきっきりで犬の世話係を頼んだわけです。岳夫は、ぼくのドラマの劇伴《げきばん》をいくつも手がけ、終生の友になりました。

迎えた本番、渡辺家の犬は嶋田の期待に応えて名演を見せ、場末の横丁の雰囲気を醸し出した。あわれワンちゃんは、渡辺家に戻り、精魂つきはてて寝こんでしまった。放送三日後の「産経新聞」（四月二十二日付）に、視聴者からの投稿が載った。《ほんものの犬を通らせた演出の苦心を買いたい（立て看板のかげにかくれて犬に合図していた人間の頭が見えたのはあいきょう）》。
『暖流』『横丁の女』ときて「サンウエーブ火曜劇場」の三作目が、前後編の『脚光―フットライト―』となる。試験放送の『執刀』でタッグを組んだ山本雪夫のオリジナルで、当初の予定では城《しろ》山三郎《やまさぶろう》（一九二七～二〇〇七）の小説を、山本が脚色するはずだった。城山は放送の二年前、『総会屋《そうかいや》錦城《きんじょう》』で第四十回直木賞（一九五八年下半期）を受賞した。

城山三郎原作、山本雪夫脚本でやることに決めて、城山さんに会いに行った。茅ヶ崎（神奈川県）にお住まいで、城山さんからドラマ化のOKをもらって、森雅之《もりまさゆき》主演で準備を進めました。銀行内に共産党員がいた、という話です。
そしたらフジテレビからNGが出た。編成局長に呼ばれて「この原作はきびしい」と。そう言われても、森さんのスケジュールはおさえてあるし、いまさら中止できません。とにかく城山さんに会い、「申し訳ない。フジテレビの体質として、この原作はダメでした」と頭を下げた。大作家になる前でしたが、「テレビも大変ですね」と理解してくれました。

その小説は、城山三郎の『挑戦』（『オール讀物』一九五八年九月号掲載、文藝春秋新社）と思われる。戦後のレッドパージで追放された一流紙の元記者・木崎が、タブロイド判の旬刊紙をひとりで編集・発行している。木崎は、大同銀行（大手地方銀行）総務部次長の宇田川が、共産党に銀行の内部情報を流していることを知り、真相を追う。

このエピソードには、ひとつ謎がある。『挑戦』が『オール讀物』に掲載されてすぐ、NHK大阪放送局が、『テレビ劇場　挑戦』（一九五八年九月五日放送）としてドラマ化した。演出の和田勉《わだべん》（一九三〇〜二〇一二）は、新進気鋭のディレクターとして、テレビ業界ではすでに知られた存在である。嶋田は、このドラマのことを知らなかったのか。城山も、「NHKでドラマ化した」と念押ししなかったのだろうか。

フジテレビが企画を中止したことに対し、城山が憤ることなく、理解を示したのは事実らしい。一九六一（昭和三十六）年一月、城山は嶋田に年賀状を出した。消印が一月六日なので、おそらく返事だろう。そこに城山は、《御活躍何よりと存じます。一度ぜひコンビを組みたいものです。但しオリジナルは御勘弁を》と一筆添えた。ありものの原作ではなく、オリジナル脚本を依頼した可能性もある。真相はともかく、『挑戦』のドラマ化は頓挫した。

企画にNGが出て、城山さんに謝ったあと、その足で新橋の旅館に行きました。忘れもしません。放送が近づいてきて、山本雪夫に相談しました。企画を変えるにしても、代わりのホンがないと、森さんやほかの俳優さんに説明できない。そこで出たアイデアが、アメリカ映画の『女優志願』です。「あれの日本版をやれないか」と意見がまとまった。

『女優志願』は、ベテラン演出家と若手女優の恋ものがたりで、演劇の話だからぼくも山本雪夫もお手のもの。「これでやろう」と決めた。そしたら、『脚光―フットライト―』のタイトルで、いいホンが出来てきましてね。

シドニー・ルメット監督『女優志願』（RKOラジオピクチャーズ、一九五八年）は、ブロードウェイミュージカルの女優を夢みるヒロイン（スーザン・ストラスバーグ）と舞台プロデューサー（ヘンリー・フォンダ）をめぐるストーリー。日本では、一九五八（昭和三十三）年の夏に公開された。どたんばでアメリカ映画にヒントを得て、シナリオにしてしまう。この話ひとつとっても山本雪夫と嶋田親一、脚本家と演出家の相性のよさがわかる。

『脚光―フットライト―』は、新劇の劇団「白鳥座」が舞台で、出演者も新劇陣を多く配した。妻と別れた演出家の三宅憲吾（森雅之）は、娘ほど年の離れた新人の菅阿津子（松本典子《まつもとのりこ》）を、俳優養成の名目で同居させる。『ハムレット』でオフィーリアを演じるはずの夏江（宝生《ほうしょう》あやこ）が倒れ、三宅は代役に阿津子を抜てきする。阿津子は劇団の若手実力派である毛利稔（文学座の仲谷昇《なかやのぼる》）との仲を深め、三宅は阿津子への想いを募らせていく。

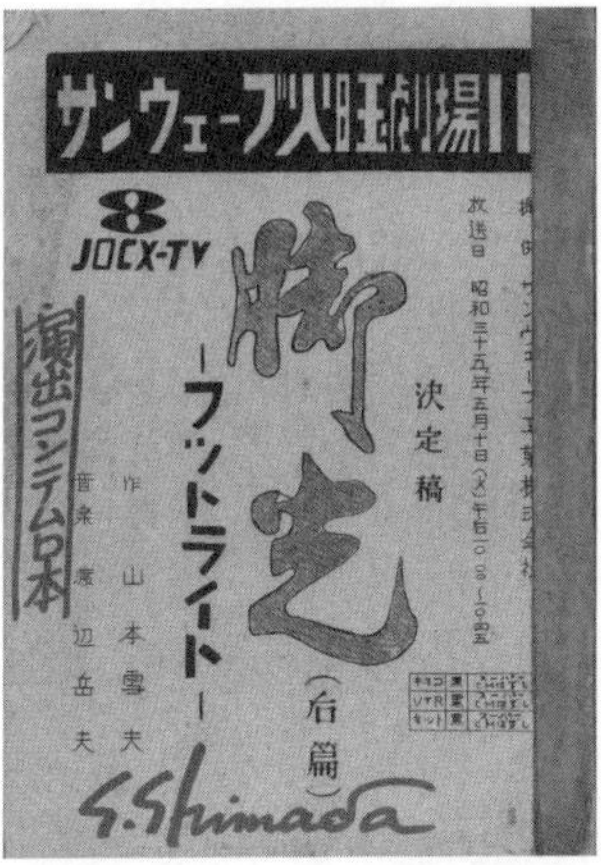

『脚光―フットライト―（後篇）』演出コンテ台本（1960年）。［嶋田旧蔵］

阿津子役の松本典子（一九三五～二〇一四）は、俳優座養成所（第八期生）を卒業し、劇団民芸に入団してまもない若手だった。民芸でキャリアを重ね、退団後は夫で劇作家の清水邦夫と「木冬社」を結成、映画とテレビドラマにも出た。

一九六〇（昭和三十五）年当時、松本はそれほど知名度のある俳優ではなかった。俳優として著名な森雅之（一九一一～一九七三）の相手役に白羽の矢を立てたのは、嶋田である。城山三郎原作の企画でも、ヒロインは松本に決めていた。

同年四月二十九日付「報知新聞」に、「『脚光』に松本典子（民芸）抜てき　フジテレビが森雅之の相手役で」と記事がある。嶋田は《既成のスターを使わないで、新鮮な感じをだしたい》と語った。松本は《俳優座養成所を三年、民芸一年で、女優志願四年ですけれど、ドラマのような演出家と女優の交流があればいいことだと思います。テレビは三度目で不安ですがはりきっています》と抱負を述べた。


松本さんの起用は、うまくいきました。『女優志願』の設定がうまくハマった。森雅之と仕事ができたのも、うれしかった。ぼくは森さんが好きでね。映画スターというより新劇の人、戦後すぐの民衆芸術劇場の森雅之という印象でした。

森さんは、台詞を覚えないんです。そのかわり本番になるとピシッとできる。こちらも信頼しているから、「稽古はホンを読みながらでいいです」と言いました。生放送ではなく、ＶＴＲでやったと思いますが、本番さえうまくいけばいい。そのとおり、きちんとやってくれました。威張らない人でね、ずいぶん助けていただきました。

「サンウエーブ火曜劇場」の主演に森雅之を配したのも、嶋田の意向である。森も、前項で書いた三宅邦子や左卜全のように、「テレビをおもしろがる」俳優だった。テアトル・コメディ、文学座と戦前から新劇で活動し、戦後は映画俳優として名をなす。舞台、映画、ラジオ、テレビと幅広く、舞台も新派、新劇、商業演劇と亡くなるまでジャンルを問わなかった。

本格的にテレビドラマの仕事を始めるのは、昭和三十年代になってから。森は当時、新聞の取材にこう答えた。《テレビには、映画にない楽しさがありますね。カットの積み重ねでゆく映画では、計算された役者の個性しか出ない。その点テレビでは、ビデオをみて、今まで知らなかった自分の個性を発見する、といった驚きもあります》（出典未詳、一九五九年）。

一九五〇年代のテレビドラマ創成期は、五社協定（当時は六社）により、専属映画スターのテレビ

『脚光』リハーサル中の森雅之（1960年、フジテレビスタジオ）。［嶋田旧蔵］

『脚光』出演時の松本典子（1960年）。［嶋田旧蔵］

出演がむずかしかった。テレビ各局は、歌舞伎、新派、新劇、新国劇、軽演劇の舞台俳優、もしくはフリーの映画俳優に頼った。森雅之は、そのひとりである。

森が出演した初期のテレビドラマで、映像が残るものに石川甫演出『東芝日曜劇場　マンモスタワー』（ラジオ東京テレビ、一九五八年十一月十六日放送）がある。テレビが映像メディアとして急成長するなか、大宝映画製作本部長の黒木俊介（森雅之）は、旧態依然とした映画会社を改革すべく奮闘する。しかし上層部や現場の反発は根強く、北海道支社へ左遷させられてしまう。テレビ局のスタジオを訪れた黒木は、映画に殉じることを決意する。

森のほかに滝田裕介、岩崎加根子、千葉信男といった嶋田の演出作に出た俳優が共演した。『マンモスタワー』については、北浦寛之《きたうらひろゆき》著『東京タワーとテレビ草創期の物語——映画黄金期に現れた伝説的ドラマ』（ちくま新書、二〇二三年十一月）にくわしい。

森さんとはもっとたくさん、お仕事したかったなあ。先輩の話を聞くのが好きだったし、森さんとはじっくり演技論を語り合いたかった。演出するディレクターは、現場で権限があります。でも、俳優に対して上から目線ということはありません。むしろ、俳優から教わることのほうが多かったんです。

『脚光』は、いい思い出ですが、困ったことも起きました。別の作品で主役をお願いする予定で、宝生あやこが出てくれたんです。そしたら「役が軽すぎる」と前編で降りちゃった。八田《はった》（尚之《なおゆき》）さんに言われたのかな。慌てましたよ。最初から降りてくれたらよかったのに……。山本雪夫に相談して、後編ではいないことにしました。

夏江役の宝生あやこ（一九一七～二〇一五）は、劇団手織座の創立者にして主演俳優で、早くからテレビドラマにも出た。夫の八田尚之は劇作家・シナリオライターで、妻の宝生とふたりで手織座をけん引した。嶋田の「八田さんに言われたのかな」は、そうした意味である。

嶋田旧蔵の演出コンテ台本（決定稿）を読むと、後編に夏江の出番はない。白鳥座演技部の宮川輝子（劇団民芸の大塚美枝子）が、《健康上の理由で運営委員をおろさせてほしいって、云ってらっしゃるんです》とごまかす。幹部俳優の佐久間栄治（俳優座の松本克平《まつもとかっぺい》）が、《なんだい、急に》と突っ込み、劇団主事の葛西（浅野進治郎）に《ま、いろ〳〵とまゝならぬもんでね》と言わせている。いわゆる楽屋オチか。

劇団内で三宅（森）と阿津子（松本）の仲が噂されるなか、阿津子は『フィガロの結婚』のヒロインであるシュザンヌ役をいとめる。三宅は、稽古に励む阿津子を見守り、慕情を深めていく。公演は大成功に終わり、阿津子はフィガロ役の毛利（仲谷）からプロポーズされる。

誰もいない舞台に、酒に酔った三宅がひとり立つ。愛惜に耐えきれず、いきなり『ハムレット』の台詞を語り出す。《おお五月のバラよ、なつかしい妹可愛いオフイリーアー、あゝ何ということだ。あんなに若々しい処女の心が、老人のようにこうまで儚いとは》（後編台本より）。そのひとり舞台を、袖から阿津子が見つめる。涙で三宅にすがりつく阿津子を、《アコちゃん、もう私が要らなくなつたようだ》（前掲書）と三宅が抱きしめる。

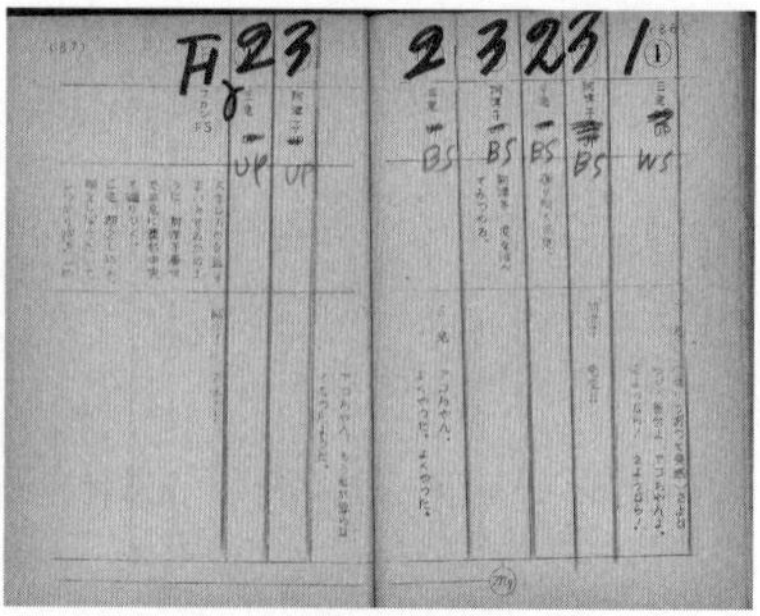
『脚光』演出コンテ台本。[嶋田旧蔵]

ここで嶋田が本書の前項で語った、「１カメ」「２カメ」「３カメ」の真骨頂となる。三宅と阿津子、ふたりのバストアップと顔のアップを、三台のカメラがテンポよくとらえる。台本には黒のマジックで「１」「２」「３」、青の色えんぴつで「ＢＳ」「ＵＰ」とそれぞれ力強い筆致で書き込まれている。ＶＴＲ収録だとしても、実際には生放送に近い。このドラマの映像は残されておらず、台本で「画」とつくり手の「格闘」を想像するしかない。

ドラマの収録は、フジテレビの第三スタジオでおこなわれた。スタジオには「喫茶店」「阿津子が暮らすアパートの受付」「阿津子の部屋」「劇団事務所」「劇団稽古場」「三宅の書斎」といくつものセットを組んだ。カメラはそれぞれのセットをまわり、ディレクターの嶋田が、副調整室でモニターを見ながら指示を出す。

『脚光』に手ごたえを感じた嶋田はその後、森雅之と松本典子を、ほかの演出作でも起用した。

森雅之は、村松梢風《むらまつしょうふう》原作、高橋辰雄脚本、嶋田演出の『ソフラン座　女経』前後編（一九六一年七月十八、二十五日放送）に主演した。ドンファンな中年紳士・吉村（森）とナイトクラブで出会った謎の女・鈴江（初代藤間紫《ふじまむらさき》）が織りなす大人の恋模様である。森はこの年、『シャープ火曜劇場　朝子の子供たち』（第二章参照）にも出演した。

松本典子は、早乙女勝元原作、浅川清道脚本、嶋田演出の『ソフラン座　美しい橋』前後編（一

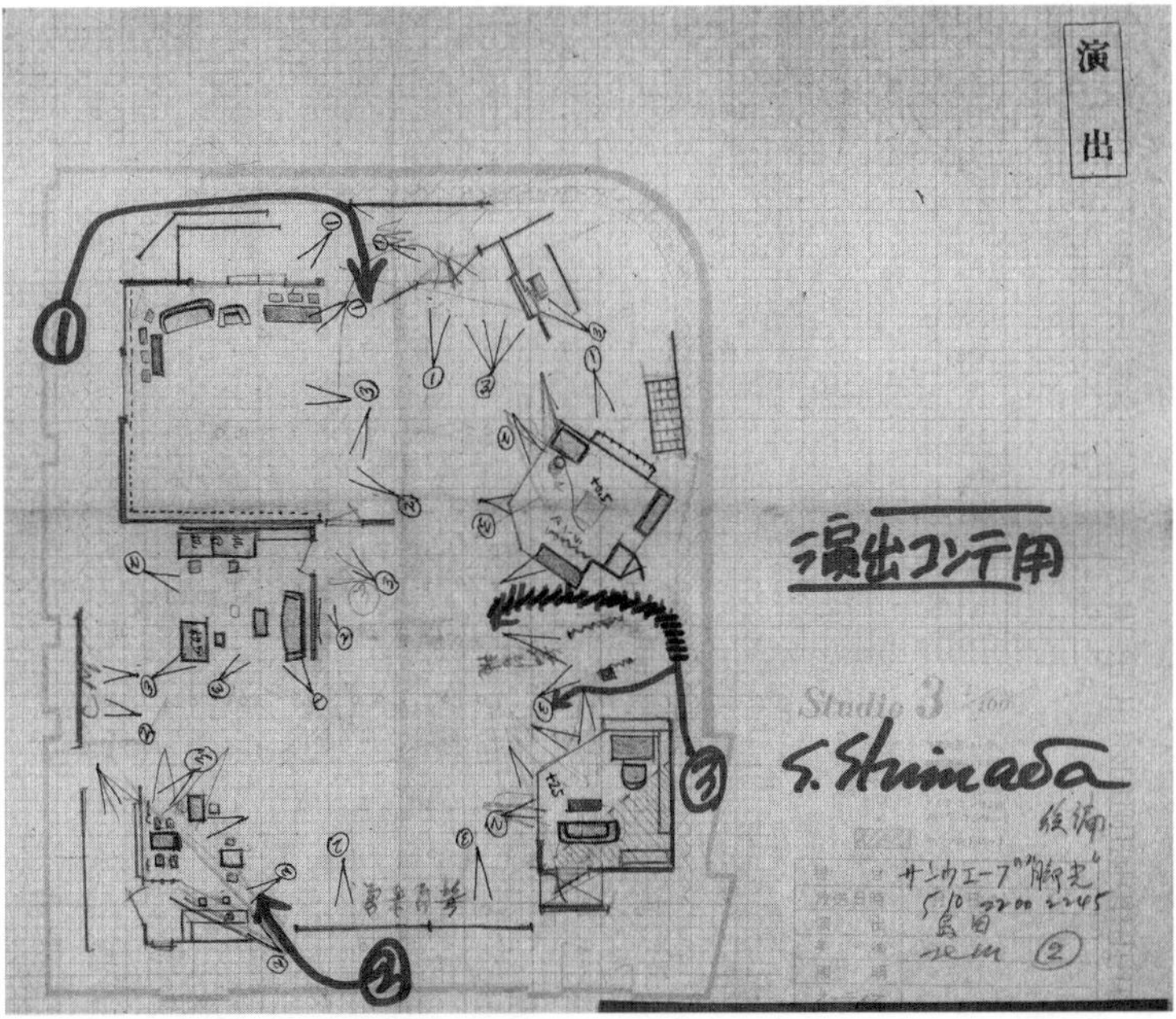


『脚光』スタジオセット資料。［嶋田旧蔵］

九六一年八月一日、八日放送）のヒロインとなる。隅田川にかかる白鬚橋《しらひげばし》を舞台に、鉄工場で働く石田友二（山本《やま》学《もとがく》、現・山本學）と石けん工場で働く木村チエ（松本典子）の純愛を描いた。

「サンウエーブ火曜劇場」時代の嶋田の言動に着目すると、テレビドラマへの自負とともに、かなり映画を意識していることがわかる。『キネマ旬報』一九六〇（昭和三十五）年五月下旬号「〝茶の間〟に展《ひら》くテレビの方法」では、大映映画の監督である増村保造《ますむらやすぞう》（一九二四〜一九八六）を中心に、下の世代のフジテレビディレクター（嶋田、岡田太郎、小川秀夫）と縦横無尽に映像論、テレビドラマの創作論を語りあった。増村の肩書は「大映・監督」、あとの三人は「フジテレビ・演出家」となっている。

気鋭の映画監督と同僚のディレクターが同席するだけに、嶋田もおおいに自説を展開した。《これからは映画がすでに獲得している以上の表現方法を考え出して行こうと思っている》《テレビの場合、台詞を一言聞きもらしたらストーリーが分らなくなるという脚本じゃだめです》《現在のテレビ・ドラマに論理性がない》《本番になれば、テレビは俳優のもの》などなど。新国劇時代の経験を引き合いに出し、舞台とテレビドラマの共通点についても語った。この記事を嶋田に見せたところ、「増村さんの作品が好きでね」と苦笑しながら、こう言った。

スタジオドラマは、スタジオという枠のなかで映像を創り出す。映画は、どこを撮ってもいいし、自分で世界を切り取っていく。発想が基本的に違います。当時のスタジオドラマはロケがむずかしいので、狭いスタジオからスタートするしかない。

それと映画は完全主義です。群衆のシーンで、端っこの人の動きがおかしかったらNGになる。舞台は違います。お客はスターなり、主役を注視していて、まわりの細かいところまで気にしない。その見方でいくと、スタジオドラマは舞台に近い。映画とテレビは違う。テレビはテレビの映像だと考えていました。映画へのあこがれとは、また別の視点です。

ぼくらは新国劇で「埃鎮《ほこりしず》め」と呼んでいました。新国劇の公演が十一時半に開演するとして、十一時三十五分に来ても、観客にはさほど問題がない。埃が鎮まるまで十分くらいかかるので、いきなり伏線を見せたりしないし、主役の見せ場もない。映画はくらがりの劇場で、お客さんが最初から物語に没頭する。「埃鎮め」はない。テレビドラマは、ながら見でもなんとなくわかります。

『そこから歩くのだ』リハーサル。右から２人目に井川比佐志、３人目に林孝一（1961年、フジテレビスタジオ）。［嶋田旧蔵］

「ながら見」でもわかると語った嶋田だが、テレビドラマへの秘めた野心はある。『巨匠錦を飾る』の多岐川恭に書き下ろしを依頼した『東芝土曜劇場　そこから歩くのだ』（一九六一年一月十四日放送）は、ひとつの挑戦だった。

ナイトクラブの用心棒・小国謙（井《い》川《がわ》比《ひ》佐《さ》志《し》）の青春と死を描く問題作で、小国を利用する刑事の佐伯定二（河《こう》野《の》秋武《あきたけ》）がドラマに絡む。若いやくざの葛藤を、冷めたタッチで描くつもりだった。放送当日の新聞のテレビ欄にも、《若いヤクザの青春》（「東京新聞」）、《地獄のなかの青春》（「東京タイムズ」）、《非常なタッチで》（「産経新聞」）といった文言がある。

演説をぶつようなドラマは、あまりやりたくなかった。ところが、やってはいるんです。『そこから歩くのだ』

のように、やって失敗している。『巨匠錦を飾る』の夢よもう一度、じゃないけれど、多岐川さんに今度は青春ものをお願いしました。若いやくざの更生と破滅の悲劇で、ちょっと肩のちからを入れすぎて、失敗作でした。井川比佐志ががんばって大役をこなしたし、河野さんをはじめ、いい俳優が揃った。ぼくの演出力不足だと思います。

当日、このドラマを見た旧知の俳優の恩田清二郎は、嶋田への年賀状の返事（一九六一年一月十六日消印）にこう添えた。《やゝ重厚にすぎた感はありましたが、力量感に満ち、それに何より、面白かつたと存じます》。当の嶋田は、恩田の評をどう読んだのか、聞きそびれてしまった。

山田《やまだ》太一《たいち》は、エッセイ「映画とテレビのあいだ」（『山田太一エッセイ・コレクション　その時あの時の今　私記テレビドラマ50年』河出文庫、二〇一五年十二月）に、映画とテレビの編集の違いを述べている。VTRが高価だった時代、テレビドラマは編集がむずかしく、ちょっとしたハプニングも、そのまま流れてしまう。映画にくらべて粗っぽく、それゆえにドラマがもつ親近感、現実感を生んだ。その粗っぽさこそが、テレビの特性にしてすばらしさだと、山田は説く。嶋田も、そういうことが言いたかったのかな、と思う。

# 第二章　おらぁドラマ屋だ！

## 子役の目線——二木てるみ、渡辺篤史、ジュディ・オング

日本の高度経済成長を背景に、民放各局はテレビ放送への資本投入を推し進めていく。ラジオ東京は一九六〇（昭和三十五）年十一月、社名をラジオ東京KRTから、東京放送（TBS）に変更した。翌年には開局十年の節目に、新局舎とテレビスタジオの増設を完成させ、民放最大規模を謳う総合放送局舎がTBSの本拠地、東京・赤坂に生まれた。

開局三年目のフジテレビは、一九六一（昭和三十六）年九月、他局に先んじて深夜帯をのぞく全日放送（午前六時三十分〜午後十一時三十五分）をスタートさせる。この年、河田町のスタジオ増築が始まり、局舎内に仮宿泊室、リハーサル室、エレベーターを設置した。プログラムで画期的だったのが『奥さま映画劇場』（月〜土、午前九時〜十時四十分）で、経営不振にあえぐ新東宝映画の作品を買い取り、テレビ放送した。日本映画はまだ全盛だったが、一九六〇年代に入ってから少しずつ銀幕の斜陽化を迎えていく。

テレビの本放送開始から五年ほどは、新聞の番組欄（ラテ欄）はラジオが上段、テレビが下段もしくは紙面の隅に追いやられていた。それが一九六一年四月一日を節目に、「朝日新聞」と「毎日

新聞」のラジオとテレビの番組表が上下逆転する。お茶の間の主役がラジオからテレビになる、ひとつの変わり目だった。

一九三一（昭和六）年生まれの嶋田は、ちょうど三十歳になる。編成局芸能部のディレクターとして、順調にキャリアを重ねていた。ホームドラマの『ありちゃんのパパ先生』、子ども向け連続時代劇の『風雲さそり谷』『小天狗小太郎』、風刺喜劇の『巨匠錦を飾る』『墓場はバラ色』、ミステリーの『私は死んでいる』、メロドラマの『暖流』『脚光―フットライト―』、青春ドラマの『横丁の女』『そこから歩くのだ』など。どんな企画でもそつなくこなす、器用貧乏なところもある。本人もそれは先刻承知で、「代表作がない。なんでも屋ですよ」と聞き取りの席で言っていた。その物言いには、嶋田なりの自負がある。

同僚の五社英雄は、丹波哲郎主演『トップ屋』（一九六〇～六一年）を演出し、活字ジャーナリズムの暗躍と企業の闇に切り込む。岡田太郎は、丹羽《にわ》文雄《ふみお》原作の昼のメロドラマ『日日の背信』（一九六〇年）をヒットさせ、「よろめきドラマ」ブームを起こす。主演は原保美《はらやすみ》と池内淳子で、池内の起用には嶋田が大きく関係している（次項参照）。

五社と岡田がそれぞれ〝自分のドラマ〟をものにするなか、嶋田もライフワークを見いだしていく。『富士ホーム劇場　にあんちゃん』（一九六〇年十一月二十七日～十二月十一日放送）が、そのきっかけとなる。「富士ホーム劇場」は、富士電機がスポンサーの三十分ドラマ枠で、『にあんちゃん』は連続三回で放送された。

原作は安本末子《やすもとすえこ》（一九四三～）がみずからの体験を綴った『にあんちゃん　十歳の少女の日記』

（光文社、一九五八年十一月）で、ベストセラーになった。両親をうしない、佐賀県の炭鉱町でまずしくも、前向きに暮らす兄妹四人の日々を描いている。タイトルは、二番目の兄（次男）の呼び名に由来する。放送の前年には、日活が今村昌平《いまむらしょうへい》監督で映画化（一九五九年十月二十八日公開）していて、話題となる。

全三回で、VTR収録ではなく、生放送だったはずです。ぼくは映画版の『にあんちゃん』を観ていないんです。今村昌平さんの作品で、あえて観なかった。「冗談じゃない。おれはおれでやるよ」と。観たら、自分なりにやれないですし。いまだに観ていません。観たら「参った」となるじゃないですか。

安本末子さんの原作は好きでした。安本さんと文通して、どうしてもドラマにしたかった。脚色は『横丁の女』（前項参照）の松田暢子です。大阪出身の方で、大正生まれの上の世代ですが、このころはノッてましたね。有島（一郎）さんがベタぼめでした。気ごころが知れていたので、ぼくの演出でよくホンを書いてもらいました。女性を書かせると見事で、このあとやる『富士ホーム劇場根っこ物語』（一九六一年一月一〜二十二日放送）も松田さんの脚本です（原作は加藤日出男、若い住み込み店員や女中が組織した「根っこの会」のドラマ化）。

松田暢子は脚色について、こう抱負を語った。《ピンクムードや殺しの多いドラマがはんらんしている折から子どもにも純粋にアピールできるようなものにしたい》（一九六〇年十一月二十四日付

「東京中日新聞」）。脚本は、映画版（池田一朗、今村昌平）より原作に近づけた。

配役は、長男の喜一に俳優座の福田《ふくだ》豊士《とよと》、長女の良子に俳優座の山崎《やまざき》左度子《さとこ》、次男の高一に劇団若草の渡辺篤史、原作者の次女・末子に二木《にき》てるみ（一九四九〜）という顔ぶれ。「テレビでレギュラーをもっていない俳優にしよう」と福田と山崎がえらばれ、渡辺はオーディションで起用した。

「にあんちゃん」が渡辺篤史で、二木てるみが主演です。彼女が泣かしたなあ。共演者がみんな泣いちゃって、楽屋から誰も出てこない。二木さんも好演だったけれど、長女役の山崎左度子さんもよかった。このドラマは、話題を呼びましたよ。

この証言は、大げさな逸話ではない。同年十二月十六日付「朝日新聞」には、《けいこの時からほんとに涙を流す者があり、本番のときは、終わっても一同しばらく声も立てないで感涙にむせんだ》（「テレビドラマを食うつづり方ドラマ」）とある。

二木てるみは、日活映画版と新国劇版『警察日記』（いずれも一九五五年）で、捨て子の少女を好演した。その演技に感銘を受けた嶋田は、末子役に二木を抜てきする。《私は映画をみていないが〝にあんちゃん〟の末子には、てるみちゃんをおいてほかにないと考えた。彼女のよさは妙に子役ずれしていないこと》（前掲の「東京中日新聞」）。いくつかの記事によれば、二木は日活映画版を観ており、末子役の前田暁子のことを多少は意識したらしい。

二木らの好演もあって、ドラマの反響は大きかった。《映画におとらぬ「にあんちゃん」》（「東京新聞」）、《泣かせた二木の好演》（「報知新聞」）、《兄弟愛に感動》（「産経新聞」）などと取り上げられ、フジテレビには何通もの手紙が届いた。そのなかには、「ドラマのような気の毒な一家に差し上げてください」と五百円を同封する女学生がいた。いかにもな放送美談と感じつつ、テレビドラマとお茶の間のつながりの深さを思う。

嶋田にとっても、二木てるみと渡辺篤史との出会いは、演出家としての道標になる。奇しくも『にあんちゃん』と同じころ、『三太物語』（一九六一年三月二日～六二年五月三十一日放送）の企画が舞い込む。神奈川の山里を舞台に、わんぱく小僧の三太がはつらつと活躍する児童文学である。企画を持ち込んできたのは、広告代理店「大広」の制作課長・中村義一で、品川区大井水神町（現・南大井）にあった嶋田の自宅を部下とふたりで訪ねた。

都営住宅みたいな小さな家に、一家三人で住んでいた。朝の七時くらいかな、いきなり来たんです。「ここでないとお会いできないと思い、お邪魔しました。大広の中村義一と申します」と名刺を差し出してね。芝居がかっていたなあ（笑）。中村さんは早稲田の先輩で、たしか博報堂から大広に移った方です。

ぼくの長女を起こさないように部屋に上がってもらい、用件を聞きました。「『小天狗小太郎』の枠を、うちに任せてもらえないか。『三太物語』の原作権はおさえてある」。あの枠は、電通扱いなんです。つまり「電通をはずして、大広にやらせてほしい」というわけ。フジテレビの営業担当をどう説得したのかわかりませんが、『小天狗小太郎』の終了は決まっていたし、お膳立てはすでにできていました。

子どもが中心の牧歌的なドラマ企画に、嶋田はこころ期するものがあった。のちにフジテレビＯＢが寄せた回想文集に、こう寄稿した。《私は「子ども番組」と簡単にジャンル分けをし、ややもすると軽視する風潮に反発していたディレクターである。ようし、やってやろうじゃないか！と燃えてきた》（「熱き想いが番組を作った—私の愛したドラマ—」『フジテレビ回想文集第四集（番組編①）』フジテレビ旧友会、一九九七年十一月）。

大広の中村義一の熱心な売り込みではあったが、『三太物語』のテレビドラマ化には問題もあった。戦後まもなく雑誌連載された青木茂の原作を、すでに筒井敬介がラジオドラマ（ＮＨＫ第一、一九五〇～五一年）に脚色していた。そこで人気に火がついて、新東宝などで映画化、劇団民芸で舞台化され、わんぱく者の三太は人気者となる。

ＮＨＫラジオ版のヒットは昭和二十年代だったものの、脚色の筒井としてはＮＨＫへの義理がある。そこで筒井は、助手でのちに児童読物作家となる山中恒に、フジテレビ版の脚色を依頼する。山中と嶋田はおない年で、幸いにもふたりの相性はよかった。

三太役には『にあんちゃん』で起用した渡辺篤史を抜てきし、三太とその仲間を見守る担任の花荻先生役は、新東宝にいた中西杏子に決めた。オーディションを兼ねた打ち合わせの日、中西が厚化粧でフジテレビに来た話は、プロローグで書いた。もうひとり、大事な登場人物がいた。三太の友だち「花子」である。嶋田は、劇団ひまわりの子役で台湾生まれのジュディ・オング（一九五〇

～）に白羽の矢を立てた。

ジュディ・オングは名子役で、その前から注目していました。『かあちゃんしぐのいやだ』（NETテレビ「NECサンデー劇場」、一九六〇年十二月四日放送）に出演していて、とてもよかったんです。機会があれば一度、ぼくのドラマに出てほしかった。ドラマの主題歌に「おらぁ三太だ」「あたいは花子」と台詞が入りますが、花子役にぴったりだと思ってね。ジュディ・オングと二木てるみは当時、いいライバルだったかもしれません。

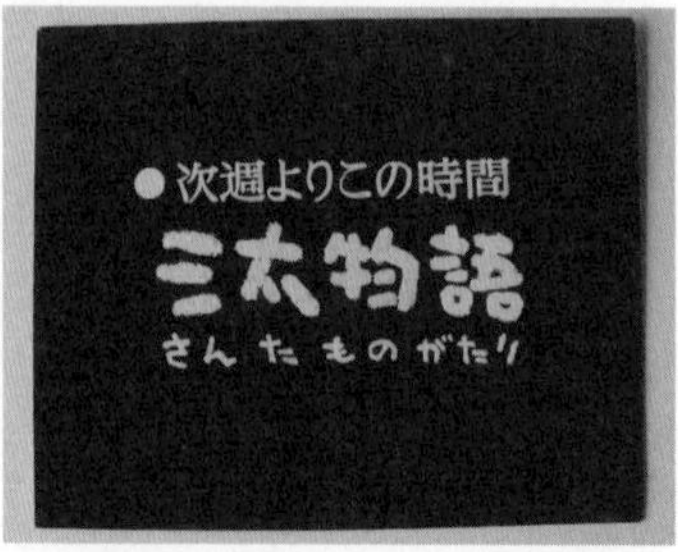

『三太物語』手書きテロップ（1961年）。
[嶋田旧蔵]

主題歌の『おらぁ三太だ』（キングレコード）は、作詞が加藤省吾、作曲が渡辺岳夫、歌が小柳徹で、《あるこう　あるこう　あるこう》と歌詞にある。スポンサーの第一工業製薬の洗たく用洗剤「モノゲン・アルコ」にかけた。この主題歌は、CD『作曲家・渡辺岳夫の世界［ドラマ編］』（キングレコード、二〇一〇年六月）でいまも聴くことができる。

その主題歌づくりの現場で、嶋田は渡辺にNGをくりかえす。後年、嶋田と対談した渡辺はふりかえる。《七回も書き直したんです。〝岳夫ちゃん一寸違うんだよ、中味じゃなくて表紙なんだ、一回ならともかく連続ドラマで一年続くんだヨ〟と貴方に言われて》（「テレビの劇音楽を語る！」『テレビ映像研究』一九七九年七月号、ナカ・プランニング・デスク）。

最初にできた主題歌は、全国の子どもたちが楽しみにして見るドラマにしては、どうもノリがね……。ようするに音楽が理屈っぽい。音楽が主張している。「もっと明るく、みんなをのせてくれる雰囲気に」と岳夫に言いました。一回こっきりの単発ドラマならともかく、連続ものの番組だから、こだわりたかった。

岳夫に絶交されるんじゃないかと思うほど、妥協しなかった。岳夫もふっきれて、すばらしい主題歌が完成しました。本番収録の日、キングレコードのスタジオで音を録るとき、指揮するはずの本人が高熱で倒れてしまった。無理がたたったんでしょうね。お父さんの浦人さんが、代わりに(タクトを)振ってくれました。

『三太物語』広告(現代劇場第5回公演『娑婆に脱帽』パンフレット、1961年)。[嶋田旧蔵]

中西杏子の花荻先生、渡辺篤史の三太、ジュディ・オングの花子、中尾哲夫(劇団こまどり)の留《とめ》、相模忠平(劇団ひまわり)の定《さだ》を中心にドラマは展開する。嶋田はその脇を、信頼するベテランと実力派でかためた。三太の祖父母に左卜全と原泉、両親に市村俊幸と七尾伶子、ほかに天草四郎、瀬良明、市川寿美礼《いちかわすみれ》、牟田悌三、永井柳太郎、成瀬昌彦、中村是好らが出演した。

『三太物語』は毎週木曜午後七時からの放送で、三十分枠である。その第一回（一九六一年三月二日放送）では、新人教師として都会から赴任した花荻先生と三太の出会いを描く。物語の舞台は、神奈川県の相模湖畔にある道志村（当時の津久井町がモデル）。村のバス停で降りた花荻先生は、足にトゲがささって出血する。そばにいた三太が、ヘビの抜け殻で足をしばって血止めする。都会っ子の花荻先生はヘビにおどろき、のびてしまう。

「子役は大成しない」というジンクスは、当時からありました。二木てるみ、渡辺篤史、ジュディ・オングは、大人になっても通用する俳優にしよう、との気持ちが強かった。この三人は、子役のなかでも抜群に違っていました。渡辺篤史は卜全さんと違って（笑）、いつもちゃんと台詞が入っていた。『にあんちゃん』で大役をやった自信、責任感のようなものを感じましたね。

子どもは潜在的に、いろんな感性をもっています。それをできるだけ素直に出してもらう。その意味でも子役に対して大人は、真剣に向き合わないといけません。その鉄則は、舞台もテレビも同じです。上から目線とは違います。たとえ「先生」と呼ばれても、気分はお友だち。話すときは、相手の目線まで低くする。「子役のドラマ」という気持ちでつくったことはありません。

牧歌的な子どもたちのドラマながら、現場は緊張感に満ちていた。演出の嶋田は、子役だからと甘やかさない。ある日のリハーサル。雑木林を描いたパネルの前に、実物の木を置いた。三太、留、定のわんぱく三人組が、いたずらにハチの巣を仕掛ける。はずみで三太が下へ落っこちる。すかさず嶋田が言う。「ダメだよ。台詞を言ってるだけじゃ、芝居じゃないよ」。当の渡辺は、ダメ出しされてもケロっとしている。父親役の市村俊幸も、「いつものことか」と気にしない。

演出面では大人と子どもの関係なく、それぞれの個性をきわだたせるように「三太ショット」を毎回用意した。三台のカメラをフル活用し、三太が会話するとき、ひとりずつアップでとらえる。カメラマンはズームレンズを使わず、レンズをさしかえてピントをすばやく合わせる。本番はVTR収録ではなく、生放送だったらしい。渡辺ら子役たちは、NGを出さないように集中する。まさにカメラマンとの真剣勝負だった。

本番はもちろん、稽古と休憩中の雰囲気も大事ですから、脇にいい大人を揃えました。本読み、立ち稽古、ドライリハーサル、カメラリハーサル、本番と大人の共演者が子どもたちを守ってくれて、うれしかった。子どもたちは、学校帰りにスタジオまで来る。つまり教育の延長線でもあるわけです。毎週水曜日には、本読み室を借りて、子どもたちと特訓する「水曜教室」も開きました。ところがです。ブーチャン（市村俊幸）を怒鳴ったことがあってね。休憩時間が長くて、楽屋で誰かとこいこい（二人で競う花札）をやっていた。「子どものそばで、冗談じゃない！」と怒鳴りつけた。賭けてなかったかもしれませんが、そういうことが見過ごせない。新国劇で鍛えられたせいか、潔癖なところがあるんです。この一件があってから、「三太組」の結束がかたくなりました。

渡辺篤史の学校の宿題を、大人の共演者が見てやったりしてね。

奇をてらわない素朴なストーリーで、チームワークのよさはお茶の間にも伝わった。一九六一（昭和三十六）年七月十九日付「産経新聞」に、視聴者投稿が載っている。《ドラマらしくないところも身近に感じられますし、演技者のチームワークがよいせいかとも思います》。逆に子役のうまさが仇となったのか、二十代の主婦からこんな投稿も届いた。《達者なセリフまわしといい、むしろ、いやみを覚えます。おとなびてこどもらしさのない、ませた、演技ズレした姿にはサッパリ感銘がありません》（同年五月二十五日付「朝日新聞」）。

当時のテレビ視聴率は、ニールセン（アメリカの市場調査会社）が東京地区限定で測定していた。同時間帯（木曜午後七時）の各局プログラムのなかで、『三太物語』は一、二を争う数字をはじき出す。七時から『三太物語』、七時半から『少年探偵団』（一九六〇〜六三年）というフジテレビの編成もうまかった。

『三太物語』は、ディレクターや技術者を育成する現場にもなった。放送一年を節目に嶋田はディレクターを降り、プロデューサーの立場に専念した。それから終盤の三か月は、ＡＤの藤井謙一に演出を委ねた。

河田町のスタジオからときどき飛び出し、モデルとなった津久井町や伊豆の今井浜海岸（静岡県河津町）でロケを敢行した（ロケの部分は十六ミリフィルムで撮影）。そのいっぽう、こんな問題もある。子どもの成長は早く、背がどんどん伸びていく。花子役のジュディ・オングは、少しずつ色気が出てくる。無理やり続けると、視聴者に違和感を与えてしまう。『三太物語』はこうして、放送一年三か月をもって終了が決まる。

一九六二（昭和三十七）年五月三十一日、『三太物語』は、惜しまれつつ最終回を迎えた。嶋田の書斎に、記念写真「さようなら！三太物語」が残っていた。スタジオにはスタッフ、キャストがほぼ顔を揃えている。しかし、なぜか嶋田の顔が見つからない。シリーズ終盤は藤井謙一に演出を任せていたので、入るのを遠慮したのだろうか。あるいは、別の仕事でいなかったのか。

放送終了の翌月、渡辺篤史はお礼の気持ちをこめて、嶋田に手紙を出した。《今でも出て歩きますと「三太」「三太」と呼ばれます。先日やっと試験が終り、一息ついた所でまた明日から三日間試験に入ります》（調布局、六月二十四日消印）。

この年の一月、フジテレビの組織変更で「芸能部」が廃止され、嶋田は「編成局制作第一部主任・チーフディレクター」に昇格する。「三太」終了から三か月後の八月三十日、フジテレビの前にある「長寿庵」で、三十一歳の誕生日会が催された。その宴に「三太組」のメンバーが駆けつけたことは、プロローグに書いたとおりである。

『三太物語』からおよそ一年、その仲間たちがふたたび、フジテレビに顔を揃えた。旭電化提供の『かっぱ子物語』（一九六三年四月五日〜十月二十五日放送）である。毎週金曜、午後七時三十分からの三十分枠で、嶋田が中心にいた「海賊の会」（市村俊幸の項参照）のユニットドラマだった。

脚本は山中恒のオリジナル、音楽は渡辺岳夫、演出は嶋田と「三太トリオ」だ。出演者も豪華で

（上）『にあんちゃん』記念写真。手前右のあたりに山崎左度子、渡辺篤史、二木てるみ、福田豊土、嶋田親一らがいる（1960年12月11日、フジテレビスタジオ）。
（下）『三太物語』最終回記念。中村是好、原泉、中西杏子、左卜全、ジュディ・オング、渡辺篤史、市村俊幸、七尾伶子、成瀬昌彦、天草四郎、牟田悌三らの姿がある（1962年５月31日、フジテレビスタジオ）。［以上、嶋田旧蔵］

ある。二木てるみ、渡辺篤史、ジュディ・オングの名子役三人に加え、劇団若草の葉山葉子《はやまようこ》を新人で起用した。さらに戦前からのベテラン枠として左卜全、杉狂児が顔を出し、「三太組」の中西杏子、市村俊幸、七尾伶子、牟田悌三、嶋田ドラマの常連である村田正雄と富田浩太郎、さらに東映東京の人気スターである中原ひとみが先生役で付き合った。「三太」に勝るとも劣らない顔ぶれである。

物語は、伊豆の西海岸が舞台となる。入り江と青い海、遠くには富士山が見える漁師町。この町

『かっぱ子物語』手書きテロップ。左から葉山葉子、二木てるみ、渡辺篤史（1963年）。[嶋田旧蔵]

『かっぱ子物語』ロケ。左に渡辺篤史、右に嶋田親一（1963年、神奈川県伊豆）。[嶋田旧蔵]

に東京から、サッチン（二木てるみ）が転校してくる。サッチンには、郵便局につとめる母親がわりの姉・純子（葉山葉子）、勉強より運動好きの兄・六平太（渡辺篤史）がいる。サッチンはある日、勝気な漁師の娘・リュウ（ジュディ・オング）と出会う。

ゆたかな自然、素朴な子どもたち、善良な町のひとびと。ストーリー、キャストともに『三太物語』の世界そのもので、企画としてはやや二番煎じだった。前作ほどの人気は得られず、昭和三十年代の人気ドラマとして『三太物語』はともかく、『かっぱ子物語』は話題に出ない。

「三太の夢よ、もう一度」で、子どもたちを成長させて、中学生のドラマにしました。脇には杉狂児、左卜全をはじめ、ベテランを配した。でも、失敗しました。心のどこかに、もう一度当てようという気持ちがあったんでしょう。そうしたよこしまな考えでは、ドラマはうまくいきません。「三太」に出演した子どもたちは、もう子役じゃない。三太のころは、「子どもがこんな台詞を言うの！」「こんな芝居をするの！」といった新鮮さがあった。それが人間としての自意識が芽生え、成長してしまったため、青春ものになってしまった。その現実にぼく自身が負けたというか、ドラマとして中途半端になった反省があります。

岡田太郎からは、こう言われました。「シマちゃん、ちょっと意地を張り過ぎてないか。大人で売り出していかなきゃ」。さすが、鋭いです。

嶋田の演出スタイルを、ＡＤの藤井謙一は当時、こう証言している。《彼はスタッフやタレントに対して演出家としてでなく、一つの雰囲気となって全体をまとめていく能力の持主で、このことはディレクターとして一番重要なことかも知れない……》（四条貫哉「〝生活のあるドラマ〟への模索　テレビ演出家研究（23）島田親一」『キネマ旬報』一九六一年九月下旬号）。この演出手法は、子役が中心となったスタジオドラマの現場でより生きた。

『かっぱ子物語』は失敗に終わった。けれども、子役へのこだわり、世代をこえた人間愛は、このあとも嶋田の欠かせぬテーマとなっていく。

『三太物語』ロケ。右端から渡辺篤史、天草四郎、嶋田親一（1961～62年、神奈川県）。[嶋田旧蔵]

## 局の階段を上る時——池内淳子、左幸子

一九六一（昭和三十六）年、嶋田は三十歳となり、フジテレビ開局三年目のディレクターとして脂がのってくる。前項で書いた『三太物語』が三月にスタートしたと思いきや、翌四月の改編で大型ドラマシリーズを担当する。「ドラマシリーズ『おんな』」がそれで、ワンクール（三か月）の新ドラマ枠だった。

フジテレビの狙いはふたつある。ひとつは、『女の四季』（NETテレビ、現・テレビ朝日、一九六〇〜六一年）や『女であること』（TBS、一九六一年）など、「おんな」が主人公の他局のシリーズが人気だったこと。もうひとつは、後述する『日日の背信』が、空前の「よろめきドラマ」ブームを巻き起こしたこと。こうしたメロドラマばやりのなか、「ドラマシリーズ『おんな』」は局の期待を受けてスタートする。

シリーズはオリジナル脚本でなく、原作ものを取り上げた。担当ディレクター（演出）の嶋田が中心となって番組の企画委員会を立ち上げ、スポンサー、広告代理店、脚本家、ディレクターがディスカッションを重ねた。それなりに話題の新番組だったようで、《脚色と演出で勝負》（「東京新

聞」)、《フジTVに本格メロドラマ》(「東京中日新聞」)、《女性の生き方を探求》(「日刊スポーツ」)、《「おんな」の姿を描くドラマ》(「東京タイムズ」)と各紙が取り上げた。ラインナップは、以下の四つの作品である。

◆田宮虎彦原作、山本雪夫脚本、岩崎加根子主演『悲恋十年』(全三回、一九六一年四月八～二十二日放送)
◆由起しげ子原作、松田暢子脚本、左幸子主演『女の中の悪魔』(全三回、四月二十九日～五月十三日放送)
◆菊島隆三《きくしまりゅうぞう》原作、山本雪夫脚本、池内淳子主演『女が階段を上る時』(全四回、五月二十日～六月十日放送)
◆壺井栄《つぼいさかえ》原作、寺島アキ子脚本、森光子主演『母のない子と子のない母と』(全三回、六月十七日～七月一日放送)

主演の四人はそれぞれ、嶋田と面識がある。「銀幕の大女優」と呼ぶほどのスターではなかったけれど、舞台、映画、テレビで顔の知られた「おんな」ばかりだ。

大役を任された嶋田の鼻息は荒い。放送前の新聞に、こうコメントを残す。《ぼくはぼくなりのペースで、オーソドックスにこのシリーズに取り組みたいと思う。つまり奇抜なことは一切これではやらない。ある意味では意欲的でないといわれるかも知れないが、見た目になんでもないと思えるような演出の中で、計算のとれた重厚な演出というものをやってみたい》（一九六一年三月十七日付「東京新聞」）。

（「東京新聞」の記事を見ながら）インタビューで生意気なことを言っていますが、いまでもそう感じますね。最初の『悲恋十年』は、どんな話だったのか、覚えていないんです。その次の『女の中の悪魔』は、左幸子が「やりたい」と言ったんじゃないかな。申し訳ない、これもあんまり覚えていない。このころいかに乱作していたのか、よくわかりますね。

このシリーズでいちばん覚えているのは、『母のない子と子のない母と』です。壺井栄の原作で、先輩の寺島アキ子のホンです。森光子主演で、名子役と呼ばれた太田博之と江木俊夫が兄弟です。森さんはもちろん、このふたりが良くてねえ。

一作目『悲恋十年』は、戦争と男（神山繁《こうやましげる》、鈴木瑞穂、福田豊士）にほんろうされる主人公（岩崎加根子）の苦闘と悲恋の十年をたどるストーリー。二作目『女の中の悪魔』は、大学教授（清水将夫《しみずまさお》）、その妻（山根寿子《やまねひさこ》）、妻の主治医で愛人（細川俊夫）、女中（左幸子）の人間模様を通して、女のエゴイズムをえぐりだした。

四作目『母のない子と子のない母と』は、壺井栄の『二十四の瞳』と同じく戦時中の瀬戸内海・小豆島が舞台となる。とら（森光子）は戦争で息子をうしない、島では陽気なおせっかいおばさんだった。そこへ戦災に遭った遠縁の光子（三条美紀）が、息子の一郎（太田博之）と四郎（江木俊夫）

を連れて、島にやって来る。小豆島は、出征した夫の郷里である。身体の弱い光子はまもなく世を去り、とらが一郎と四郎をひきとる。母のない子と子のない母、三人の島での生活が始まる。子役のドラマを愛し、『三太物語』に情熱をかたむけた嶋田好みの原作である。

> 放送が終わったあと、「お電話です」とぼくのいるメーキャップルームに連絡がきた。一度も会ったことのない岡本愛彦さんからです。放送を見ていたらしく、「すごく良かった」と言うものだから、「ありがとうございます」ととっさに出た。自分の妻（森光子）が主演で、本当に誉めてくれたんだと思います。わざわざフジテレビに電話して、ぼくを呼び出すとは、いろんな意味でナイーブな人だな、と感じました。

岡本愛彦はTBSのディレクターで、かの名作『私は貝になりたい』の演出家である。森光子とは当時夫婦で、のちに離婚した。「岡本さんの電話が強烈な記憶になっていて、ドラマの中身より覚えているんです」と嶋田は苦笑する。

三作目の『女が階段を上る時』は、池内淳子《いけうちじゅんこ》（一九三三〜二〇一〇）が主演した。池内をめぐっては、ある前段がある。

嶋田はニッポン放送時代、『トクホン・ミュージカルス　俺はマドロス』（一九五六年十月二十四日〜五七年五月二十九日放送）を担当した。船長の遺産を探し求めるふたりの船員、真さん（柳沢真一《やなぎさわしんいち》）と信さん（千葉信男）をめぐるコメディで、ヒロインの船長の娘を池内がやった。このときすでに、柳沢真一（柳澤槇一、一九三二〜二〇二二）は、池内に恋をしていた。ふたりと同世代の嶋田が、キューピット役となる。

池内淳子は戦後、三越本店の呉服部で店員として働いたのち、雑誌のカバーモデルとなる。それが新東宝にスカウトされるきっかけとなる。『俺はマドロス』の放送時、すでに何本もの新東宝映画に出ていた。柳沢真一も、ジャズ歌手や俳優として活躍し、人気があった。

『俺はマドロス』が終了してまもない一九五七（昭和三十二）年十一月、ふたりは入籍する。仲人は嶋田がつとめ、年賀状（一九五八年）には柳澤眞一・純子（本名は中澤純子）の連名で《仕事のない時2人で御邪魔したいと思っております》と一筆添えた。ところがこの直後に離婚する。ふたりの破局を週刊誌が書きたてたものの、はっきりした原因はわからない。

ふたりがなぜ別れたのか、ぼくもよくわかりません。柳沢真一とはそれっきり会っていませんが、池内淳子とは少しやりとりがあった。「たまにはテレビ局においでよ」と話した覚えがあります。そしてある日、彼女が河田町に来たんです。洋服だったと思います。当時といえども、着物だと目立ちますから。局の喫茶店ではなく、いきなり芸能部のデスクに来た。いまみたいに警備はうるさくないし、俳優が来てもまわりは意に介さない。

その雑然とした芸能部で、ぼくのそばに岡田太郎がいる。ちょうど岡田は、『日日の背信』の配役で悩んでいた。そこへ池内が来て、「あれ、池内淳子？」と気がついた。そのとき、ひらめいたらしいです。

結婚を機に引退した池内は、柳沢真一と離婚したあと、女優に復帰する。新東宝映画に出演するかたわら、テレビドラマに出た。そのひとつが『日日の背信』（浅川清道脚本、岡田太郎演出、一九六〇年七月四日〜九月二十六日放送）である。毎週月曜、午後一時スタートの三十分ドラマで、いわゆる「昼メロ」のハシリである。原作は丹羽文雄の新聞小説（「毎日新聞」連載、一九五六〜五七年）で、文化放送がラジオドラマ化（一九五七年）し、松竹大船が中村登監督で映画化（一九五八年）した。

左に池内淳子、右に原保美（1960年頃、場所不明）。[嶋田旧蔵]

　経済雑誌出版社を営む土居広之は、神奈川の湯河原温泉で屋代幾子と出会う。広之には病身の妻・知子が、幾子にはパトロンの宝石商・六角庫吉がいる。広之と幾子はそれぞれ苦悩しながらも、情事を深めていく。フジテレビ版は、原保美《はらやすみ》（一九一五〜一九九七）の広之（松竹映画版は佐田啓二）、池内淳子の幾子（同・岡田茉莉子）で、このコンビが当たった。原保美は、戦前からおもに松竹で活躍し、NHKテレビの人気ドラマ『事件記者』のベーさん（東京日報の長谷部記者）役で、お茶の間に知られていた。

**『日日の背信』は見ましたよ。やっぱり気になるじゃない**

ですか。池内さんの手前、ぼくにも責任があるしね。それまでの清純派のイメージから百八十度変わった。彼女がやったのがよかった。これこそ「よろめき」という感じじゃないですか。「離婚して傷ついた内気な人」とのイメージを世間が持っているとき、この役をやったわけです。あとから考えたら彼女自身、女優として図太いところを持っていたわけです。

岡田のことですから、セットがいらないくらいアップの連続です。自分の観念をテレビの映像でいかす男なので、コンテをつくり、そのとおりにやります。俳優が「（コンテとは逆の）右に向きたい」と言っても、ダメなんです。

クローズアップの多用は、ドラマではNHK大阪の和田勉が、ドキュメンタリーでは同じくNHKの吉田直哉《よしだなおや》がすでに実践していた。TBSの今野勉は、《映画に比べて画面が小さく、解像度も悪いテレビにあっては、人間の表情のクローズアップを武器にするしかない》（『テレビの青春』）と指摘する。

『日日の背信』は全十三回と長期にわたるシリーズではないものの、「よろめきドラマ」として語りつがれていく。リハーサルには三日かけ、ドラマは前夜にVTR収録して、翌日に放送された。映像は残っておらず、往事の「よろめきドラマ」の空気感、「アップの太郎」と呼ばれた演出がどんなものだったか、残念ながらわからない。

池内は池内で、岡田のこだわりに見事に応えた。《岡田さんは、とても神経を使って下さって、きょうは右の横顔、次は手のアップ、というふうに、あたしのいいところを引き出して下さったんです》（「テレビ・ドラマのヒロイン　池内淳子に結婚説をきく」『週刊平凡』一九六一年六月十四日号、平凡出版）。

『日日の背信』の翌年、嶋田は「ドラマシリーズ『おんな』」の第三作『女が階段を上る時』で、初めて池内淳子の主演ドラマを演出した。この作品は、菊島隆三脚本（オリジナル）、成瀬巳喜男《なるせみきお》監督、高峰秀子主演で映画化（東宝、一九六〇年）され、すでによく知られていた。

高峰が演じた銀座のバーの雇われマダム・矢代圭子に、『日日の背信』で鮮烈な印象を与えた池内がふんする。その話題性は、じゅうぶんだった。放送にあたり池内はこう話す。《私もぼつぼつメロドラマから転換する時。それこそ女が階段を一歩一歩上がる気持ちでやってみます》（一九六一年五月二十日付「東京中日新聞」）。

この圭子（池内）をめぐって、さまざまな男と女が入り乱れる。銀行支店長の藤崎に松竹のスターだった若原雅夫、工場主の関根に「ブーチャン」こと市村俊幸、実業家の郷田に歌舞伎出身の松本染升《まつもとそめしょう》、「ライラック」のマネージャー・小松に高橋昌也、ホステスの純子に大映映画にいた市川和子などである。脚色は、第一章で紹介した試験放送の『執刀』や森雅之主演『脚光―フットライト―』でコンビを組んだ山本雪夫に依頼した。

『女が階段を上る時』ロケハン。池内淳子（1961年、新宿区）。[嶋田旧蔵]

嶋田の手元に、新宿のバーでロケハンをしたさいの池内のスナップが残っていた。スター然とした高峰秀子の勝気な圭子像にくらべて、あどけなさを感じなくもない。フジテレビ版の映像は残っていないものの、少なくとも高峰のコピーでないことがわかる。「メロドラマから転換する時」と池内が語ったように、自立する女性像を描きたかったのだろう。

柳沢真一とのことも、ぼくが仲人したことも、フジテレビ内では知られていました。だから、ドラマの打診がしにくかったんです。ぼくがぜんぜん声をかけないものだから、彼女から言われたなあ。「シマダさん、一回くらいなにかやってよ」と。「高峰秀子が映画でやった役だけど、どう？」と訊いたら、「やる」と言う。岡田太郎のおかげで、なんでもやれる女優になっているときです。でも、ぼくとしてはやりにくい。うまく演出しないと申し訳ないし。

映画版の菊島さんのホンは、ほとんど変えなかったように記憶しています。菊島隆三と山本雪夫は新国劇で仕事をしていて、ふたりは知っている間柄のはずです。ディレクターとしてはやりやすい反面、映画とほとんど同じなので、ぼくとしてはひじょうに抵抗がありました。ただ、「あの役を池内淳子がやる」ということで、視聴者は興味をもってくれたと思いますね。

池内淳子はこのあと、TBSで石井ふく子のドラマにたくさん出るでしょう。ぼくとは縁がなくて、これっきりやっていない。まったくの一本だけです。池内さんも亡くなられました。一本で終わったということが、よく考えたら不思議な気がします。

「女優として図太いところを持っていた」と嶋田は評したが、池内はフジテレビ、日本テレビ、TBS、NET（現・テレビ朝日）と民放各局のドラマに積極的に出た。TBSの化粧室で、柳沢真一とばったり再会したとき、「しばらくでございました。みなさま、おかわりございませんか」と顔色を変えずに柳沢の肩をたたいた、とのゴシップ記事もある。

池内淳子の話題になると、嶋田の岡田太郎に対するライバル意識のようなものが伝わってくる。聞き取りの場では、上司、同僚、部下について、さほど語ることはなかった。岡田は別である。「岡田が」「岡田は」「岡田に」のフレーズがよく出てくる。

岡田太郎は一九三〇（昭和五）年、東京生まれ。旧制都立高校修了後、世論調査の仕事をへて、開局まもない文化放送に入る。同局では深夜放送を担当し、開局とともにフジテレビ入りした。開局一年目にして、一時間四十五分の長編ドラマ『ナショナル木曜観劇会　顔』（一九五九年八月二十七日放送）の演出を任され、芸能部のエースディレクターと目される。『日日の背信』は、開局翌年のことだ。

「アップの太郎」ですから、岡田はクローズアップ重視です。ぼくはグループショット、何人かいるなかで、うまく俳優を捉えることにこだわりました。三人だと「スリーショット」、四人からは「グループショット」と呼びます。舞台の感覚を映像にいかすわけですが、テレビのグループショットはけっこうむずかしい。舞台はクローズアップがなくて、客席からぜんぶ見えます。舞台の正面に誰かを横切らせるといちばん目立つ。映像でいうところのクローズアップです。テレビドラマを、舞台で学んだ気持ちがあります。

五社英雄や森川時久はフジテレビを出て、のちに映画を撮りました。外へ出たがるタイプです。ぼくは外で、映画のように制約なく作品を撮る才能がなかった。スタジオの限られた制約のなかで、なにかやるほうに生きがいを感じていました。岡田も、そうじゃないかな。


岡田は当時、『キネマ旬報』の座談会でこう話す。《僕自身、これがテレビ・ドラマで映画とは違うものだというものをつかんでいない。そこで金を払って見る映画なんて見る必要がないという、そういうものは作ってみたい》（一九六〇年五月下旬号「〝茶の間〟に展《ひら》くテレビの方法」）。『日日の背信』は、この座談会からまもなくのことである。

フジテレビ側の岡田への期待は大きい。開局後半年にして長編ドラマ『顔』の演出を任せたのち、『この情報を買ってくれ』（一九五九年十一月十九日放送）を岡田は演出する。このドラマは、文部省（現・文部科学省）の「芸術祭参加作品」であった。

テレビ本放送開始の翌年、一九五四（昭和二十九）年から、テレビドラマの芸術祭参加がスタートする。それはテレビ各局にとって、一大コンペティションであった。エース級のディレクターでないと、局は演出を任せない。「電気紙芝居」と揶揄《やゆ》する声もあるなか、芸術祭入賞（芸術祭賞、芸術祭奨励賞）はそのまま、ドラマ評価の尺度となる。受賞の有無が、担当者の励みになれば、落胆にもつながった。

当時の芸術祭参加ドラマの盛り上がりを、ドラマ担当ディレクターの多くが回想する。たとえばTBSの大山勝美《おおやまかつみ》は、《局のほうから「芸術祭担当だ」とノミネートされるということは、局の代表選手として、オリンピックの選手に選ばれたような、そういう晴れがましい感じ》（放送人の会「放送人の証言18」二〇〇一年九月十九日）と語る。

「芸術祭賞」受賞作には、『どたんば』（NHK、一九五六年度）、『私は貝になりたい』（ラジオ東京テレビ、一九五八年度）、『いろはにほへと』（同、一九五九年度）など、昭和三十年代テレビドラマの名作がならぶ。TBSの前身、ラジオ東京テレビは「ドラマのKR」と評され、嶋田をはじめ、多くのフジテレビディレクターが存在を意識した。

「『芸術祭参加作品』をうらやましく思っても仕方がない」と嶋田は言ったことがある（プロローグ参照）。同僚の岡田太郎はひとあし早く、『この情報を買ってくれ』で芸術祭参加ドラマを演出した。それを意識したのかどうか、こうした感情の機微は想像するしかない。

嶋田が「芸術祭参加作品」を手がけたのは開局三年目、一時間の単発ドラマ『シャープ火曜劇場　朝子の子供たち』（一九六一年十月三十一日放送）が最初である。『にあんちゃん』『三太物語』『ドラマシリーズ「おんな」』など、嶋田の演出作はこれまでにも新聞や雑誌に取り上げられた。しかしその数は、『朝子の子供たち』の比ではない。「芸術祭参加ドラマ」の看板と影響力は大きく、大小あわせて三十以上の関連記事を確認した。

放送前後の記事には、嶋田のコメントがいろいろと載っている。そのひとつ、「産経新聞」（十月三十一日付）から引用する。《私としては賞をねらうなどという大きなことは考えていません。ホーム・ドラマ調の参加作品をつくる、というだけで満足です。いまのこどもたちは決してひよわくない。生命力にあふれている。親はなくとも子は育つ、ということばを明るいタッチでえがくつもりです》。なつかしそうにこの記事を見つつ、嶋田はふりかえる。

芸術祭というと、作り手はみんな、肩にチカラが入ってしまう。それは絶対に嫌だった。ふだん着のまんま、自分のドラマにしたい気持ちでした。

子役のドラマに対する考えとつながりますが、ぼくの生涯のテーマとして、子どもに対する人間愛があります。それを『朝子の子供たち』で描きたかった。国籍も、血のつながりも関係ありません。人間はそういうものではない。このドラマのヒロイン・朝子は、血のつながりのない人たちといっしょに暮らしています。いまでは珍しくない設定でしょうが、それをやりたくてね。

当初の仮タイトルは『柿のみのる頃』。脚本は『執刀』の山本雪夫、『にあんちゃん』の松田暢子、『三太物語』の山中恒による共作で、森雅之、二木てるみ、左卜全が出演する。これまで演出した作品を彩ってきた顔ぶれが共演していて、嶋田の気合いの入れかたがわかる。

ヒロインの朝子役は、嶋田が前々からファンだった香川京子に決めた。ところが、肝心の香川本人は企画のことを知らず、出演が白紙になってしまう（香川についてはエピローグ参照）。仕方がなく、新国劇文芸部時代から親しかった左幸子（一九三〇～二〇〇一）に代役を頼み、左もそれを受けた。

戦後、都立高校で保健体育と音楽を教えていた左は、演劇への夢を捨てきれず、俳優座で演技を学ぶ。その縁で新東宝の専属となり、日活、大映、独立プロと各社の映画でキャリアを重ねた。テレビドラマにも早くから出演し、先述した「ドラマシリーズ『おんな』」の第三作『女の中の悪魔』に主演、嶋田と最初の仕事をした。

『朝子の子供たち』には、嶋田の映画に対するあこがれが見えかくれする。前の年に公開された黒澤明監督『悪い奴ほどよく眠る』(東宝、一九六〇年)は、黒澤、小国《おぐに》英雄《ひでお》、久板栄二《ひさいたえいじ》郎《ろう》、菊島隆三、橋本忍の合作である。「朝子」の三人合作も、いわゆる「黒澤組」からヒントを得た。

> わずかな日数で一本撮ってしまう、映画監督の渡辺邦男にあこがれました。ですから「黒澤の映画だ!」と反応することはない。でも、内心は意識している。『朝子の子供たち』は、気ごころの知れた三人の合作です。山本雪夫、松田暢子、山中恒がそれぞれ第一稿を書き、わが家でディスカッションしながら一本に仕上げた思い出があります。黒澤さんへのあこがれがあって、模写したんでしょうね。
>
> でも、合作はよくない。一本のホンにすると、ドラマが弱くなります。最後は森(雅之)さんをはじめ、出演者がうまくドラマをまとめてくれました。

物語の舞台は、とある古い一軒家。大人と子ども、血のつながらない者どうしが八人、わけあってひとつ屋根の下で暮らしている。

『朝子の子供たち』ロケ。左から二木てるみ、左幸子、木下清、池田秀一（1961年、東京都内）。［嶋田旧蔵］

◆江森朝子（左幸子）。商事会社のBG（ビジネスガール）で、ただひとりの肉親だった父親が半年前、家を残して亡くなる。
◆篠原そめ（賀《か》原夏子《はらなつこ》）。朝子の父が生前、家をまた貸しした相手。
◆篠原登（久保賢）。そめの養子。
◆上田嘉門（左卜全）。素性のわからない老人。
◆北村吾郎（森雅之）。嘉門の知り合いで、朝子の家に転がりこむ。
◆戸川リエ子（二木てるみ）。嘉門が養っている少女。
◆大沼正一（池田秀一《いけだしゅういち》）。孤児の少年。
◆畠山末彦（木下清）。正一より年少だが、戸籍上は正一の叔父。

なんとも複雑な雑居っぷりだけれど、悪人はいない。リエ子、正一、末彦にとって朝子は母親がわりで、見た目はしあわせな大家族である。朝子には、恋人の壇雄策（梅野《うめの》泰靖《やすきよ》）がいて、相思相愛である。仕事で九州に引っ越す雄策に、朝子はついていきたい。しかし、リエ子たちを置いていくことはできない。朝子と雄策の仲が、ぎくしゃくする。

　秋祭りの夜、朝子と雄策はデートをする。にぎやかな境内を歩くふたりを、子どもたちが見かける。結婚に踏み切れない朝子と、朝子と別れたくない子どもたち。すべての事情を知る北村が、一計を案じる。

　明るいタッチにしようと、サトウハチロー（作詞）と渡辺浦人（作曲）に依頼し、主題歌『おながすいてもポカポンタン』（歌は二木てるみ、久保賢）をつくった。芸術祭参加ドラマに主題歌が入るのは当時、珍しかった。

　話題になったのが、中継車を使った大がかりなロケーションである。河田町のフジテレビの前にある月桂寺に、夜店のセット（おでん、わた菓子、金魚すくいなど）を十店以上ならべ、近隣の住民約六百人がエキストラで出演した。ロケは放送六日前（十月二十五日）の午後から深夜までおこない、三台のカメラと約二十メートルの移動レーンを用意、VTRで録画した。


　ロケといっても、スタジオからケーブルで引っ張って、中継車につなげるだけ。たまたま目の前にお寺があって良かった（笑）。当時のロケは、十六ミリフィルムで撮ることが多かったので、スタジオでVTRを使った映像と極端な差が出てしまう。このドラマは、ケーブルでつないでいるから、映像がとってもきれい。そこも狙いでした。境内に屋台を組んで、町の人がエキストラで出てくれて、本当のお祭りになってしまった。

　いまでも思い出ぶかい作品ですが、左幸子には申し訳なかった。あてにしていた香川京子の出演がダメになり、むかしなじみの左さんを口説いたんです。香川さんとバッティングしないキャラクターのほうが、逆にいい。朝子のキャラクターも変えて、「代役ではない」という開き直りです。そのことを知っていたはずなのに、左さんは、なにも嫌なことを言わずに引き受けてくれた。借りを返せないまま、彼女は亡くなってしまいました。

物語はハッピーエンドとなる。嘉門やリエ子と縁のあるらしい北村が、三人の子どもを引き取る。子どもたちも明るく、九州に旅立つ朝子を見送る。ドラマは批判もありつつ、総じて好評だった。一九六一（昭和三十六）年十一月二十五日号『週刊大衆』（双葉社）掲載「芸術祭参加作品閻魔《えんま》帳」は、バランスのとれた評で参考になる。

芸術祭ものというと、とかく力んでひとりよがりの作品が出来上がり勝ちだが、この作品は人間の善意を主題に、ほのぼのとしたムードを感じさせようというねらい。そしてその目的がうまく結実していたのはホメられていい。
ただしおなじ屋根の下に住む〝他人同士の八人〟という人間関係がアイマイで、人間の性格にも、もう一つ説明不足があったのがおしまれる。

芸術祭に参加した『朝子の子供たち』は結局、入賞しなかった。「芸術祭賞」にも、「芸術祭奨励賞」にも入らなかった。血のつながりが薄い大人と子どもが同居する話は、劇団民芸の宇野重吉《うのじゅうきち》が

1961（昭和36）年のテレビ芸術祭参加作品（放送順）

| タイトル | 制作 | 放送日 |
|---|---|---|
| 廃市 | NHK 東京 | 10月18日 |
| ナポリの青い風 | TBS | 10月20日 |
| マーサ | 九州朝日放送（KBC） | 10月21日 |
| こがね虫 | NHK 名古屋 | 10月25日 |
| オロロンの島（※） | 北海道放送（HBC） | 10月27日 |
| みえるてどんなん（＊） | 読売テレビ | 10月27日 |
| ある休暇 | 九州 RKB 毎日 | 10月29日 |
| 朝子の子供たち | フジテレビ | 10月31日 |
| 荒野 | 日本テレビ | 11月2日 |
| おばあちゃんの神さま（＊） | NHK 大阪 | 11月4日 |
| 釜ヶ崎（※） | 朝日放送（ABC） | 11月5日 |
| グラビアの顔 | 毎日放送（MBS） | 11月5日 |
| 刑場（＊） | 中部日本放送（CBC） | 11月5日 |
| 立ちんぼ | 関西テレビ | 11月7日 |
| かくれ赤絵師 | NHK 福岡 | 11月8日 |
| 故買屋やないで | フジテレビ | 11月11日 |
| 百米道路 | NHK 東京 | 11月11日 |
| 命ある限り | 日本教育テレビ（NET） | 11月12日 |
| ムックリを吹く女 | 北海道放送（HBC） | 11月12日 |
| いつも | RKB 毎日放送 | 11月17日 |
| 囮（おとり） | 朝日放送（ABC） | 11月19日 |
| 王国のブルース | NHK 大阪 | 11月22日 |
| わが隣人 | 中部日本放送（CBC） | 11月24日 |
| 背と腹 | 読売テレビ | 11月24日 |
| 現代愛 | 東海テレビ | 11月25日 |
| 選挙参謀（＊） | 関西テレビ | 11月26日 |
| すりかえ（＊） | TBS | 11月26日 |
| 縁（＊） | 日本テレビ | 11月27日 |
| 名門 | 毎日放送（MBS） | 11月28日 |
| 道 | NHK 東京 | 11月29日 |
| この日素晴らしく | 日本教育テレビ（NET） | 11月29日 |

（※）芸術祭賞　（＊）芸術祭奨励賞

（1961年12月4日付「スポーツニッポン」をもとに作成）

監督、フランキー堺と左幸子主演ですでに映画化されている（日活映画『倖《しあわ》せは俺等《おいら》の願い』、一九五七年）。ドラマの題材として、野心的なものではなかった。そもそも嶋田に、受賞を目的にするような気負いは感じられない。

惜しむらくは映像が保存されず、まぼろしのテレビドラマになったことである。河田町の月桂寺だけが、放送当時とおそらく変わらない。そのすぐ隣には、プロローグで書いたそば屋の「長寿庵」がある。

# ゼロの焦点――杉村春子、河内桃子

嶋田が、開局から三年間（一九五九～六一年）に演出したフジテレビドラマは、試験放送をふくめて約三十作にのぼる。連続ドラマと単発ドラマの両方があり、回数にしてのべ二百回は超える。そのあいだに何度か引っ越ししていて、杉並区荻窪、品川区大井水神町、練馬区南町と住まいを変えた。

地下鉄の曙橋《あけぼのばし》（都営地下鉄新宿線）がまだなくて、都電とバスだったと思いますが、どうやって河田町まで通ったのか記憶にないんです。生放送からＶＴＲの時代になり、本当に忙しくなってからは定時に帰っていません。夜の十一時を過ぎると、都電もバスもないから、局からの車でスタッフといっしょに帰ります。帰っても三時間くらいしたら、また出かけます。妻は、「フジテレビが家みたいなものね」と言っていました。

家でテレビを見た記憶も、あんまりないんです。局に行けばありますし、あのころの受像機は、ぼくらにはまだ大変高価なものでしたから。自分でテレビを買ったのも、おふくろ（嶋田妙子）にプレゼントしたのが先です。足が悪くて、なかなか外出できないので、そんなに大型ではないものをね。えらく感激して、かじりついて見てましたよ。

仕事のあいまをみて、雑誌でシナリオを読み、ドラマを勉強した。新人時代に影響を受けた作品に、大阪の朝日放送（ABCテレビ）が制作した単発ドラマ『東芝日曜劇場　女』（一九五九年六月十四日放送）がある。関西発のラジオ、テレビで多くの名作を生んだ茂木草介《もぎそうすけ》の作で、俗にいう「芸術祭男」（常連入賞者）のひとりだった。

かな子と忍のふたり芝居で、かな子を文学座の荒木道子、忍を杉村春子（一九〇六～一九九七）が演じる。放送翌年の『キネマ旬報』の座談会で、嶋田はこう話す。《荒木道子と杉村春子の二人だけの芝居でまあ舞台劇の筆法ですが、ああいう素材を先にやられたらどうしょうもないという感じですね》（一九六〇年五月下旬号「〝茶の間〟に展《ひら》くテレビの方法」）。テレビドラマを、映画より舞台に近いものとして捉えた者にとって、先輩に先を越された思いがあったのだろう。主演が杉村春子なら、なおさらである。

杉村は、音楽の代用教員（広島女学院）の職を辞し、一九二七（昭和二）年に上京、築地小劇場の研究生となる。築地小劇場、築地座、文学座と戦前・戦後を通じて舞台活動を続けながら、ラジオドラマ、映画に出演した。テレビドラマにも、創成期からよく出ていた。

フジテレビのドラマにも、開局まもない時期から出演している。嶋田との初仕事は、『東芝土曜劇場　私は死んでいる』（多岐川恭作、一九五九年八月十五日放送）で、島田正吾と杉村春子の顔合わせだった。リハーサル中の写真が一枚だけ、嶋田の手元に残されていた。作者の多岐川、島田、岸田今日子が写っているものの、残念ながら杉村の姿はない。

おやじ（嶋田晋作）が死んで、師匠の佐々木孝丸の紹介で文学座に行くか、新国劇に行くか悩んだわけです。平成に入ってからのことですが、杉村さんに打ち明けたんです。「文学座か？ 新国劇か？」の話を。そしたら、「（杉村のモノマネで）あ〜た、入んなくて良かったわよ」（笑）。

そうした思い入れもあって、機会があればドラマに出てもらいました。文学座の重鎮も重鎮、当時のフジテレビではスターですよ。なんとなく神秘化されていましたが、ぼくはお母さんみたいな感じでやりやすかった。「杉村さん、平気なんだ」と局の同僚によく言われました。

杉村春子（1964年、フジテレビスタジオ）。
[嶋田旧蔵]

自分でも不思議ですが、杉村さんに対して、すーっと入っていけたんです。おふくろと感じが似ていて、なんでも率直に言えました。意外と茶目っ気のある人で、ドラマでも新しいものをやりたがる。ぼくの言うことも、たいがい「うん」と聞いてくれましたよ。

杉村春子が出演した嶋田の演出作は、わかっているだけで四作ある。『私は死んでいる』、『さくらスターライト劇場　おねえさん』（山中恒作、芦川いづみ主演、一九六四年三月一日放送）、『一千万人の劇場　コスモスよ赤く咲け』（大野靖子作、緒形拳《おがたけん》主演、同十一月十八日放送）、『シオノギ劇場　春琴抄』（谷崎潤一郎原作、榎本滋民《えのもとしげたみ》脚本、山本富士子主演、一九六五年十月七、十四日放送）。いずれも準主役ないし助演だが、教えられることは多かった。その最たるものにリハーサルと本番の間《ま》の違い、芝居のイキと呼吸がある。

杉村さんはいつも、台詞が入っていました。むずかしいのは、演技の間です。杉村さんが相手だと、だいたいの共演者は緊張します。しかも杉村さんは、本番とリハーサルとで間が違う。リハーサルの間が正解だと思っていると、本番ではうまくいかない。スタッフや共演者が、杉村さんのスタイルを知っておかないといけません。
本番で、杉村さんが相手役の目を見る。ちょっとした差でも、リハーサルと間が違うので、相手役の芝居も変わる。そうした相手の動きを見逃さず、杉村さんはすぐ目で切り返す。天性というか、すごいなあ、と感じましたね。

若い俳優ならともかく、それなりに格のあるスターが相手だと、どうなるのか。島田正吾はそのひとり。『シオノギテレビ劇場　男の花道』（塚田圭一演出、一九六六年九月十五、二十二日放送）で島田は、長谷川一夫と共演した。目が悪い歌舞伎俳優の中村歌右衛門が長谷川で、その目を治す医師の土生玄碩《はぶげんせき》を島田がやる。このふたりの芝居がかみ合わない。たがいに芝居を合わせようとせず、演出の塚田圭一が困り果てた。この逸話は、能村庸一の労作『実録テレビ時代劇史』にある。島田正吾と杉村春子の場合は、うまくいったのか。

島田も、辰巳（柳太郎）もうまい俳優ですが、舞台の人間ですから、映像はやっぱり弱いです。そこは杉村さんのほうが達者だし、リードする側でした。『私は死んでいる』のとき、こう言ったんです。「このシーンは島田が気張りますから、ちょっと抑えてください」。すかさず「（杉村のモノマネで）わかってるわよ」と返してくる。島田正吾のことを尊敬しつつ、「テレビは私のほうが慣れている」という気持ちがあったはずです。

舞台やってよし、映画やってよし、テレビやってよし。文学座で自分の芝居をやると思えば、新派に出てもうまく入っていける。テレビになると、今度はちゃんとテレビの人間になる。稀有な俳優でしたね、杉村さんは。

嶋田の演出ドラマを彩る俳優は、多士済々である。児童劇団の子役、軽演劇出身の喜劇人、映画畑の俳優、新派や新国劇のバイプレーヤー、そして、新劇界のひとびと。とくに開局後の三年間は、新劇のベテランから中堅、若手が嶋田の演出作を支えた。そもそも創成期のテレビドラマは、新劇俳優の存在が大きい。キャストの多くを同じ劇団でかためる「ユニットドラマ」も盛んに制作された。劇団とテレビ局、双方の思惑が合致したからである。

劇団からすれば、劇団員が納入する映画、ラジオ、テレビのギャラが、演劇活動の資金になる。

嶋田親一演出ドラマ（フジテレビ、1959〜64年）に出た新劇俳優（当時／順不同、筆者作成）

| 所属 | 俳優 |
|---|---|
| 文学座 | 杉村春子、三津田健、賀原夏子、岸田今日子、高橋昌也、神山繁、仲谷昇、川口知子、標滋賀子、北城真記子、文野朋子 |
| 俳優座 | 松本克平、村瀬幸子、永田靖、滝田裕介、大塚道子、岩崎加根子、河内桃子、井川比佐志、浜田寅彦、福田豊土、山崎左度子、楠田薫、武内亨 |
| 劇団民芸 | 清水将夫、細川ちか子、松本典子、吉行和子、下元勉、鈴木瑞穂、垂水悟郎、梅野泰靖、庄司永建、高田敏江、佐々木すみ江、大塚美枝子、鶴丸睦彦 |
| 劇団青俳 | 富田浩太郎、川合伸旺 |
| 劇団青年座 | 成瀬昌彦、今井和子、東恵美子 |
| 劇団文化座 | 鈴木光枝、河村久子、外山高士 |
| 劇団手織座 | 宝生あやこ |
| 劇団俳優小劇場 | 小山田宗徳 |
| 劇団新人会 | 山本学、小林昭二、穂積隆信 |
| 東京芸術座 | 野々村潔、北村昌子 |
| 現代座 | 立川恵作 |
| ぶどうの会 | 久米明、桑山正一 |
| 劇団葦 | 藤岡琢也、西田昭市 |
| 現代劇場 | 沢阿由美、檜敦子、池田昌子、重森孝、中村次朗 |
| 劇団中芸 | 山田吾一 |
| フリー | 森雅之、佐々木孝丸、松村達雄、西村晃、臼井正明、浮田左武郎、原泉 |

テレビ局からすると、生ドラマ（生放送）やVTR収録の現場では、たとえNGを出してもラストまでやりきってほしい。スタジオドラマは舞台劇に近いので、映画俳優にくらべるとNGが少ない。あったとしても、ごまかして演じきるスキルがある。さらにもうひとつ、新メディアのテレビに尻込みせず、好奇心を抱いた新劇俳優が多かった。嶋田の言葉をかりると、「テレビをおもしろがるか、否か」である。

新劇人のテレビドラマ出演では、筆者が渡辺美佐子（一九三二〜）にインタビューしたさい、こんな思い出を聞いた。劇団新人会にいた渡辺は、三島由紀夫原作『東芝日

曜劇場　橋づくし』（ラジオ東京テレビ、一九五八年九月七日放送）で、大スターの山田五十鈴《やまだいすず》と共演した。本番（生放送）前、そばにいる山田の手を見ると、汗でぬれていた。「この大先輩もテレビは緊張するのか」と逆にリラックスしたそうである。渡辺のように肝のすわった新劇の若手は、ほかにも多かったと思う。第一章で書いた大塚道子もそうだろう。

新劇の人からすれば、新国劇出身のディレクターが、新鮮に見えたかもしれませんね。現場でけっこう、劇団の話を聞いたりしました。所属は違っても、もともとの出《で》はいっしょ、という感じを受けました。俳優座と民芸で違っていても、歴史の根っこは同じですから。戦後の民衆芸術劇場（第一次民芸）にいた森雅之も、ルーツは新劇です。

劇団のカラーでいえば、文学座は圧倒的に杉村春子の影響があるのを、若い俳優から感じました。久保田万太郎をはじめ、ほかの新劇と生い立ちが異なる印象も受けました。民芸はなんといっても、宇野重吉と滝沢修《たきざわおさむ》が君臨している。稽古場を見学したことがありますが、宇野さんは俳優というより演出家です。きびしい人で、「うちの島田と辰巳のほうがラクだ」と感じましたから。俳優座は、千田是也や小沢栄太郎がいる。

硬派な感じが民芸と俳優座で、新派に近い情味、匂いを出せるのが文学座、とおのずと顔ぶれに出てきます。そのときどきで劇団の個性を生かして、キャスティングしていました。あくまでぼくのやり方ですが、Aさんが出るとしたら、Aさんが芝居をしやすいように同じ劇団の俳優を起用したりもします。

フジテレビ時代に出会った思い出の新劇俳優として、嶋田は、森雅之と杉村春子の名を挙げる。いまひとり聞き取りの席で、「桃ちゃん」と親しみをこめて呼んだ俳優がいた。フジテレビ開局の翌月（一九五九年四月）に俳優座に入座した河内桃子（一九三二～一九九八）である。

河内桃子は、元子爵にして「理研グループ」の創設者・大河内正敏を祖父にもつ。戦後、貿易会社のタイピストをへて、一九五三（昭和二十八）年に東宝の第六期ニューフェイスに合格する。本名の「大河内桃子」から「大」の字をとって、「河内桃子」を名乗り、早くから出演作にめぐまれた。デビュー翌年には、本多猪四郎《ほんだいしろう》監督『ゴジラ』（東宝、一九五四年）で、古生物学者・山根博士（志村喬《しむらたかし》）の娘・恵美子を演じた。

そのあとも東宝の青春映画、メロドラマを彩る存在として活躍しながら、今度は新劇の世界に身を投じていく。俳優座養成所第八期生として三年間、演技を基礎から学んだのち、俳優座の正座員となる。この年、シェイクスピアの恋愛喜劇『十二夜』（小沢栄太郎演出、一九五九年九～十月）で伯爵令嬢のオリヴィアを好演し、世の新劇ファンに鮮烈な印象を残した。

俳優座入りを機に東宝から離れ、活躍の場を舞台、ラジオ、テレビに移した。同世代である嶋田が、最初に河内と仕事をしたのは俳優座入りの翌年、一九六〇（昭和三十五）年の冬だった。第一章で紹介した『サンウエーブ火曜劇場　暖流』前後編（三月一、八日放送）で、看護婦の石渡ぎんを岩崎加根子が、院長の娘である志摩啓子を河内が演じた。ふたりはともに俳優座の所属で、同じ一九三二（昭和七）年生まれである。

『ゼロの焦点』新聞広告（1961年）。[嶋田旧蔵]

『暖流』の演技に対する河内評がある。《現在の彼女に欠けているのは、自分を主張する強さだ。もうそのくらいの自信はもった方がいい。（中略）ポンと肩をたたきたくなるようなやさしいふんいきをもちつづけながら、バリバリ自分を押し出せるようになれば、彼女の魅力は一段と増すはず》（「タレント登場　河内桃子」一九六〇年三月三十一日付「報知新聞」）。どちらかといえば、屈託のないチャーミングな芸風で、同じメロドラマでも一歳違いの池内淳子のような図太さ、情念に乏しかった。

その河内が、テレビドラマで新境地をひらく。『暖流』の翌年、『ソフラン座　ゼロの焦点』（全十六回、一九六一年八月十五日〜十一月二十八日放送）の主人公に河内が起用された。嶋田にとってこれが、最初の連続ミステリードラマの演出となる。

「ソフラン座」は、東洋ゴム工業（子会社に東洋ソフラン）がスポンサーの三十分枠で、嶋田は担当ディレクターとしてスタートから関わった。『女同士』（石坂洋次郎作、中村メイコ主演、一九六一年七月四、十一日放送）、『女経』（村松梢風原作、高橋辰雄脚本、森雅之・藤間紫主演、七月十八、二十五日放送）、『美しい橋』（早乙女勝元原作、浅川清道脚本、松本典子・山本学主演、八月一、八日放送）と続き、第四作が『ゼロの焦点』となる。

原作は松本清張《まつもとせいちょう》（一九〇九〜一九九二）の『長編推理小説　ゼロの焦点』

（光文社、一九五九年十二月）で、野村芳太郎《のむらよしたろう》監督の映画版（松竹大船、一九六一年三月十九日公開）が先行するものの、テレビドラマ化は初だった。脚本は高橋辰雄、音楽は渡辺岳夫が手がけ、不穏な旋律が印象的なオープニングテーマは、CD『作曲家・渡辺岳夫の世界［ドラマ編］』におさめられている。

松本清張の作品は、映像化がうるさくなる前で、わりとやりやすかった。松本作品のなかでも、『ゼロの焦点』をやりたかったんです。ワンクール（三か月）以上の連続ものなので、犯人がパンパン（売春婦）だったころのエピソードを克明に描いたり、話を延ばしに延ばしました。脚本の高橋辰雄は、ニッポン放送時代からの仲です。

松本先生はすでに巨匠ではあったけれど、「どうやってもいい」と改変の許可をいただきました。ただ、放送日の都合で真夏のロケなんです。冬の能登半島の絶壁が舞台なのに。「きみ、変わってるね。冬のものを夏にやるんだね」と先生から言われました。

主人公の坂根禎子は、広告代理店に勤め将来を嘱望されている鵜原憲一と見合い結婚する。ところが新婚一週間目、憲一が出張先の金沢から戻ってこない。禎子は、夫の足どりを求めて金沢へ向かう。そして、連続殺人事件に巻き込まれていく。松竹映画版で久我美子が演じた禎子を、七月に結婚したばかりの河内桃子が演じることから、ドラマは話題になった。

夫の憲一に劇団俳優小劇場の小山田《おやまだ》宗徳《むねのり》、禎子の母に俳優座の村瀬幸子、事件の鍵をにぎる室田佐知子に元宝塚歌劇団の鳳八千代（当初は池内淳子の予定）を配し、ほかに河野秋武、永田靖、植村謙二郎、原泉、細川俊夫、井川邦子、牟田悌三、桜むつ子、久米明、井川比佐志、武内亨《たけうちとおる》などが出演、臼井正明《うすいまさあき》がナレーションをやった。ベテランから若手まで、渋い顔ぶれだ。

『ゼロの焦点』は生放送ではなく、VTRで収録され、十六ミリフィルムで撮影したロケ部分と合わせて編集した。ロケは、金沢や北国の名所・能登金剛「巌門《がんもん》」でおこなわれた。演出の嶋田、ADの富永卓二《とみながたくじ》ら一行は、一九六一（昭和三十六）年八月十七日、国鉄の夜行急行「能登」に乗り、上野から金沢へ向かう。その一行に、ヒロイン役の河内の姿もある。

同じ列車に、原作者の松本清張も乗っていた。自身の詩を刻んだ碑の除幕式に出席するためである。その詩は、能登の断崖から身を投げ、『ゼロの焦点』のモデルとなった女性を悼むもの。ロケ前の八月十三日付「東京新聞」には、《作者と同行して現地ロケ　フジ「ゼロの焦点」（松本清張）能登へ》の見出しで大きく記事になった。

「能登」の車内で松本先生から、厚い札束を渡されました。「みんなで一杯やってくれ」と。いまの感覚で二十万くらいあった。ぼくの記憶では、そのお金はロケ先の宿で使いました。「松本先生は身体も大きいけど、すごい太っ腹だね」とみんなが言ってましたよ。

ぼくはこの企画にわりとノッていて、一所懸命でした。久我（美子）さんが映画でやった主人公に、河内桃子を口説きました。桃ちゃんはちょうど、結婚したばかりでね。お相手は、世が世なら松山城のお殿さまです。「ロケに来られる？」と訊いたら、「大丈夫」と。新婚早々なのにロケに連れ出しちゃって、「原作とよく似た話だね」と言いました。桃ちゃんのヒロイン、なかなかよかったですよ。明るい人だけど、放送を重ねるごとに、禎子のさびしさをだんだん出せるようになっていってね。

河内の夫は電通勤務の久松定隆で、四国・今治藩松平家の末裔にあたる。奇しくも失踪した禎子の夫も、広告代理店に勤務している。一九六一（昭和三十六）年九月十一日付「報知新聞」には、《役が新婚一週間で夫が殺されてしまう若妻なので、縁起がよくないと反対する人もあったが、楽天家の彼女は『そんなこと心配していたらキリがないわ』とあっさりひきうけてしまった》（「この人　河内桃子」）とある。

嶋田の旧蔵資料のなかに、『ゼロの焦点』のロケスナップが六十枚ほどあった。女優は河内桃子ひとりだが、スタイリストやスクリプターと思われる女性の姿もある。ドラマの重苦しさとは裏腹に、ロケの雰囲気は和気あいあいとしている。ドラマの撮影だと知らなければ、海水浴か物見遊山にしか見えないスナップもある。河内の表情も、禎子のキャラクターとは対照的に明るい。

野村芳太郎監督の松竹映画版では、寒々とした能登の断崖に立つ久我美子の佇まいが、暗く沈んだ禎子のキャラクターにあっていた。河内の持ち味は、明るさとかわいらしさにあって、禎子とは不釣り合いな印象も受ける。前掲の「報知新聞」の記事を以下に引く。

結婚前は明るすぎる性格から、カゲのある人妻役や、複雑な役柄はムリだといわれていた彼

（上）『ゼロの焦点』ロケ。河内桃子（1961年、石川県能登）。
（下）同上。左から撮影担当、嶋田親一、メイク担当、河内桃子。［以上、嶋田旧蔵］

女も、最近は「思い悩む禎子の寂しさがでてきた」（島田フジテレビ芸能部員談）という。『結婚については主婦と俳優の両立ということが一番の悩みでしたが、あの人が理解してくれるのでどうやら自信がつきました』とニッコリ。（中略）

禎子は、能動的なタイプではなく、まわりの人々の考えや動きに動かされるひかえ目な女。〝損でやりにくい〟役だが「私には結婚後はじめての仕事、いままでの私に区切りをつける気持ちでやっています」とはりきる河内だ。

憂いのある人妻のかげを出そうと、河内はみずから減食療法をした。肉類はほとんど口にせず一日一食、「あんまりやせられるとご主人にもうしわけない」と嶋田は気が気でなかったらしい。

いくつかの関連記事を読むかぎり、河内の演技は好評だった。『女性自身』（光文社）一九六一（昭和三十六）年九月二十五日号掲載「愛読者テレビモニター室」では、三人の一般女性がモニターとなり、感想を語り合った。《北陸の暗いよどんだ空気が、ヒロインの心境を象徴しているようね》《その意味じゃ、河内桃子さんって、可愛らしすぎて》《でも、新婚早々のまだ初々しい若妻の感じをよくだしてると思うの》。

連続十六回、演出は嶋田の担当だった。ただし一回だけ、ピンチヒッターで同僚の五社英雄（一九二九～一九九二）が演出している。前項で触れた芸術祭参加ドラマ『シャープ火曜劇場　朝子の子供たち』の演出とかぶったため、どうしてもスケジュールの調整がつかなかった。

『ゼロの焦点』撮影現場。左から河野秋武、河内桃子、嶋田親一（1961年、場所不明）。［嶋田旧蔵］

ぼくの代わりに演出する人は、プレッシャーがかかります。そのとき「やる」と手を挙げたのが五社英雄でした。ぼくがどういうふうに演出していたか、五社は知りません。あとで聞いた話では、最初の顔合わせのとき、「五社です、よろしく。犯人はだれ?」が第一声だったそうです。ストーリーは百も承知ですから、そうやってスタッフやキャストをひきつけた。『ゼロの焦点』は好評で、再放送されたんです。ぼくも再放送で見たら、画面の構図からなにから、うまくてね。自分で感心しちゃった。実は五社の演出だった、という笑い話です。

五社が『三匹の侍』で評判をとるのは、『ゼロの焦点』の二年後です。局でも話題になりましたし、あのリアルな殺陣と演出は、ぼくも衝撃を受けました。ただ、制作の人間はみんな迷惑した。夜中まで撮影するし、「編集がいる」と高価な録画テープも平気で切るし、型破りでルール違反。しかも、「やるだけのことはやった」と半年（一九六三年放送の第一シリーズ）で演出をおりちゃった。

『ゼロの焦点』の翌年、河内桃子はテレビの当たり役と出会う。日本教育テレビ（NET、現・テレビ朝日）の法廷ドラマ『判決』（一九六二年十月十六日～六六年八月十日放送）である。一九六〇年代を代表する名作で、河内は弁護士の井上圭子役で最終回まで登場した。正義感にあふれ、凜とした佇まいに惹かれる視聴者は多かった。

　嶋田との仕事も続く。『ソフラン座　若い川の流れ』（石坂洋次郎原作、松木ひろし脚本、一九六二年二月六～二十七日放送）や、嶋田にとって最後のドラマ演出『シオノギテレビ劇場　ピーターと狸』（筒井敬介作、小林桂樹主演、一九六七年七月二十七日～八月十七日放送）にも助演した。

　一九六〇年代以降の河内は、テレビ、ラジオ、映画出演の合間をぬって、精力的に舞台に出演する。俳優座だけではなく、プロデュース公演やひとり舞台にも立つ。まだまだ活躍が期待されるなか、六十代で病に倒れた。ライフワークとしたカトリック教会のラジオ番組『心のともしび』（KBS京都）の語り（一九六四～九八年）は、亡くなる直前まで続けた。旅立つ一週間前に洗礼を受け、「マリア河内桃子」となる。一九九八（平成十）年十一月五日帰天、六十六歳。

　河内桃子版『ゼロの焦点』の映像が、フジテレビに残されているとは考えられない。夏の能登と金沢ロケのスナップが、しのぶよすがとなった。ソフト化され、配信もされている久我美子版（松竹映画版）のことを思うと、当時のテレビドラマのはかなさと神秘を感じてしまう。

# キッド・アイラック号、船出す！――市村俊幸

一九六〇（昭和三十五）年前後の日本は、空前の高度経済成長にわく。「天照大神《あまてらすおおみかみ》が天《あま》の岩戸に隠れて以来の好景気」に由来し、「岩戸景気」と呼ばれた。いわゆる「三種の神器」（テレビ、冷蔵庫、洗濯機）も一般家庭にかなり普及する。

一九六二（昭和三十七）年一月、フジテレビは組織改正をおこない、嶋田は「編成局制作第一部主任・チーフディレクター」に昇格する。三月には、テレビの受信契約数（ＮＨＫ）が全国で一千万を超え、普及率が五割に迫った。九月には、ビデオ・リサーチが設立され、十二月から関東地区での機械式世帯視聴率調査がスタートした。テレビ各局の視聴率合戦を背景に、嶋田はますます忙しくなる。

『ソフラン座　ゼロの焦点』（前項参照）のあとは、「ソフラン座」の仕事が続いた。『波』（山本有三原作、松田暢子脚本、若原雅夫主演、一九六一年十二月五日～六二年一月三十日放送）、『若い川の流れ』（石坂洋次郎原作、松木ひろし脚本、一九六二年二月六～二十七日放送）、『蒼い描点』（松本清張原作、高橋辰雄脚本、藤田佳子主演、同三月六日～四月十七日放送）など、いずれも企画としては新味に乏しい気がする。「も

う出すものがなくてね。ADといっしょに本屋に走って、なにかいい原作はないか、と探したものです」とは本人の弁である。

このころ、ちょっと変わった〝クイズドラマ〟の演出を手がけた。題して『十人の目撃者』（一九六二年十一月一日〜六三年四月十一日放送）。毎週木曜、午後八時からの一時間枠で、一般視聴者参加番組だった。前半は毎朝新聞社会部が舞台のドラマ「問題編」で、そのあとスタジオにいる十人が事件を推理する。そのまま「解決編」が流れ、正解者は賞金の十万円を山分けする。スタジオパートは生放送で、ドラマ部分は事前にVTR収録された。

ドラマの脚本を山本雪夫、高橋辰雄らが書いたほか、ミステリー評論家の中島河太郎《なかじまかわたろう》も参加した。見る人が見れば、徳川夢声が「徳川探偵局」の探偵長をやった『私だけが知っている』（NHK、一九五七〜六三年）と、人気ドラマ『事件記者』（同、一九五八〜六六年）のおいしいとこ取りだとわかる。しかもこの時間帯は、話題の刑事ドラマ『七人の刑事』（TBS、一九六一〜六九年）の裏にあたる。七人から三人増やして十人というわけで、あからさまに「七刑」をライバル視した企画だった。

パクリ企画、というわけではない。嶋田はニッポン放送時代に『あなたも名探偵』（一九五六〜五七年）を担当した。前半で推理ドラマを聴かせ、聴取者が電話で回答を寄せる趣向で、番組のスタイルとしては『私だけが知っている』より古い。

『十人の目撃者』のドラマパートには、旧作邦画ファンおなじみの俳優が集う。社会部のキャップに日活で悪役としてならした二本柳寛《にほんやなぎひろし》、記者には、松竹にいた山下洵一郎《やましたじゅんいちろう》と榊ひろみ、大映の高《たか》松英郎《まつひでお》、『三太物語』に出た牟田悌三を配した。そこに、「ブーチャン」こと市村俊幸（一九二〇〜一

『十人の目撃者』集合写真（部分拡大）。嶋田親一、藤田佳子、市村俊幸、二本柳寛、山下恂一郎、高松英郎、牟田悌三らの姿がある（1963年、フジテレビスタジオ）。[嶋田旧蔵]

九八三）ふんする捜査主任がからむ。『お笑い三人組』（NHKテレビ、一九五六〜六六年）でおなじみの一龍斎貞鳳《いちりゅうさいていほう》が、司会者としてスタジオの目撃者をうまく仕切る。

異色のスタジオドラマであり、二本柳は役づくりのむずかしさを明かす。《演技以前の問題として、当てに来ている視聴者十人を、犯人はあれだこれだと幻惑するコツの方が大事なんです。例えば、犯人であるというキメ手のセリフはさりげなく、ぜんぜん関係ないセリフはもっともらしくね》（「犯人を追う二十の眼」『週刊TVガイド』一九六二年十二月十四日号、東京ニュース通信社）。

これは妙な推理ドラマで、ドラマとクイズがセットになった作品です。オーディション版（パイロット版）を制作し、それがうまくいかなかった。たしか二本柳さんは、その次のオーディション版に出てもらった記憶があります。どうして出てもらったんだろう。「ソフラン座」の仕事でごいっしょして、意気投合したのかな。個性的な芝居をされる方でした。

ブーチャン、高松英郎、山下洵一郎は、のちの「海賊の会」のメンバーです。このころブーチャンから、相談をもちかけられたんです。「あなたはテレビをやっているが、舞台をやらないか。劇団に入らなくても、芝居をやりたいやつはたくさんいる。日本では、そうしたグループがなかなかない」。

ここからがブーチャンのすごいところ。「稽古場はおれが借りる。ピアノもおれのがある。スポンサーも探す。やれることはなんでもやる。シマちゃんはフジテレビのほかにも、仲のいい人がたくさんいるだろ？」「この忙しさでは……」「みんな忙しい。でも、志はひとつにできる」。こんな

**調子で、とつとつと説得されましてね。**

市村俊幸と嶋田の出会いは、フジテレビの開局前、ニッポン放送時代にさかのぼる。戦前、日劇ダンシングチームに入った市村は、独学でピアノを学び、戦後はジャズピアニストとして名を馳せる。一九五〇年代になると、舞台、ラジオ、テレビ、映画と飛ぶ鳥を落とす勢いだった。民放ラジオとテレビ放送が始まると、「ブーチャン」の愛称で司会者、俳優、広告モデルとマルチな活躍を見せる。嶋田が担当した演芸番組『ロート 東西対抗お笑い他流試合』（ニッポン放送・朝日放送、一九五五〜五六年）を、市村が司会したこともあった。

ロケ現場にて。左に嶋田親一、右に市村俊幸（1962〜63年、場所不明）。［嶋田旧蔵］

先述した『三太物語』や『女が階段を上る時』など、嶋田の演出ドラマにも出演した。市村が嶋田に相談を持ちかけたのは、一九六二（昭和三十七）年八月で、『十人の目撃者』がスタートする少し前。プロローグで触れた河田町「長寿庵」での誕生日会も、同じ月のことである。

市村はタレント、司会者として活躍しながら、東宝現代劇、劇団手織座、劇団葦の公演に客演するなど、商業演劇や新劇の舞台にも意欲的に立った。かたや嶋田とフジテレビを辞めてフリーの脚本家になった松木ひろしも、それぞれの仕事を

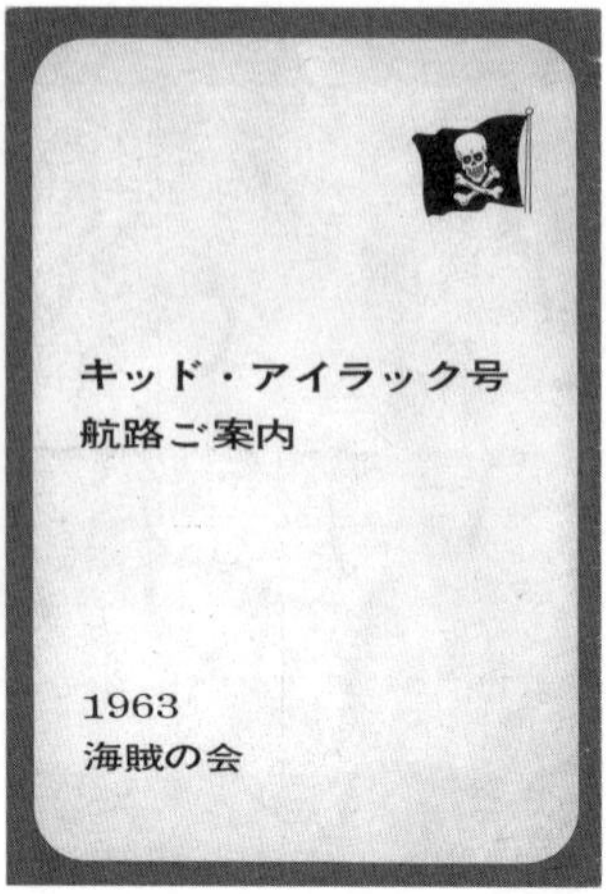


『キッド・アイラック号 航路ご案内』（海賊の会、1962年）。［嶋田旧蔵］

こなしながら劇団「現代劇場」の公演（次々頁参照）を続けた。その第六回公演『靴のなかの石ころ』（松木ひろし作、嶋田演出、平河町都市センターホール、一九六一年十二月十二〜二十一日）に市村は客演する。

舞台は、雑誌『アルコール』（佐々木久子が編集長を務める雑誌『酒』がモデル）の編集室。社長兼編集長の海老原弥子（中村メイコ）、下着デザイナーの手代木雄介（沼田曜一）、弁護士の金平繁治（市村俊幸）、野球狂いの立花組長・立花権太（村田正雄）らが織りなす、野球場建設をめぐる土地買収コメディである。

おかしかったなあ、この舞台は。巨人の川上哲治《かわかみてつはる》が監督を辞めるの辞めないのと、プロ野球がいろいろと話題でね。「消えるか背番号16」とか、スポーツ新聞の見出しがおもしろかった。それを生かして、やくざの親分（村田）の台詞が毎日変わるんです。そういう即興の演出が好きで、ムーラン・ルージュ新宿座の雰囲気を再現したかった。

この舞台があって、「もっとちゃんとしたものを」と始めたのが海賊の会です。言い出しっぺがブーチャンで、中村メイコ、沼田曜一、村田正雄も賛同してくれました。

市村の呼びかけで賛同者は増え、まず手始めに旗揚げのパンフレット『キッド・アイラック号航路ご案内』（一九六二年十二月二十日発行）を作成した。《劇団ではありません。プロダクションでもありません。気のあつた連中が集まつてたのしい舞台を作りながら勉強しようという仲間の会です。誰にも気がねなくフリーな立場でお芝居をやりたい――そんな願いをこめて作つた会です》（「海賊ごあいさつ」前掲書）。

同人は「乗組員」を名乗り、映画会社、劇団、プロダクションの枠組みをとっぱらい、さまざまな顔が集う。戦前からのベテラン、杉狂児の名もある。テレビ、ラジオ、映画では飽き足らず、芝居ごころのうずく〝乗組員〟がこれだけいた。劇団でも、一度きりの座組となる「プロデュース公演」でもない。軽演劇とテレビ業界発の異色の演劇集団が、ここに船出した。

ぼくも話に乗ると、すぐ動くタイプなんです。フジテレビの同僚も巻き込みました。舞台美術の松下朗がそうです。「芝居をやりたい」とこれだけの人が、意志をもって集まってくれたことがうれしかった。パンフレットを見ても、すごくたくさんの人たちが応援してくれたことがわかります。そこにはブーチャンの人徳もあった。海賊の会のネーミングは、ブーチャン、松木、ぼくたちで相談して決めたのかな。

新劇でもない舞台人が、ラジオやテレビに出て、仲間としてのつながりができた。だから海賊の会に、新劇の有名スターはいりません。芝居がやりたかったけれど、場のなかった人たちが集まった。旗揚げ公演の前にフジテレビで、海賊の会のユニットドラマを一本やりました。そのころは編

「海賊の会」同人

| 所属 | 氏名 |
|---|---|
| 文芸演出 | 川和孝、山中恒、山崎あきら、山本雪夫、松田暢子、松木ひろし、島田親一、せんぼんよしこ |
| 音楽 | いずみたく、渡辺岳夫 |
| 舞台美術 | 松下朗、小泉正名、篠原久 |
| 制作 | 渡辺淳、増井春雄 |
| 演技 | 市村俊幸、市川和子、千葉信男、沼田曜一、桂小金治、田浦正巳、高松英郎、中西杏子、牟田悌三、村田正雄、臼井正明、七尾伶子、浦里はるみ、山内幸子、山下洵一郎、松島トモ子、藤田佳子、藤岡琢也、上月左知子、旭輝子、行友勝江、御木本伸介、島田多恵子、杉狂児 |
| 途中参加（第2回公演時） | 河野宏（スタッフ）、池田昌子、小栗一也、高木久芳、田ノ中勇、竹田昭二、南条秋子、浮田左武郎、久里千春、古川潤子、小桜純子、清川新吾、渋沢詩子、三上真一郎（以上演技） |
| 同人脱退（第1回公演時） | 河野詮（文芸演出）、神津善行（音楽）、中村メイコ、里井茂、榊ひろみ（以上演技） |

（筆者作成）

劇団「現代劇場」上演リスト

| 劇団 | タイトル | 上演日 | 会場 | 作 | 音楽 | 演出 |
|---|---|---|---|---|---|---|
| 第1回公演 | 娑婆に脱帽 | 1958年4月10〜12日 | 東京ヴィデオ・ホール | 松木ひろし | 渡辺浦人 | 島田親一 |
| 第2回公演 | 野良犬譚（のらいぬものがたり） | 1958年10月22〜25日 | 東京ヴィデオ・ホール | 松木ひろし | 渡辺浦人 | 島田親一 |
| 第3回公演 | 予約席は黒枠つき | 1959年6月19〜22日 | 東京ヴィデオ・ホール | 松木ひろし | 渡辺浦人 | 渡辺浩子 |
| 第4回公演 | ネグリジェと十字架 | 1960年6月22〜26日 | 東京ヴィデオ・ホール | 松木ひろし | 渡辺浦人 | 島田親一 |
| 第5回公演 | 娑婆に脱帽（再演） | 1961年6月21〜25日 | 東京ヴィデオ・ホール | 松木ひろし | 渡辺浦人 | 島田親一 |
| 第6回公演（西武生活クラブ共催） | 靴のなかの石ころ | 1961年12月12〜21日 | 平河町都市センターホール | 松木ひろし | 渡辺岳夫 | 島田親一 |

（筆者作成）

成を利用できる力が、ぼくにもあった。ディレクターの権限は大きかったんです。

一九六三（昭和三十八）年三月五日、『シャープ火曜劇場　異母妹たち』が放送された。田宮虎彦の原作、松田暢子の脚本、渡辺岳夫の音楽、嶋田の演出で、市村俊幸、藤田佳子、上月左知子《こうづきさちこ》、山内幸子、市川和子、沼田曜一、田浦正巳ら海賊の会の同人が出演した。

四月二十二日には、東京・青山の神宮外苑ビル四階に「海賊の会稽古場」を開いた。記念すべき第一回公演は『実践悪党学』（四幕）と決まった。松木ひろしのオリジナルで、演出は嶋田、渡辺岳夫といずみたくが共同で音楽を担当する。公演は五月十七日から二十五日まで、有楽町の読売ホールが会場となった。

これだけの顔が揃うと、商業演劇ベースの規模がいります。読売ホールでいきなり一週間やるのは、いい度胸ですよ。若いから勢いでやれたのか、ちょっとやり過ぎました。もう少しこぢんまりとやればよかった。これだけの顔と個性を、それぞれ生かさないといけないわけです。こうして徒党を組むのが嫌だったのか、メイコさんは抜けてしまいました。

稽古の途中から、「なんだかむずかしいな」とぼくも感じました。劇団ではないから、責任の所在がなかなかはっきりしません。こちらも忙しければ、みんなも忙しいから、稽古の仕方もテレビ的な即興の演出になってしまう。「じっくりやる」と言いながら、実際には満足な稽古ができないまま、初日を迎えました。

俳優の持ち味をひき出すにしても、これだけ多彩だと容易ではない。出演者のスケジュールを調整して、みんなで稽古すること自体がむずかしい。芝居への夢、志の高さはともかく、ほうぼうから人を寄せ集めた弱点は、拭いようもなかった。中村メイコと夫で作曲家の神津《こうづ》善行《よしゆき》のように、同人に名を連ねながら、第一回公演から抜けたメンバーもいる。

こうした集団としてのまとまりのなさを、早々と見抜いた俳優がいる。森雅之である。『脚光—フットライト—』や『朝子の子供たち』など嶋田が出演ドラマを手がけた縁で、森が談話を寄せ、『実践悪党学』のパンフレットに掲載された。談話には「奥深い芸」とタイトルがある。

> まあ、卒直に云って、いろんな畑のいろんな個性の集った、アンデパンダン的なって云うか、勝手なことをやる面白さは出るでしょうね。勿論そういう楽しさも芝居の中の大切なある一部の要素ではあるわけで、はじめのうちは、それだけでも満たせばいいんぢやないですか。それにはありものの脚本よりも、皆さんの事をよく知ってる作家が書いた脚本って事はいいと思いますよ。ただ、それだけでやって行くと舞台的なリアリズムを通しての演技の格調のない役者になるおそれはあるってことね、これは個々の役者が気をつけなければならないことでしょうね。

第一回公演『実践悪党学』は、「殺人犯の血は遺伝する」との学説を掲げる心理学教授・太田黒

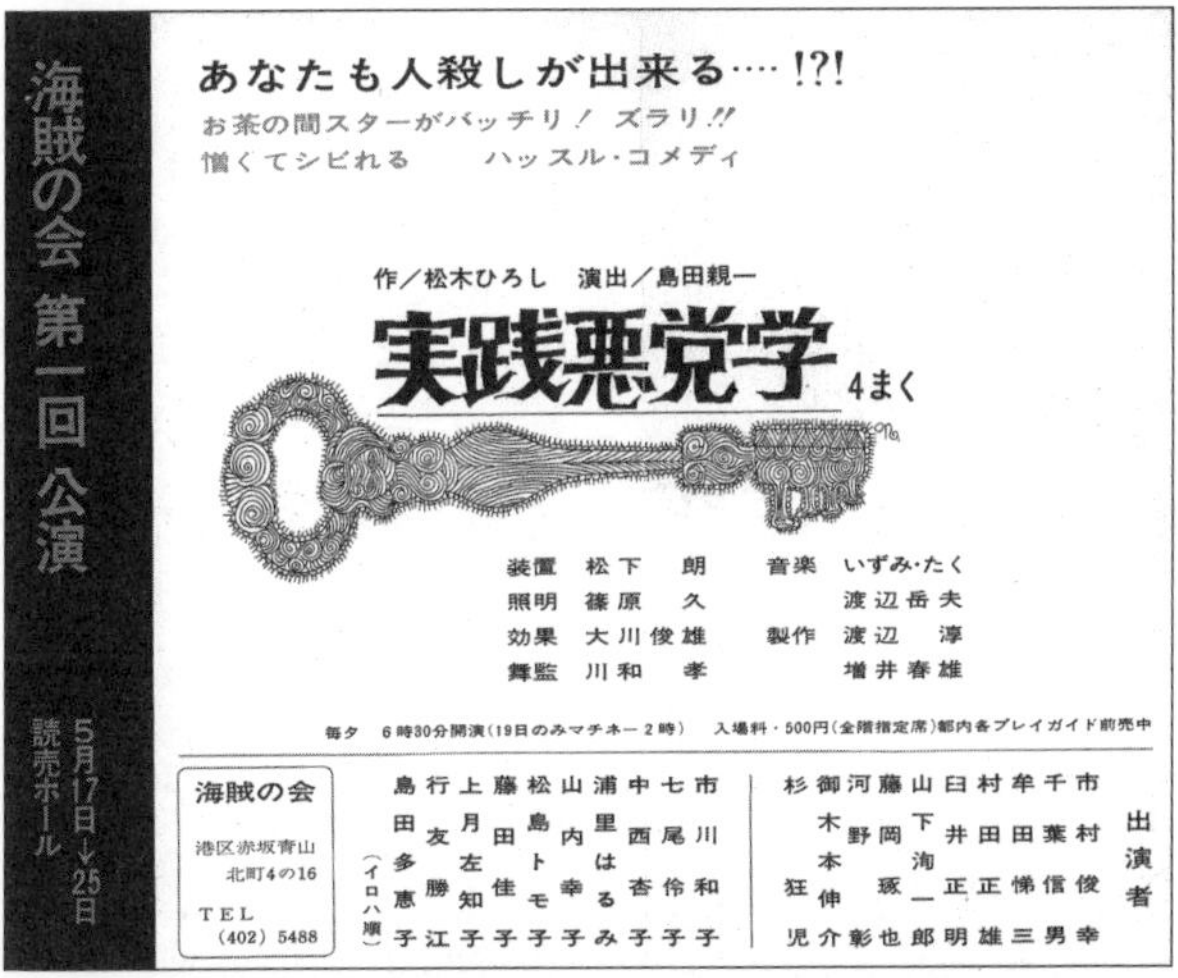


海賊の会第１回公演『実践悪党学』ちらし（1963年）。[嶋田旧蔵]

『実践悪党学』カーテンコール。左から市村俊幸、松木ひろし、牟田悌三、嶋田親一、御木本伸介、藤田佳子、浦里はるみ（1963年、東京・読売ホール）。[嶋田旧蔵]

法隆（市村俊幸）を中心に展開する。法隆は、父、息子、娘、三人の愛人、看護婦、患者など、さまざまな人間を巻き込み、「殺人犯の血は遺伝する」学説を実践していく。松木ひろしが好んだ、スリラー・ブラックコメディである。

話題性がじゅうぶんだったからか、第一回公演は黒字になった。その成功をうけて、海賊の会は第二回公演に動き出す。あらたに同人として、日本教育テレビ（NET、現・テレビ朝日）の河野宏《こうのひろし》が加わった。フジの嶋田、日本テレビのせんぼんよしこ、NETの河野と民放各局の気鋭のディレクターが、会社の枠をこえて参加した。一九六四（昭和三十九）年一月十五日付「スポーツニッポン」の記事に、嶋田のコメントがある。《技術的に一つの地点に到達してしまったテレビ・ドラマは、そこから新しい道を開拓できるのではないか》。

嶋田の意気込みに反して、第二回公演の準備はスムーズにいかなかった。稽古もままならず、見切り発車で初日の幕が開く。公演は一九六四年二月十三日から十六日までの四日間で、会場は東京・新宿の朝日生命ホール、演目は一幕ものの二本立てである。

一本目は、松田暢子作、河野宏演出『オレンジの匂い』。槇純一郎（御木《みき》本伸介《もとしんすけ》）と洋子（中西杏子）を主人公に、夫婦のモラルを描く。二本目が、山中恒作、嶋田演出の『北涯停点』。一九三五（昭和十）年ごろの北海道の寒村を舞台に、地元を仕切るボス、性搾取される女性たち、肺病の青年画家らの人間模様が交差する。ボスの支配人太田を市村俊幸が演じた。いずれも笑いを排した、シリアスな演目だった。海賊の会が風刺喜劇にとらわれず、さまざまな作品に意欲的に挑もうとする姿勢がうかがえる。

第二回公演のプログラムに、第三回公演の予定が載っている。松木ひろし作、嶋田演出の『アマゾンの左の乳房』（朝日生命ホール、一九六四年五月十五〜二十三日）。ちゃんと日程まで出ているのに、実際は上演されていない。この年の十一月、海賊の会の解散が決まる。大所帯になりすぎて、企画・運営の収拾がつかなくなったからだ。

この年の十一月四日、松木ひろし作、塚田圭一演出『一千万人の劇場　風船玉計画』がフジテレビで放送された。二千数百万円におよぶ給料用の現金を、商事会社の八人の経理担当者（牟田悌三、藤岡琢也、御木本伸介、山下洵一郎、高木久芳、市川和子、中西杏子、藤田佳子）が横取りしようと狂言強盗を目論む。そこに同社の専務（市村俊幸）がからむ。

このユニットドラマが、海賊の会の解散記念作品となる。放送当日付「日刊スポーツ」のテレビ欄に、市村がコメントを寄せた。《〝海賊の会〟の喜劇が軌道に乗ったころだけに残念だが、これで終わりというわけではないから、これからもわれわれの理念は機会あるごとに追求する》。無理やり続けたところで、先細りしていくばかりで、かえって人間関係がこじれてしまう。満足に稽古ができない以上、解散は最善の選択といえた。

解散記念ドラマの演出は、同僚の塚田圭一がやっています。ぼくは、ほかのドラマの仕事で忙しかったんでしょうね。

海賊の会は、仕掛けだけは派手にできたし、けっこう受けました。最初の公演は、スポンサーもたくさんついたし、黒字でした。でも、本当の意味で評価されたのか、という気がします。ブーチャンと解散を決めたとき、「頭で考えた発想をかたちにするのはむずかしい。みじめなかたちで続けるのはよそう」と話しました。どんどん人数が減って終わるのではなく、ここできっぱりやめたかった。

海賊の会は期間もみじかく、中途半端なかたちで終わったけれど、忘れられない思い出です。ブーチャンをはじめ、亡くなられた方も多い。海賊の会のことが少しでも本で記録に残せたら、関係した人たちはみんなよろこびます。

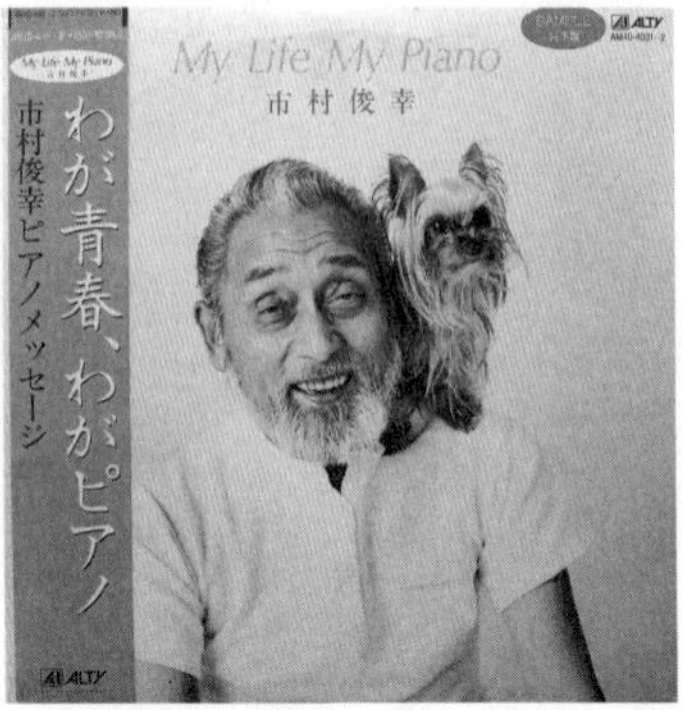

市村俊幸『My Life My Piano』（アポロン音楽工業、1982年）。

海賊の会は、二度の公演と二本のテレビドラマで活動を終えた。テレビ発の異色の演劇集団だったけれど、戦後演劇史において語られる機会は少ない。テレビと俳優をめぐる環境も、この時代から大きく変化していく。

海賊の会が第一回公演をおこなった一九六三（昭和三十八）年は、テレビ界と映画界にとって節目の年となる。それを物語る出来事がこの年、いくつか起きた。日活の石原裕次郎が、「石原プロモーション」を設立する。フリー宣言した大映の山本富士子は、大映側から嫌がらせを受け、テレビドラマに活路を見いだす。そして、NHK大河ドラマの第一作『花の生涯』には、松竹の看板スターである佐田啓二がレギュラー出演した。

こうした出来事が突破口となり、五社協定（松竹、東宝、大映、日活、東映）の縛りがゆるみ、著名な映画俳優がテレビドラマに進出してくる。その動きはフジテレビも例外でなく、嶋田はスター主導のドラマ制作に身を投じていく。

銀幕のスター華やかなりしテレビドラマに、市村俊幸の姿はなかった。昭和四十年代に病に倒れたこともあり、長いブランクの時代を迎える。ただ、市村と嶋田の関係は、公私ともに変わらなかった。市村は晩年、嶋田が代表取締役社長をつとめるプロデュース会社「新日本制作株式会社」の所属タレントとなる。ふたりはつかず、はなれず、終生の仲だった。

一九八三（昭和五十八）年八月九日、市村俊幸死去、享年六十二。亡くなる十か月前、市村のファーストアルバム『My Life My Piano』（アポロン、一九八二年十月）が発売された。LP二枚組で、ジャズのスタンダードナンバー、洋楽ポピュラー、日本の唱歌と童謡を、市村のピアノソロと歌でおさめた。市村勝子（市村俊幸夫人）が企画し、嶋田がプロデュース、新日本制作がレコード制作を請け負った。テレビドラマ創成期を駆けぬけ、演劇界にうって出たふたりの、友情のたまものである。

市村俊幸（「My Life My Piano　市村俊幸さんを励ます夕べ」1982年10月13日、新宿・京王プラザホテル）。［嶋田旧蔵］

「海賊の会」打ち合わせ風景。右奥から臼井正明、松木ひろし、嶋田親一、七尾伶子（1962〜63年、東京都内）。［嶋田旧蔵］

第三章

# 銀幕のひと、テレビのひと

## 多治米《たじめ》の闘い――富士真奈美、芦川いづみ、石原裕次郎

一冊の文庫本が手元にある。笹沢左保《ささざわさほ》（一九三〇～二〇〇二）の『愛と孤独と』（角川文庫、一九八六年六月）。一九六四（昭和三十九）年に『女性自身』（光文社）に連載され、翌年、『笹沢左保選集』（芸文社）の第三巻におさめられた。

主人公の作家「ぼく」は、六本木の小さなバーで、女優の光瀬亜沙子《みつせあさこ》と半年ぶりに再会する。明るく開放的で、ボーイッシュな亜沙子に、主人公は深い陰影と神秘性をみいだす。妻の津矢江《つやえ》、愛人の宗方悦子の存在を心にとどめながら、「ぼく」は亜沙子との関係を深めていく。その仲はスキャンダルになり、広く人の知るところとなる。

そのころ、主人公に連続ドラマの執筆依頼が舞い込む。Fテレビのディレクター、多治米真一《たじめしんいち》が、「主役に亜沙子を起用したい」と持ちかけた。「常識的にまずいと思う」「世間に対して不謹慎」と消極的な主人公に、多治米は「失望しました」と断じる。「作品の上でイメージする女性は誰か。光瀬亜沙子でないとすれば、あなたは嘘をついている」との指摘を受け、主人公は言い返せない。しかも主役の打診を、亜沙子はすでに承諾していた。多治米は、さらに言葉を投げかける（以下は

角川文庫版より引用)。

「あなたがイメージする女を、画面に描き出すのがぼくの仕事です。そのイメージにピッタリの女優さんを獲得するのが、ディレクターとしての義務ですよ。それとも、あなたは光瀬亜沙子さんの要素や本質などまったくない女を人物として描くとおっしゃるんですか？　だとすれば、その人物は死んでいる人間ですよ」

多治米の説得に、主人公はふっきれる。翌日、亜沙子とふたりで南伊豆に向かう。クリスマスと正月を迎えるために。『愛と孤独と』はここで終わり、Fテレビの連続ドラマの話は語られない。主人公の「ぼく」は笹沢左保、光瀬亜沙子は富士真奈美《ふじまなみ》（現・冨士真奈美、一九三八〜）、Fテレビのディレクター・多治米真一は嶋田親一がモデルである。『愛と孤独と』が、笹沢と富士の関係を描いていることは、当時の読者は気づいている。ふたりの顔合わせなら話題になり、なによりも作家の情念のこもったドラマになる。多治米真一こと嶋田親一の狙いは、そこにあった。

『愛と孤独と』は、ディレクターの嶋田が作家をどう口説き、キャスティングしていたのか、それを知るひとつの手がかりになる。多治米の言動が事実だとすれば、挑発的であり、遠慮がない。聞き取りの席での嶋田は温厚篤実《おんこうとくじつ》、好々爺《こうこうや》のさいたる人だった。現役時代は別である。多治米くらいの気概、凄みがないと、話題の作家や俳優をドラマに引っぱりだすことはできない。

『哀愁によろしく』撮影現場。左に笹沢左保、右に富士真奈美（1964年 1 月11日、フジテレビスタジオ）。［嶋田旧蔵］

『愛と孤独と』は、ぼくも読みました。正確です。（笹沢が）録音をとっていたんじゃないかと思えるほど、正確です。笹沢左保は、ぼくのひとつ上なんです。どういうわけか仲良くなりまして、「書きおろしのテレビドラマを書いてみないか」と口説いたわけ。当時は有名な話でしたが、富士真奈美とたいへんな恋愛をしていた。こうしてできたのが『哀愁によろしく』です。笹沢さんらしいタイトルでね。このドラマが縁で、富士さんとはそれからずっと仲良しです。

笹沢左保作『さくらスターライト劇場　哀愁によろしく』（全七回、一九六四年一月十二日〜二月二十三日放送）は、こうして生まれる。ドラマは長女の美弥子（鳳八千代）、次女の須磨子（富士真奈美）、三女の多加子（十《と》朱《あけ》幸《ゆき》代《よ》）、三姉妹それぞれの愛憎を描く。笹沢にとっては、初めての書きおろし連続ドラマだった。

物語は、美弥子の夫で挿絵画家の脇坂弘一が、謎の服毒自殺をとげるところから始まる。義兄への愛を秘めていた須磨子は、カメラマンの倉橋（外《と》山《やま》高《たか》士《し》）から激しく言い寄られ、須磨子の夫・純吉（松本朝夫）は嫉妬の炎を燃やす。愛憎ドロドロのサスペンスメロドラマで、笹沢の視点は次女の須磨子、つまり富士真奈美に向いている。

第一回放送の前日、ＶＴＲ収録に立ち会うため、笹沢が河田町のフジテレビスタジオを訪れた。笹沢が嶋田につぶやく。「自分のハダカを見られているような気持ちだな」。そばにいる富士は、スタジオで硬い表情をうかべつつ、笹沢とふたり、テレビカメラの前でポーズをとった。《彼女はふしぎなムードをもった女優さんです。そのムードは〝影〟といっていいかな。それも暗い影ではない。神秘性といったものです》（一九六四年一月十二日付「スポーツニッポン」）。

雑誌連載『愛と孤独と』とテレビドラマの『哀愁によろしく』が、活字と映像でリンクする。書き手と演じ手、それぞれのしたたかさ、業《ごう》のようなものを嶋田は見抜いていた。ゆえに笹沢は、『愛と孤独と』に〝多治米真一〟なる男を登場させたのだろう。


一九六三（昭和三十八）年十一月、嶋田はチーフディレクター兼務の編成局制作第二部主任に命じられる。翌年四月には、管理補佐職と映画制作部勤務の役付きとなる。この時点の給与は、基準賃金と役付手当と特別手当をあわせて八万二千二百円（人事部給与決定通知書より）だった。そのころのハードワークを考えると、高給取りというわけではない。

テレビの本放送が始まって十年、この時代から銀幕スターがあいついでテレビドラマに顔を出す。映画界が斜陽の時代を迎え、五社協定の縛りもゆるんできた。

映画界の「五社協定」は一九五三（昭和二十八）年、日活の製作再開にあたって、松竹、東宝、大映、新東宝、東映が結んだ協定に端を発する。「他社出演を認めない専属契約」「他社出演に自由がきく本数契約」「一本ごとの臨時契約」に分類され、「ニューフェイス（新人）」の規定ももうけられた。のちに日活もこの協定に加わり「六社協定」となる。各社スターの引き抜き防止が目的だったものの、スターの権利を侵害するものであり、協定無視の引き抜きも皆無ではなかった。

一九六〇年代に入ると、新東宝が業務不振におちいるいっぽう、テレビ局が事業を拡大していく。こうした映画界とテレビ局のパワーバランスを背景に、各社の専属俳優が少しずつ、テレビに出始める。嶋田の演出ドラマでも、銀幕のスターが主役をはった。芦川いづみ（一九三五〜）が、その最初のきっかけとなる。

芦川いづみは、一九五四（昭和二十九）年の日活再開の直後から、清純派のヒロインとしてスクリーンを飾る。六〇年代に入ると、吉永小百合の青春映画が人気となるなか、蔵原惟繕《くらはらこれよし》監督『硝子のジョニー　野獣のように見えて』（一九六二年）など演技派として貫禄をしめす。それまで数本のテレビドラマに出たものの、仕事の中心は日活映画に限られていた。

上司から「テレビに出ない映画スターを、とにかく引っぱり出せ」と厳命されたんです。芦川いづみの人選は、上司の希望だったと思います。芦川さんは、昔はテレビドラマに出ていたらしいけど、本数は少なかったはずなので。

ぼくが行きつけのイタリアンレストランに、常連の某俳優がいて、芦川いづみといい仲だったらしいです。仲間うちでは「お麦《むぎ》さん」と呼ばれていてね。有馬稲子が「稲」で、芦川いづみが「麦」。どちらも可憐なひと、というわけ。芦川さんに対しては、そのくらいの知識しかなかった。

そのわずかな縁をたどって、主演ドラマを打診しました。「この人、ホントに女優さんなの？」と思うほど、まじめな人でしたよ。

　相手役にえらんだのは神田隆《かんだたかし》、東大出のバイプレーヤーです。東映の映画によく出ていて、印象にあったんです。神田さんとの仕事は初めてで、「こういう役ですが、どうですか」と打診したら、えらくノッてくれてね。「ぼくがテレビでやったなかで、いちばんいい役かもしれない」と言っていました。


　芦川は、三國連太郎主演のシリーズドラマ『街』（日本テレビ）の最終回「夜明け」（菊島隆三作、一九五七年三月六日放送）に出演し、隅田川のボート屋（山形勲）の娘を演じた。その生放送中に、ジュースをこぼしてしまい、テレビ恐怖症になってしまった。

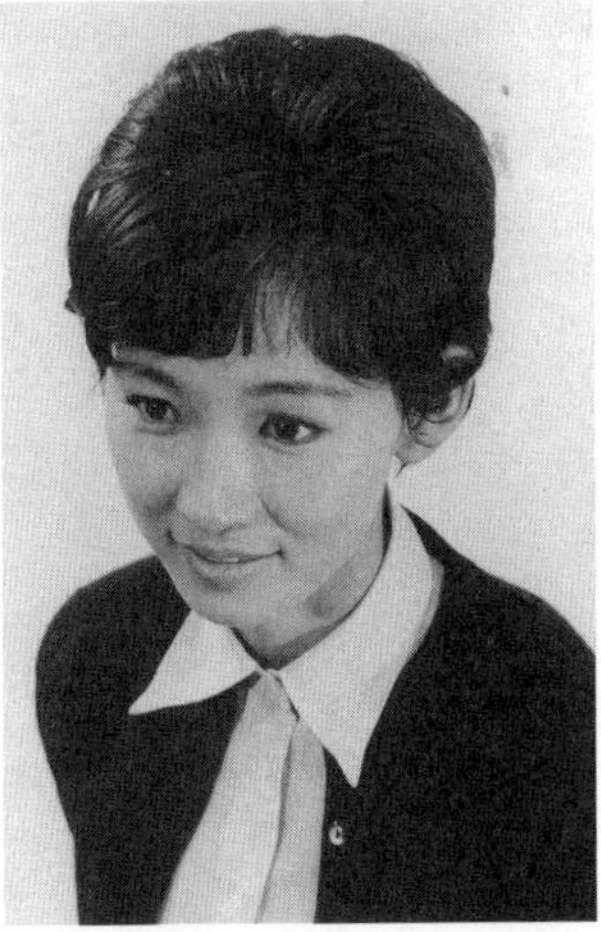

芦川いづみテストショット（1964年）。[嶋田旧蔵]

　嶋田は、テレビドラマが生からVTR収録に変わったことを説明し、半年がかりで芦川を口説いた。打診に応じた芦川は、床にセットの線を引いただけの立ち稽古や、映画より距離が近いテレビカメラの位置に戸惑いながら、無事に収録をこなした。

　収録は一九六三（昭和三十八）年におこなわれ、

年を越して放送された。タイトルは『拾い育て失う』(一九六四年二月一日放送)。新ドラマ枠「ドラマへの招待」の第一回で、ゴールデンタイムの土曜夜八時からの一時間ドラマだった。菊村到《きくむらいたる》の原作、有高扶桑《ありたかふそう》の脚本である。

新聞社の次長・貴船(神田隆)はひょんなことから、妻を殺して自殺した男の娘・則江(二木てるみ)を引きとる。貴船と妻の百合枝(風見章子《かざみあきこ》)に育てられ成長した則江(芦川いづみ)は短大を卒業、会社員になる。百合枝はまもなく病気で亡くなり、則江は貴船に恋ごころを抱く。そして、養父への届かぬ想いのさびしさから、妻子のある男と関係する。なんとも重苦しいストーリーだが、芦川は有高扶桑の脚本に惚れ込んだ。

『拾い育て失う』は、映画スターがテレビに進出するトピックになった。放送当日付「毎日新聞」夕刊に、芦川のコメントがある。《むずかしい役ですが、則江は私の好きなタイプなので、やりがいがありました。(中略)映画になれ切っていた私には、すべてが新鮮に感じられましたし、映画以外の人と仕事ができたことは大変なプラスでした》。

このドラマは好評で、ちょうど一か月後に嶋田演出、芦川主演の単発ドラマがふたたび放送された。『さくらスターライト劇場　おねえさん』(一九六四年三月一日放送)。山中恒オリジナルの四十五分ドラマで、フジテレビの開局五周年記念作となる。芦川は、交通事故で母(杉村春子)をうしない、小児結核の妹・敬子(ジュディ・オング)を育てる姉の節子を演じた。姉妹で強く生きるヒロインを演じた芦川だが、テレビ収録のテンポにはすぐ慣れない。VTR収録のあいまにも、ひとりで台詞を反復し、完ぺきを期した。「いい意味でテレビ向きだ」と嶋田の期待も高まる。

『拾い育て失う』と『おねえさん』で手ごたえを感じた嶋田は、芦川の連続主演ドラマを企画する。本人の人柄か、芦川ファンのフジテレビ関係者も増えた。しかし、そこまでだった。テレビに前向きな芦川を、他局が放っておくはずがない。NHK、日本テレビ、TBS、NET（現・テレビ朝日）、フジテレビと引っぱりだこになる。その芦川も、一九六八（昭和四十三）年に、藤竜也《ふじたつや》との結婚を機に、女優を引退した。

芦川いづみとの仕事は、二本で途絶えてしまった。しかし、テレビドラマに出ていない映画スターは、ほかにもいる。次に嶋田が関わったのが石原裕次郎（一九三四〜一九八七）、いわずと知れた日活のトップスターである。

裕次郎は、石原プロモーション制作『裕次郎アワー　今晩は、裕次郎です』（日本テレビ、一九六三〜六四年）で、本格的にテレビに進出する。ただし、歌とトーク中心のプログラムで、ドラマではない。テレビドラマは、日本テレビの『街』（「霧の中の男」一九五七年一月二十三日放送）や『ダイヤル110番』（「弾痕」一九五八年一月十二日放送）に出たくらいで、距離をおいていた。

裕次郎はぼくの人選で、フジテレビの意向ではありません。ただ、局としては考えていたはず。テレビは歌番組くらいで、ドラマには出ない男ですから。「フジテレビにいる荒木という男が、石原プロモーションにいたらしい」と聞き、彼に口利きを頼みました。

じつは何年も前に、ぼくと裕次郎は会っているんです。ニッポン放送で担当した『今週の花嫁花

『小さき闘い』撮影現場。左に石原裕次郎、右に嶋田親一。（1964年4月28日、フジテレビスタジオ）。［嶋田旧蔵］

婿　ミスターキャロン　ミスキャロン』（一九五五〜五八年）に、石原慎太郎《いしはらしんたろう》が出られなくなって、弟の裕次郎が代わりに出た。ぼくはよく覚えていますが、本人は忘れていた。だから、ゼロからの付き合いです。

　ボクシングが好きでね、裕ちゃんが豪語するんです。「テレビは高校生のボクシングみたいなものだ。チョークで引いたセットの線のなかでやる。あんなものでボクシングになるかい。歌はよくても、ドラマなんて冗談じゃない」。それだと言われっぱなしでしょう。「テレビと映画は違う。映画を追いかける気はさらさらない。テレビはテレビのやり方がある」と反論したこともあります。

　さんざん銀座を飲み歩いて、一年かけてやっとOKをもらいました。映画だけでは限界を感じ、「テレビドラマを一度やってもいいか」という気持ちもあったんじゃないですか。裕次郎の役のイメージですか？　ないです（笑）。まず裕次郎ありき。そのうえで、テレビでやれる題材はなにか。フィルム撮りのテレビ映画ではなく、あくまで裕次郎主演のスタジオドラマです。

　ちょうどこのころ、石坂洋次郎監修、嶋田演出の連続ドラマ『さくらスターライト劇場　あしたの虹』（一九六四年三月八日〜六月二十九日放送）の制作が進んでいた。東北の小都市を舞台にした青春ドラマで、脚本は山本雪夫と山中恒、金井克子の主演で、石原プロモーションが制作にタッチした。主題歌『あしたの虹』（テイチク、門井《かどい》八郎《はちろう》作詞、上原賢六《うえはらけんろく》作曲）を裕次郎が歌い、主人公の牧村朝子（金井）の姉・涼子役で、引退していた裕次郎夫人の北原三枝《きたはらみえ》がカムバックした。嶋田なりの話題づくりである。

裕次郎主演ドラマの企画も具体化していく。題材は、裕次郎サイドから出た。兄の石原慎太郎（一九三二〜二〇二二）の小説『死の博物誌―小さき闘い―』（新潮社、一九六三年十二月）のドラマ化である。脳腫瘍《のうしゅよう》で余命わずかな中学生の俊夫とおかかえ運転手の鉄哉、ふたりのみじかくも豊かな交流を綴った。

裕次郎のドラマ主演にあわせて、フジテレビは一時間の単発ドラマ枠を用意した。題して『一千万人の劇場』。文芸作品を有名スター主演でドラマ化するもので、その第一回に『小さき闘い』がえらばれた。放送は一九六四（昭和三十九）年四月一日に決まった。

制作はフジテレビ編成局制作部副部長の平岡鯛二、演出は嶋田、脚本は山中恒、音楽は渡辺岳夫の布陣で、主人公の橋本鉄哉に裕次郎、高村俊夫に池田秀一（一九四九〜）を配した。池田の証言によると、北原三枝が俊夫役に池田を指名したという。

三月十九日に台本が完成し、二十三日から裕次郎が参加して稽古がおこなわれた。テレビドラマに不慣れな裕次郎は、芦川いづみと同じく、スタジオの床にチョークでセットの位置が引かれていることに困惑する。そこでテレビの名子役としてキャリアのある池田が、裕次郎をサポートした。

順調にリハーサルが進むなか、本番のＶＴＲ収録を翌日にひかえた三月二十四日、トラブルが起こる。山中恒のシナリオに対する、石原慎太郎のクレームである。四月一日の放送まで、あと一週間しかない。

完全にイチャモンですよ。フジテレビに来て、「ぼくの『小さき闘い』はこういうことではない」とか言う。そのあとフジテレビの車で、ぼくと、山中と、もうひとり誰かいたかな、逗子《ずし》（神奈川県）の慎太郎の家に行きました。そのあいだ稽古は中止で、裕次郎はフジテレビのスタジオで待っている。ほかのスタッフとキャストもみんな待っている。

それで結局、ドラマは延期になりました。「めちゃくちゃな男だ」と思いましたよ。セットも一度組んだものをすべてバラして、録画の日程もぜんぶ変えました。スケジュールの都合で出られなくなった出演者がいて、キャスティングも少し変更しました。あとで裕次郎から、謝られました。「申し訳ない。こんなかたちで兄貴を紹介したくなかった」と。

原作者の慎太郎にも言い分はある。そのひとつが俊夫の手術シーンだ。身動きできない少年の頭《ず》蓋骨《がいこつ》に、電動ドリルとのこぎりで穴をあける残酷さ。「それがシナリオでは生かされていない」という指摘である。放送コードの問題があり、フジテレビとしては、慎太郎の言い分を鵜のみにできない。無理に放送を強行すれば、石原プロモーションとの話がこじれてしまう。平岡鯛二や嶋田の心境はともかく、フジテレビとしては延期するのが最善の策だった。

四月一日放送の『一千万人の劇場』第一回は、芹沢光治良原作、高野悦子脚本『巴里に死す』に差しかえられた。一九三〇年代のパリを舞台に、異郷の地で世を去った日本人女性の愛と死を描く。香川京子、佐田啓二、森雅之、東山千栄子、中村伸郎《なかむらのぶお》の豪華キャストで、『一千万人の劇場』のスタートは格好がついた。

　この前後、石原裕次郎をめぐって、フジテレビに混乱が見られる。司馬遼太郎《しばりょうたろう》原作『竜馬《りょうま》がゆく』の企画がなぜか浮上した。嶋田の演出で、主役の坂本竜馬はもちろん裕次郎である。『竜馬がゆく』は最短でも連続十三回、五社英雄演出『三匹の侍』（一九六三年放送開始）をしのぐスケールのスタジオ時代劇で、石原プロモーションも乗り気だった。しかし、日活映画の撮影予定があり、スケジュールの問題で実現はむずかしい。この企画は、一九六四（昭和三十九）年四月四日付「日刊スポーツ」に、「フジも裕次郎で名乗り「竜馬がゆく」加山雄三（東宝）と競演」の見出しで、大きく報じられている。東宝ではちょうど、加山雄三主演で『竜馬がゆく』四部作の映画化（宝塚映画製作）が決定していた。ただしこの映画化も、実現していない。

　このあと事態は好転する。慎太郎の言い分を受け入れたフジテレビは、山中恒のシナリオを全面的に書き直し、制作を再開した。慎太郎が指摘した俊夫の手術シーンは、のこぎりと電動ドリルの不気味な効果音で、運命の残酷さを表現した。

　四月二十七日にリハーサル、二十八日と二十九日にVTR収録、五月六日の放送である。裕次郎ドラマ制作再開のニュースは、新聞各紙がこぞって取り上げた。もう失敗は許されない。河田町の第二スタジオを関係者以外立ち入り厳禁にして、スタッフとキャストは本番にのぞんだ。

石原裕次郎の鉄哉と池田秀一の俊夫を中心に、映画と新劇のベテランが脇をかためた。俊夫の両親に戦前から松竹で活躍する水戸光子と夏川大二《なつかわだいじ》郎《ろう》、俊夫の病を見抜く木崎医師に冨田浩太郎、主治医の塩見博士に文学座の三津田《みつだ》健《けん》、同じく沖山博士に元俳優座の佐竹明夫、三好看護婦に文学座の川口知子など。いずれも適役ながら、過去に傷害事件を起こした鉄哉を見下す水戸の冷たさと、不用意なひとことで俊夫に余命を知らせてしまう川口の好演がきわだつ。

スタッフはフジテレビの人間で占めたが、照明に関しては裕次郎が信頼をおく、日活の藤林甲にゆだねた。裕次郎は、銀レフやキャッチライト（顔を照らす小ライト）をみずから持ち込み、カメラ割り（カット割り）にまで立ちあう。三台のカメラと自分との距離感がはかれず、「どうも思うようにいかん」と裕次郎がぼやく。「じゅうぶん慣れているよ」と嶋田がフォローする。ふたりは世代が近く、演出家と主演俳優の関係は悪くなかった。

劇中に、主人公（鉄哉）がアカペラで歌う場面があるんです。あれは裕次郎のアイデアです。なにげなく自然なところがいいなあ、と感じました。芝居を抑えてましたね。池田秀一とのふたり芝居でも、相手を立てていました。映画であまりやったことのない演技で、テレビでも『小さき闘い』のような役はやってないんじゃないですか。アクションモノや刑事ドラマが多かったので。

ぼくのアイデアでいちばんノッてくれたのが、ラストシーンです。映画ではあまり見られないラストだと思います。そうしたこちらの演出プランを「おもしろい」と受けとめる感性が、裕次郎にはありました。

鉄哉と俊夫は、わずかな言葉のやりとりを通して、世代をこえた友情を確かめあう。やむなく犯した傷害事件の過去を背負う鉄哉は、死と向き合う俊夫に敬いのようなものを感じる。しかし、ふたりの日々は長くない。カメラ（飯田勇撮影）は、哀しみをたたえる裕次郎の表情をアップでとらえる。（図A）

図A

それからまもなく、俊夫は息をひきとる。居場所と唯一の理解者を亡くした鉄哉はひとり、高村家を去る。石原慎太郎の原作『死の博物誌―小さき闘い―』は、次の二行でラストとなる。

葬儀の日、鉄哉は言い出て俊夫の亡骸《なきがら》と荼毘《だび》に付された小さな骨壺を運ぶ車を運転した。家人は引き留めようとしたが、きかずに葬式の翌々日、鉄哉はその家を出た。

このラスト二行を、山中恒はどう脚色し、嶋田がどう演出したのか。嶋田が生前に寄贈した「カット割り台本（その二）」が、国立国会図書館におさめられている。

S―42　ガレージ

図B

ガレージの外は、まぶしいばかりの日ざしである。

やがて、ボストンバッグを下げた鉄哉、寝室を出てゆっくりとガレージの外へ出る。

そのまゝふり向いて、ガレージの中をじっと見る。

ゆっくりとボストンバッグをおいてシャッターのスイッチを入れる。

SE（シャッター）

シャッター、もどかしいほど、ゆっくりとおりてくる。あと、一メートルぐらいになったとき、鉄哉、ボストンバッグをもって去る。

シャッターは緩慢《かんまん》におりつゞけ、ついにガレージは、まっくらになる。


シャッターがおりる効果音（SE）のほかには、音楽も、台詞も、なにもない。カメラは引きのアングルで、鉄哉（裕次郎）の表情はまったくわからない。シャッターがおりきって、外からの光が閉ざされ、ガレージ内は暗くなる。

ここでドラマのタイトル『小さき闘い』が出て、キャストとスタッフがクレジットされる。（図B）渡辺岳夫の劇伴やテーマ曲はなく、ガレージ内にわずかな物音が響く。静寂きわまるドラマの幕引き。裕次郎の主演ドラマとしてだけ語られがちだが、六〇年代スタジオドラマの秀作だと思う。『小さき闘い』は映像が残され、横浜市中区の「放送ライブラリー」で公開されている。嶋田が演出したテレビドラマのなかで、いまなお見ることのできる数少ない作品である。

『小さき闘い』は裕次郎も気に入ってくれて、このあと映画でもやりました。あれだけ山中恒のホンにイチャモンをつけた慎太郎が、映画版も山中に任せたんです。ここがぼくの意地っぱりなところでね、映画版は観てないんです。『小さき闘い』も、いまさら自分で見るのは恥ずかしい。正直なところ、自分では大した作品ではないと受けとめています。でも、せめてこれだけでも、放送ライブラリーで公開されてよかった。自分で演出したものと、『6羽のかもめ』のようにプロデュースしたものとでは、思い入れがぜんぜん違うんです。

いまから考えると「裕次郎といっしょにやったドラマ」というより、「慎太郎と闘ったドラマ」という印象が強いです。「映画とテレビドラマは違う。テレビは独自の世界だよ」ということを、裕次郎にわからせたい意地のようなものもありました。

「裕次郎初主演ドラマ」として注目されるなか、放送後の評判は総じて高かった。いくつかのドラマ評、視聴者評を読んだが、池田秀一のけなげな演技と、それを受けとめる裕次郎に感銘をおぼえたとの声が目立つ。「全体的にコマ切れな感じ」「運転手の過去や少年の出会いが説明不足」といった批判は、ドラマの質を損なうものではない。

放送から半年後には、松尾昭典《まつおあきのり》監督で映画化（石原プロモーション製作、日活配給、一九六四年十月三十日公開）された。『敗《やぶ》れざるもの』と改題されたものの、脚本はドラマと同じ山中恒で、フジテレビ版との差異はあまりない。鉄哉役は裕次郎で変わらず、俊夫役を小倉一郎《おぐらいちろう》（現・小倉蒼蛙《そうあ》）がやった。

十二月二十三日には、『一千万人の劇場』の枠で『小さき闘い』が再放送された。

この年の秋、嶋田演出、裕次郎主演の芸術祭参加作品が企画された。大野靖子のオリジナルで、仮題は『君らの手の中に』。当代きっての戦場報道カメラマン・神坂竜夫が、裕次郎の役どころ。神坂は、軍事基地にいる混血児を被写体に決め、意欲を燃やす。そんなとき、黒人男性と日本人女性のあいだに生まれたサミー（座間幸二）と出会う。神坂は被写体になってもらうことを条件に、サミーの母親探しを手伝う。

神坂のキャラクターは裕次郎にぴったりだ。ドラマは『一千万人の劇場』の枠で、秋の芸術祭にあわせて放送予定だった。報道カメラマンの葛藤、混血児たちの姿を通じて、戦争の悲劇と日本の社会を描きだす野心作だった。ところが、その出演は実現しなかった。

ぼくの視点のほとんどは、主人公のカメラマンではなく、混血児に向いていました。実際の混血児をオーディションして、子役に起用したんです。現実とドラマが重なる配役で、「子役のドラマに関してはおれだ」という気持ちがあったんでしょうね。

裕次郎がダメになった表向きの理由は、スケジュールの都合です。テレビをやる意欲があったのか、なかったのか、そこの真相はわかりません。大野靖子は『三匹の侍』の脚本を書いたりして、注目していました。いまから思うと、ホンにちょっと力が入り過ぎていた。裕次郎主演で書いていたはずで、余計にそうなったのかもしれません。ただ、代役の緒形拳はよかったですよ。

このドラマは『コスモスよ赤く咲け』と改題され、『一千万人の劇場』の枠で一九六四（昭和三十九）年十一月十八日に放送された。コスモスはメキシコが原産で、いつしか日本に入ってきて咲きみだれている。そんなコスモスの花を、混血児の身の上にたとえた。

主人公の神坂を、新国劇の緒形拳（一九三七〜二〇〇八）が演じた。緒形は、『一千万人の劇場　網の中の栄光』（小《お》幡欣治《ばたきんじ》原作、本田英郎脚本、小林俊一演出、同年六月三日放送）で演じた社会人バスケット選手役で注目を集めた。この翌年、NHK大河ドラマ『太閤記《たいこうき》』（一九六五年）で主役の木下藤吉郎（羽柴秀吉）をやり、お茶の間に広く知られるようになる。ところが緒形は、一九六八（昭和四十三）年、新国劇がフジテレビと業務提携する直前、新国劇を突然退団してしまう。それからしばらく、嶋田と絶交することになるのは、また別の話である。

『コスモスよ赤く咲け』ロケ。左から座間幸一、マリア・デビス、緒形拳（1964年、東京都内）。[嶋田旧蔵]

## シオノギ劇場のおんなたち（その一）――司葉子、佐久間良子

一九六三（昭和三十八）年を境に、既存の映画スターがあいついでテレビドラマに進出してくる。この年、のちに「大河ドラマ」と呼ばれるNHKの大型時代劇『花の生涯』が始まり、二代目尾上《おのえ》松緑《しょうろく》、佐田啓二、淡島千景《あわしまちかげ》、香川京子らの共演で話題になる。

NHKの大型時代劇に対して嶋田は、「あのお金のかけかたは、フジテレビでは無理。ぼく自身、テレビ時代劇にあまり関心がなかった」と話す。その言葉どおり、担当ディレクターとして演出するのは、スタジオ収録の現代劇、それも文芸メロドラマやホームドラマが中心だった。おもに任されたのは、単発一時間枠の『一千万人の劇場』（水曜午後九時四十五分）と、連続三十分枠の『シオノギ劇場』（金曜午後九時）のふたつ。

『一千万人の劇場』は、好評を博した石原裕次郎主演『小さき闘い』（前項参照）のあと、『幸せを三人前』（松木ひろし作、中村メイコ主演、一九六四年七月八日放送）、『おやじの勲章』（榎本滋民作、島田正吾主演、同九月二日放送）など数本を、嶋田が演出した。これとは別に、高峰秀子と浅丘ルリ子それぞれの主演ドラマも企画していたが、この二本は実現していない。

『シオノギ劇場』は、塩野義《しおのぎ》製薬の一社スポンサーによる三十分ドラマで、のちに四十五分となり『シオノギテレビ劇場』に改題された。そもそもは、大映からフリー宣言したばかりに映画界から追放された、山本富士子の主演シリーズとして始まった。タイトルは『山本富士子アワー』（一九六四年一月二十四日～七月十七日放送）。明治・大正・昭和それぞれの時代を生きたおんなの姿を、各作数回連続でドラマ化、樋口一葉の『にごりえ』が第一作となる。

『山本富士子アワー』（全五作）は半年で終わり、『有馬稲子アワー　通夜の客』（七月二十四日～八月二十八日放送）、『司葉子アワー　招かれた人』（九月四日～十月九日放送）が続く。有馬稲子はフリー、司葉子（一九三四～）は東宝の専属だった。嶋田は、後者の『招かれた人』の演出を命じられた。

名だたる映画スターが、次々とテレビドラマに出る端境期《はざかいき》でした。そうでもないと口もきけないし、開局当時のフジテレビではキャスティングのできない俳優ばかりです。映画は斜陽なのかな、とは感じました。司葉子はそのひとり。『ありちゃんのパパ先生』（第一章参照）をやって以来、東宝とはひじょうにご縁があったんです。「司葉子主演でやってほしい」と東宝から売り込んできたのかな。

『招かれた人』はおもしろくて、原作者の澤野久雄さんに褒められました。そのかわり、なかなか厳しい仕事でした。東宝サイドからまず、いろいろと注文が出ましてね。のっけから「司葉子を美しく録ってください」ときた。「そんな出演交渉ってあるか！」と感じましたよ。東宝テレビ部の責任者が、「とにかくきれいに」の一点張りで、「こりゃあ、参ったなあ」と。

司さんは、ほかの局では出演されていたけど、フジテレビでは初の連続主演ドラマでした。東宝としては、お姫さまを送り出す気持ちだったと思います。「女性は左ほほ（カメラから向かって右側）からのショットのほうがきれい」とか、こちらもいろいろと考えました。

一九五四（昭和二十九）年のデビュー以来、司葉子は東宝の看板スターとしてキャリアを重ねた。一九六〇年代に入ると、原節子が引退したこともあり、東宝内での存在感はさらに増す。映画、舞台のあいまをぬって、テレビドラマにも出ていたが、連続ドラマの主演は『招かれた人』が初となる。『有馬稲子アワー』のあとだけに、「ヒロイン交代　有馬稲子から司葉子へ」とライバル心をかきたてる新聞記事（九月四日付「報知新聞」）も出た。

『招かれた人』（全六回）は、澤野久雄の同名小説を、沢村勉が脚色した。司葉子ふんする中西一枝は、東京・京橋にある書店の洋書部で働き、同僚の島本から想いを寄せられている。ある日、弟のようにかわいがっている近所の高校生・小田村二郎が家出し、箱根で自殺をはかる。一枝、二郎、島本、二郎に付き添う派出看護婦の鹿子いずみ。それぞれの気持ちが交錯するなか、一枝は二郎に惹かれている自分に気づく。

禁断のメロドラマというジャンルゆえ、ヒロインをいかに魅力的にとらえるかが、ドラマヒットのキモになる。そこでリハーサル前に、入念な司のカメラテストをおこなった。スタジオには三〜四台のカメラと移動マイクがひしめき、映画にくらべると広さに制約が多い。そのなかで嶋田は、右側から司を捉えるように演技をつけ、カメラアングルを徹底させる。女性心理に迫る淡々とした題材を生かしつつ、司がもつ明るさと清純さ、茶目っけを引き出す演出に注力した。

本作に対する東宝テレビ部の思い入れは強く、三十分ドラマとは思えない豪華共演陣が実現した。二郎に名子役として知られた太田博之、島本に東宝現代劇の井上孝雄、いずみに同じく東宝の浜木《はまゆ》綿子《うこ》、一枝の両親に戦前から映画で活躍する北沢彪《きたざわひょう》と風見章子、一枝の兄に東宝映画でおなじみの土屋《つちや》嘉男《よしお》、一枝のおじにベテランの河津《かわづ》清三郎《せいざぶろう》、二郎の両親に小栗一也と中北千枝子、さらに、東宝の青春スターとしてブレイクする前の酒井和歌子まで出ている。

演出としては単純です。司さんがきれいに映ることに徹すればいい。のちに司さんから、「演出がきびしかった」と言われたことがあります。素直と言いますか、ダメを出しやすいタイプだったのかもしれません。

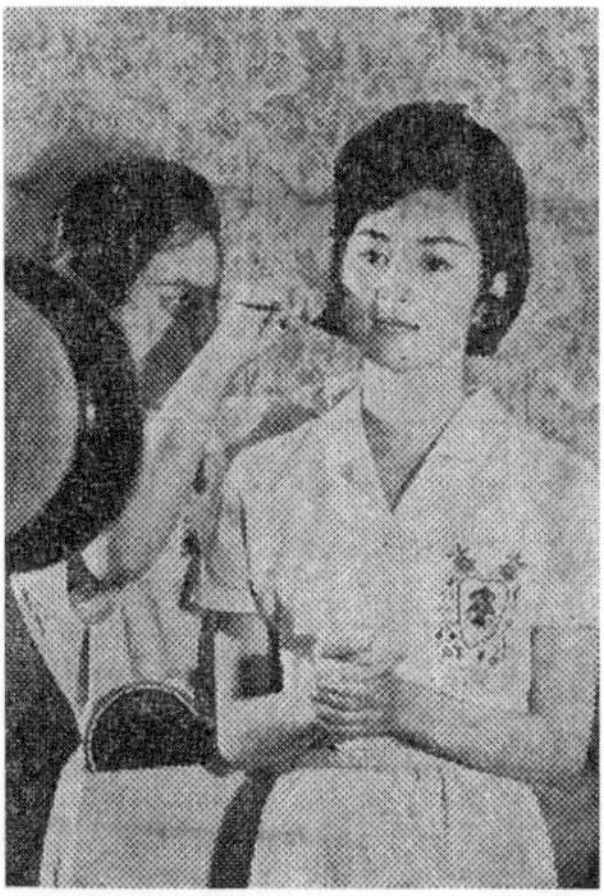
『招かれた人』カメラテスト中の司葉子（1964年、フジテレビスタジオ）。［嶋田旧蔵］

共演者も司さんの援護部隊と言いますか、ヒロインを盛り立てるキャスティングを東宝が組みました。東宝の俳優が多いでしょう。井上孝雄、浜木綿子、土屋嘉男、河津清三郎、みんなそう。中北千枝子は、東宝映画の名プロデューサー、田《た》中《なか》友幸《ともゆき》の夫人です。ぼくのキャスティングは、太田博之くらいかな。彼がいい役でね。共演者では、浜さんからクレームが出たんです。

司さんを右側（左ほほ）からばかり狙っていることを、ちゃんと見抜いていた。申し訳なくてね……。浜さんとは、これ一度きりでした。

司さんとはもう一本、『海抜０米《ゼロメートル》』をやりました。現場ではモテてましたよ。共演者の園井啓介や中谷一郎《なかたにいちろう》が、まだ独身だった司さんに惚れちゃってね。作品的には印象に残っていませんが、そういうことだけは覚えているんです。

ちなみに『招かれた人』の終了とときを同じくして、東京オリンピックが開催される。フジテレビのみならず、テレビ界の一大イベントだった。ただ、いくつもの企画をかけもちする嶋田に、オリンピックにうつつをぬかす余裕はない。聞き取りの席でも、「東京オリンピック」のフレーズは一度も出てこなかった。

『招かれた人』の六か月後、司は『シオノギ劇場　海抜０米』（全五回、一九六五年四月九日〜五月七日放送）に主演する。曽野綾子《そのあやこ》原作、山本雪夫脚本で、東京の女子学園を舞台にしたドラマである。司が演じる国語教師の峠百合子は、川頭義郎《かわずよしろう》監督の松竹映画版（一九六四年）で倍賞千恵子《ばいしょうちえこ》がやった役だった。

同僚教師の道正に元松竹の園井啓介、百合子の幼なじみで医師の五鬼上に俳優座の中谷一郎、ほかに藤原釜足《ふじわらかまたり》、斎藤達雄、角梨枝子《すみりえこ》、土屋嘉男、高橋紀子らが出演した。学生群像で魅せる青春ドラマというより、ヒロインの国語教師を中心とした大人の恋愛ドラマなのだろう。

日活の芦川いづみと同じく、一九六四（昭和三十九）年を節目に、司葉子もテレビドラマ出演の機会を増やしていく。テレビ各局が主役でオファーをし、司もそれに応じた。嶋田が演出した『招かれた人』と『海抜0米』は、司にテレビドラマへの道すじをつける作品となった。

演出を担うチーフディレクターとしては、原作の選定から脚本、音楽、スタッフ、キャストにいたるまで、できれば自分で決めたい。フジテレビ開局から五年目くらいまでは、そうしたドラマづくりができた。試験放送の『執刀』を皮切りに、『脚光―フットライト―』『巨匠錦を飾る』『にあんちゃん』『三太物語』『ゼロの焦点』『朝子の子供たち』『哀愁によろしく』などなど。

知名度のある映画スターがテレビドラマに出ると、そうはいかなくなる。石原慎太郎のクレームで、石原裕次郎ドラマ『小さき闘い』の延期が決まったとき、嶋田は取材にこう話した。《やはりサラリーマン・ディレクターとしては制作を進めるべきだと思い、その結果こんなことになりました》（一九六四年三月二十六日付「スポーツニッポン」）。

企画と作品は二の次で、まず主演スターとスケジュールありき。そこに映画会社、プロダクション、スポンサーの意向がからんでくる。サラリーマン・ディレクターの悲哀か。東宝の司葉子のときはそれほどでもなかったが、東映の佐久間良子《さくまよしこ》（一九三九〜）の主演ドラマは、企画の出だしがとくに悪かった。

一九六四（昭和三十九）年十二月、嶋田は主任格のチーフディレクターとして、編成局制作第二部第四班を束ねる立場にある。嶋田の手書きによる「制作Ⅳ班　番組担当表」（十二月二十一日）には、二十三日（水曜）から二十六日（土曜）まで、「北野踊り」と記してある。なぜ、こんな内部資料を

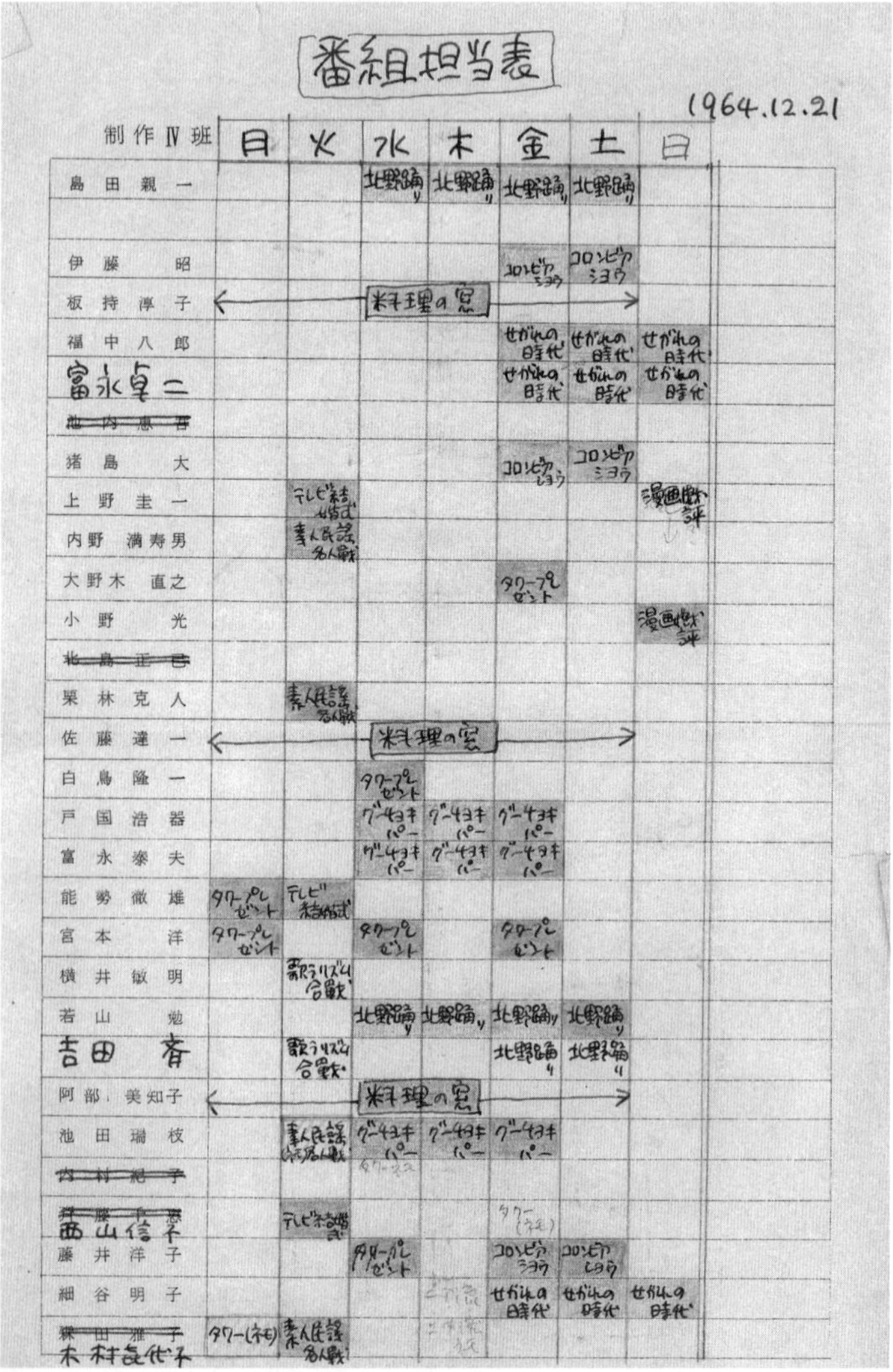

# 番組担当表

1964.12.21

| 制作Ⅳ班 | 月 | 火 | 水 | 木 | 金 | 土 | 日 |
|---|---|---|---|---|---|---|---|
| 島田親一 | | | 北野踊り | 北野踊り | 北野踊り | 北野踊り | |
| | | | | | | | |
| 伊藤昭 | | | | | コロンビアショウ | コロンビアショウ | |
| 板持淳子 | ←――― | ――― | 料理の窓 | ――― | ――― | ―――→ | |
| 福中八郎 | | | | | せがれの時代 | せがれの時代 | せがれの時代 |
| 富永卓二 | | | | | せがれの時代 | せがれの時代 | せがれの時代 |
| ~~池内恵吾~~ | | | | | | | |
| 猪島大 | | | | | コロンビアショウ | コロンビアショウ | |
| 上野圭一 | | テレビ結婚式 | | | | | 漫画映評 |
| 内野満寿男 | | 素人民謡名人戦 | | | | | |
| 大野木直之 | | | | | タワープレゼント | | |
| 小野光 | | | | | | | 漫画映評 |
| ~~北島正巳~~ | | | | | | | |
| 栗林克人 | | 素人民謡名人戦 | | | | | |
| 佐藤達一 | ←――― | ――― | 料理の窓 | ――― | ――― | ―――→ | |
| 白鳥隆一 | | | タワープレゼント | | | | |
| 戸国浩器 | | | グーチョキパー | グーチョキパー | グーチョキパー | | |
| 富永泰夫 | | | グーチョキパー | グーチョキパー | グーチョキパー | | |
| 能勢徹雄 | タワープレゼント | テレビ結婚式 | | | | | |
| 宮本洋 | タワープレゼント | | タワープレゼント | | タワープレゼント | | |
| 横井徹明 | | 歌うリズム合戦 | | | | | |
| 若山勉 | | | 北野踊り | 北野踊り | 北野踊り | 北野踊り | |
| 吉田斉 | | 歌うリズム合戦 | | | 北野踊り | 北野踊り | |
| 阿部美知子 | ←――― | ――― | 料理の窓 | ――― | ――― | ―――→ | |
| 池田瑞枝 | | 素人民謡名人戦 | グーチョキパー | グーチョキパー | グーチョキパー | | |
| ~~内村紀子~~ | | | | | | | |
| ~~[illegible]~~ 西山信子 | | テレビ結婚式 | | | タワー（ネモ） | | |
| 藤井洋子 | | | タワープレゼント | | コロンビアショウ | コロンビアショウ | |
| 細谷明子 | | | | | せがれの時代 | せがれの時代 | せがれの時代 |
| ~~[illegible]~~ 木村喜代子 | タワー（ネモ） | 素人民謡名人戦 | | | | | |

嶋田親一自筆「制作Ⅳ班　番組担当表」（1964年12月21日）。［嶋田旧蔵］

からだろう。
捨てずにずっと残したのか。それだけ忘れがたいドラマであり、いわく因縁のある大型企画だった

『シオノギ劇場』の新シリーズ『佐久間良子アワー　北野踊り』（全四回、一九六五年二月十二日〜三月五日放送）が、その企画だった。東映テレビ室とフジテレビの共同制作で、『小さき闘い』制作担当の編成局制作部副部長・平岡鯛二が、その演出を嶋田に命じている。

『北野踊り』は急に、勝手に、しかも無理やり決められた仕事です。芸術祭参加の『一千万人の劇場　コスモスよ赤く咲け』（前項参照）が終わったばかりで、お正月休みを楽しみにしていた。妻や子どもはいるし、肉体的にも限界。「やれやれ」と思っていたら、「佐久間良子でやれ」でしょう。「え？」という感じですよ。

そもそもこの企画は、テレビ朝日（当時・NETテレビ）がやる予定だった。それがフジテレビにまわってきた。しかも、当の佐久間良子が出演をOKしていない。それをこちらで説得してくれ、という話です。ずいぶんと失礼な話ですよ、東映は。

とにかく東映が段取りをして、佐久間さんと帝国ホテルでお会いしました。ぼくはお断りするつもりで、たしか二日酔いのまま行きました。佐久間さんは案の定、「私はやりません」。そうくるとこちらも天邪鬼《あまのじゃく》、へそまがりですから。「ちょっと待ってよ。やろうよ」と口説いた。本格的なテレビ初主演ですから、誰かが強く背中をおさないとダメです。その場ではすぐ返事がもらえず、翌日、出演OKの連絡が東映からきました。

佐久間良子は、高校を卒業してすぐの一九五七（昭和三十二）年、東映ニューフェイス（第四期）に補欠で合格する。東映東京撮影所の若手スターとして、早くから出演作にめぐまれた。東映東京の現代劇のみならず、東映京都の時代劇にも顔を出し、月数本のペースで出演するほどの売れっ子となる。娯楽映画だけでなく、田坂具隆《たさかともたか》、今井正、家城巳代治《いえきみよじ》らの文芸作、社会派ドラマでも好演し、高い評価を得る。仕事の中心は映画で、他社の専属スターと同じく、テレビドラマに出ることはほとんどなかった。

佐久間のフジテレビ出演には、いきさつがある。日本教育テレビ（ＮＥＴテレビ、現・テレビ朝日）は一九五九（昭和三十四）年二月一日、フジテレビ開局の一か月前に開局した。松竹、東宝、大映が株主のフジと異なり、ＮＥＴは東映が株主となる。そのため東映専属の俳優が、フジテレビに出ることはむずかしかった。

その風向きが、東映トップの大川博がＮＥＴの社長を辞任したことで変わる。佐久間のＮＥＴドラマ主演が内定していたものの、その話はお流れとなり、フジテレビに企画がスライドした。東映、ＮＥＴ、フジの三者の思惑に、佐久間も、嶋田もほんろうされる。

佐久間と嶋田は八歳の差で、それまでまったく面識はない。東京・新橋の帝国ホテルで初めて会ったのは、一九六四（昭和三十九）年十一月二十八日。それからまもない十二月三日、帝国ホテルで東映とフジテレビ共同の記者会見がひらかれ、佐久間と嶋田の姿がある。

放送開始は年明けの一九六五（昭和四十）年二月十二日で、記者会見から二か月しかない。そのため制作進行はタイトだった。十二月六日と七日に京都でロケハン、八日にはフジテレビ第二スタジオでカメラテスト、九日から本読みと立ち稽古が始まり、十四日に第一回のビデオ録画（VTR収録）をおこなう。放送は連続四回で、嶋田のお正月休み返上は必至だった。

『北野踊り』は水上勉《みずかみつとむ》（一九一九～二〇〇四）の同名短編小説で、『京都物語（一）』（全国書房、一九六六年八月）に収録されている。題は、「都をどり」「鴨川をどり」とならぶ、春と秋の京の風物詩「北野をどり」に由来する。

一九四六（昭和二十一）年の春、京都・上七軒《かみしちけん》（上京区）の芸妓・勝千代（佐久間良子）は、西方寺（西方尼寺《さいほうにじ》）の庵主・智道尼《ちどうに》（夏川静枝）に乳のみ子を託す。

『北野踊り』カメラテスト中の佐久間良子（1964年12月8日、フジテレビ第2スタジオ）。[嶋田旧蔵]

ここで物語は、一九四三（昭和十八）年にさかのぼる。勝千代は、老舗の丸太問屋「谷本」の跡取りである定吉（山本学）に身請けされた。ふたりの仲を、体面を重んじる定吉の父・定之助（進藤英太郎）は許さない。定吉はアパートの一室に勝千代をかくまい、まもなく出征する。

七か月後、勝千代は子どもを産む。それから敗戦、定吉戦死の報せが届く。途方にくれた勝千代は、やむなくわが子を西方寺に預けた。

脚色の佐々木武観《ささきたけみ》は北條秀司門下で、ぼくにとっては兄弟子にあたります。スケジュールはぜんぶ決まっている。台本を手直しする時間もない。かなり不本意なかたちなので、「ここだけはゆずれない」と配役に注文をつけました。「キャストで東映の誠意を見せてくれ」というわけです。東映もフジテレビに遠慮があったのか、「どうしても、という人は配役に入れてくれ」と。

ぼくが決めたのは、相手役の山本学、夏川静枝、二木てるみ、牟田悌三、大塚道子です。演出するときに、気ごころの知れた人が要所要所にいないと、やりにくいんです。てるみ、牟田、大塚は昔なじみの仲間で、夏川さんは新国劇に客演した縁で存じ上げていました。

そのほかは東映が決めて、うまくキャスティングをミックスできました。不思議な縁で、佐々木孝丸の娘婿である千秋実が出ているんです。本人はぼくのキャスティングだと思ったみたいですが、仕込んだのは東映で、偶然なんです。

東映とフジテレビはもちろん、テレビ界、映画界から注目を集める企画だけに、嶋田のプレッシャーは大きい。主役を引き受けた、佐久間良子の覚悟も相当なものだった。『北野踊り』に入れ込むには、それだけの理由がある。

まず、原作が水上勉だったこと。水上文学の映像化では、田坂具隆監督『五番町夕霧楼《ごばんちょうゆうぎりろう》』(東映東京、一九六三年)、今井正監督『越後つついし親不知《おやしらず》』(同、一九六四年)に続く三度目の主演となる。

『北野踊り』ロケ。左から２人目に嶋田親一、右端に佐久間良子（1964年、京都市北区）。［嶋田旧蔵］

佐久間にとっては、敬愛する作家のひとりだった。

もうひとつ、役づくりのむずかしさがある。子持ちの芸妓で、二十代から三十代なかばまで演じるのは、初めてのことだった。さらに台詞は京都弁で、日本舞踊を披露するシーンもある。これだけハードルの高い題材を、映画ではなく、ほぼ経験のないテレビドラマでやる。記者会見の席で、「テレビはこわい」と吐露したのも偽りではあるまい。

このドラマへの佐久間の意気込みに、演出の嶋田以下、フジテレビのスタッフは圧倒される。上七軒へのロケハンに同行し、フジテレビではスタッフ会議にも同席した。見せ場となる踊りのシーンは、舞踊家の花柳豊三郎からみっちり稽古を受けた。さらに元映画監督で、「北野をどり」の演出を手がけた石田民三《いしだたみぞう》が上京し、フジテレビのスタジオで監修をおこなった。

第一回のVTR収録では、スタジオに七つのセットを組んだ。新派大悲劇を思わせる佐々木武観のシナリオを生かし、嶋田はテレずに視聴者を泣かせにいく演出に徹する。佐久間にも、テレずに泣きの演技をするように求めた。


今からふりかえると、いちばん楽しいドラマ制作だったかもしれません。佐久間さん、おきれいでね。このときの夏川さんもよかったですよ。このころはもう「おれは映画」「わたしはテレビ」みたいに意地をはる時代ではなかった。初主演の佐久間良子を応援するムードというか、現場の雰囲気はひじょうによかったです。

佐久間さんにも、驚きました。三、四台のカメラが一度にまわり、ワンカットずつ区切らないカメラワークのなか、長い台詞をこなしてしまう。テレビ初主演だから、こちらも気をつかって、ワンカットをあまり長くしないようにしました。芝居のヘタな俳優は、カットを多くして、やりすごすんです。佐久間さんは、長台詞でもあんまり違和感がなかった。よく考えたら、長台詞を言わせる監督が多かったのかもしれません。

ぼくは北條秀司の薫陶《くんとう》を受けたので、台詞を大事にすることをひとつの根源にしているんです。「台詞だけは正確にしてくれ」と念を押しました。いまから思うと、佐久間さんは必死だったと思います。仕事にひたむきで、ぼくはズケズケとものを言うタイプなので、こころを許してくれたところもあったんじゃないでしょうか。

『北野踊り』新聞広告（1965年）。[嶋田旧蔵]

一九六五（昭和四十）年二月十二日午後九時から、『佐久間良子アワー北野踊り』第一回が放送された。タイトルバックを佐久間のあでやかな舞い姿で飾り、ドラマのムードをかきたてた。

同日付「産経新聞」の広告ではこう謳った。《女の哀しさここに盡《つ》きるか…『五番町夕霧楼』『越後つついし親不知』の佐久間良子がふたたび水上文学に体当り！　京都情緒を背景に　芸妓・勝千代の哀切胸をうつ運命！》。同じ日の「讀賣新聞」のテレビ欄に、放送第一回を迎える佐久間の心境が載った。

「放送日が近づくにつれて、何か不安でたまらないのです。第一話をビデオどりしたのは昨年末なのですが、その時は夢中だったところが、日がたつにつれ〝あすこは、こうしたらよかったのではないか〟などと、考え込むと際限がなくて……（中略）
映画の場合と違って、連続した演技を要求されるテレビに出てみて、ここにもまたひとつ世界があったと思いました」

ドラマは戦後の混乱を背景に、第二回、第三回と展開する。勝千代の娘

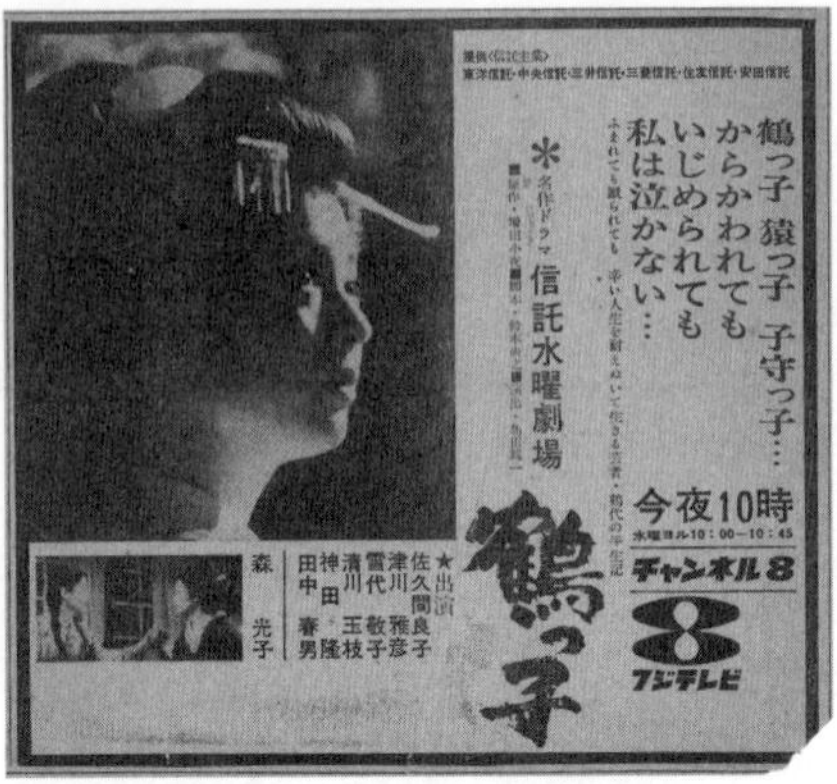

『鶴っ子』新聞広告（1965年）。[嶋田旧蔵]

は、智道尼の養女となり「智仙」と名づけられる（成長して二木てるみが演じる）。智仙は中学生となり、尼になるため得度式にのぞむ。智道尼との約束で、勝千代は素性を明かさぬまま娘を見守り、芸の道に精進する。

そして最終回、上七軒の名妓となった勝千代は、過労がたたり肺の病に侵される。臨終のとき、そばにいる智仙に母と名乗らぬまま、勝千代は息をひきとる。智仙は、亡き勝千代に母の面影を見る。夏川静枝、佐久間良子、二木てるみの三世代にわたる女優の競演で、ドラマは幕となる。

『北野踊り』は好評のうちに幕となり、『シオノギ劇場』で『佐久間良子アワー』の第二弾が企画された。演出はふたたび嶋田が担当し、佐久間は東映映画出演のあいまをぬって、準備を進めた。七か月後には企画の枠が変わり、『信託水曜劇場　鶴っ子』（全四回、一九六五年十月二十日～十一月十日放送）として放送された。

『鶴っ子』は増田小夜原作で、内田吐夢《うちだとむ》監督作品のシナリオを手がけた鈴木尚之が脚色した。長野県上諏訪の色街を舞台に、「鶴っ子」と呼ばれた芸者・鶴代の日々を描く。鶴代に佐久間良子、鶴代を庇護する先輩芸者のかるたに森光子、ほかに津川雅彦、神田隆、水城蘭子、田中春男、清川玉枝、雪代敬子《ゆきしろけいこ》らが出演した。

佐久間みずから原作に惚れ込み、ドラマ化が実現した。耐えしのぶ『北野踊り』の勝千代とはうってかわり、鶴代は辛酸をなめつつ、たくましく生きぬく女性である。二作続けての芸者役をこなしたのち、佐久間はテレビの仕事を本格的に増やしていく。

佐久間良子とやった二本の連続ドラマ、とくに最初の『北野踊り』は、嶋田にとって思い入れのある作品となった。本書に掲載したスタジオでのカメラテストや、京都・北山でのロケの様子を見るだけで、主演俳優と演出家との情熱のぶつかりあいが想像できる。テレビドラマのディレクターとして、『北野踊り』はひとつの到達点になった。もし映像が残されているのなら、ぜひ見てみたいドラマである。

## シオノギ劇場のおんなたち（その二）――山本富士子、新珠三千代

映画スターのテレビドラマ出演をめぐって、山本富士子（一九三一〜）は象徴的な存在だった。大阪市出身の山本は、「ミス・日本」にえらばれたことで注目を集め、一九五三（昭和二十八）年に大映入りする。昭和三十年代の初めから、大映のトップスターとして活躍しながら、松竹の小津安二郎作品をはじめ、他社出演に意欲をしめした。

一九六〇年代に入ると、年二本の他社出演契約が果たされないまま、大映と契約更改する。ところが、東宝配給の豊田四郎監督『憂愁平野《ゆうしゅうへいや》』（東京映画、一九六三年）への出演が、五社協定（松竹、東宝、大映、東映、日活）がらみで問題視された。大映社長・永田雅一《ながたまさいち》の「他社出演認めず」の圧力もあり、この年にフリー転向を宣言する。山本は映画界からも、演劇界（東宝系と松竹系）からも、干されてしまう。

こうした映画界の仕打ちに、石井ふく子と松尾國三《まつおくにぞう》が義侠心をしめした。石井はTBSのプロデューサーであり、松尾は大阪の新歌舞伎座を経営するなど興行界に影響力をもつ。山本は、テレビドラマと商業演劇に活路をみいだし、映画界と決別した。一九六五（昭和四十）年九月十七日付

「報知新聞」に、山本の率直なコメントがある。

「フリーになったのは、広範囲にわたって仕事をして、女優としてのハバを広げたかっただけ。別に映画には郷愁を感じません。だって、いまの映画界をみると、失望させられることばかりで。

テレビのスタッフの若さとバイタリティー、舞台では観客からはねかえってくる反応、充実した芝居をできることによろこびを感じます」

フジテレビも山本の側につき、前項で触れた『シオノギ劇場』の最初のシリーズ『山本富士子アワー』（一九六四年）などを制作する。山本の主演ドラマを、同僚の森川時久や岡田太郎はすでに演出していた。それをうらやむことなく、むしろ嶋田は山本と距離をおく。

しかし、フジテレビの社員ディレクターである以上、仕事を選り好みできない。『シオノギテレビ劇場　春琴抄《しゅんきんしょう》』前後編（一九六五年十月七、十四日放送）の演出が、嶋田にまわってきた。谷崎潤一郎の同名小説を、劇作家の榎本滋民（一九三〇〜二

山本富士子（宣材写真、1965〜66年）。

〇〇三）が脚色し、山本の夫で作曲家の山本丈晴《やまもとたけはる》が音楽を担当した。

　山本富士子の主演ドラマを演出するのは、当時のドラマ屋にとって、ひとつのステイタスでした。ぼくはそういう格づけが嫌いで、「山本富士子は勘弁してくれ」と上司に言っていたんです。それがまわりまわって、「一度はやらなきゃ」と上から命じられたわけです。局のご命令ですから、仕方がありませんよ。

　ちょうど『シオノギ劇場』を、三十分から四十五分枠に広げる第一弾だったんじゃないかな。「なにをやるんですか？」と聞いたら、「前後編で『春琴抄』。君は新国劇出身だし」と言われてね。「好きにやっていいんですか？」とおうかがいを立てたら、「好きにしていい。お金もかけていい」。フジテレビが太っ腹なのと、ずさんなのと、両方ある。脚色は、旧知の榎本滋民に頼みました。川口松太郎の弟子筋で、芝居に慣れています。ぼくと組んだ『一千万人の劇場　おやじの勲章』（次項参照）もうまくいったので、安心して任せました。

『春琴抄』は、衣笠貞之《きぬがさていの》助《すけ》監督で大映が映画化（『お琴と佐助』大映東京、一九六一年）し、山本が主人公のお春（春琴）を演じた。《昔ながらの花顔玉容《かがんぎょくよう》》《天稟《てんぴん》の美貌》と原作にあるお琴は、山本が好みそうなキャラクターである。前掲の「報知新聞」の記事では、《映画で一度やった経験があるので取り組みやすい作品ですが、テレビ向きに脚色されているため、とても新鮮な気持ちでできました》と語った。

大阪・道修町《どしょうまち》の薬種商「鵙屋《もずや》」の次女であるお琴と、献身的に彼女に仕える丁稚《でっち》の佐助。盲目でわがままいっぱいに育った娘と使用人の愛がテーマなだけに、佐助に誰を起用するかがポイントとなる。大映版『お琴と佐助』では、本郷功次郎《ほんごうこうじろう》が佐助をやった。

嶋田は、脚色の榎本滋民と相談のうえ、歌舞伎俳優の三代目市川猿之助《いちかわえんのすけ》（二代目市川猿翁《えんおう》、一九三九〜二〇二三）を佐助役に抜てきする。祖父は初代市川猿翁、父は三代目市川段四郎《だんしろう》、母は映画女優の高杉早苗と俳優一家である。猿之助は、一九六三（昭和三十八）年五月、三代目團子《だんこ》から三代目猿之助を襲名した。しかしこの年、祖父と父があいついで亡くなり、襲名したばかりの猿之助は歌舞伎界の孤児となる。

　祖父の初代猿翁は、テレビ創成期からドラマに出演し、孫の猿之助（当時は團子）もテレビドラマには相応のキャリアがある。『シオノギ劇場』でもすでに、『市川猿之助アワー　若き日の信長』（一九六四年十月三十日〜十一月二十日放送）で主演した。テレビ俳優としてのネームバリューは、それほど悪いものではない。

『春琴抄』は、佐助がよくないとぜんぜんダメでしょう。フレッシュで、ちゃんと芝居のできる人がいる。単なるテレビの俳優ではない、という言い方は良くないけれど、猿之助がひらめいた。榎本も賛成してくれて、猿之助も「やる」と言ってくれた。

　ところがです、山本富士子側が首をかしげたんです。「どうしてこの方なんですか。佐助はもうちょっと華やかな……」みたいに言ったのかな。山本さんからすれば、自分の相手役だから、もうちょっと有名なスターが良かったのかもしれません。ぼくはそれが意外で、信じられなかった。こちらとしては、のると思ったんです。山本さんの夫（山本丈晴）には「うちの富士子と格が違う」と言われ、カチンときた。「冗談じゃない」と猿之助の佐助で押しきりました。

佐助の配役をめぐっては、ひともんちゃくあったものの、ほかのキャストは嶋田が自由に組んだ。フジテレビから「お金をかけていい」とお墨つきをもらい、あまりある豪華メンバーでやった。その顔ぶれは、映画、歌舞伎、新派、新劇、新国劇、放送と多岐にわたる。

お琴の父・安左衛門に東映の名脇役である進藤英太郎、母のしげに新派の三代目市川翠扇《いちかわすいせん》、お琴の三味線の師である春松検校《けんぎょう》に島田正吾、女中のてるに杉村春子、佐助の父・佐太郎に歌舞伎の二代目阪東寿之助《ばんどうじゅのすけ》、ほかに東映出身の赤木春恵、新国劇の吉田柳児と郡司良、新派の金田龍之介と上田茂太郎、東宝劇団の瑳川哲朗《さがわてつろう》などが出た。ラジオの劇場中継で名解説を聞かせた高橋博《ひろし》が、劇中で『鵙屋春琴伝』を語る趣向まで用意した。

尊敬する杉村春子から島田のおやじまで、ありとあらゆる俳優を自分の好みで集めました。進藤さんと赤木さんは、『北野踊り』（前項参照）で親しくなったんじゃないかな。ジャンルがいろいろなので、芝居がしやすいように配役には新国劇や新派のメンバーを混ぜています。朗読の高橋博は、新国劇時代から存じ上げていて、ニッポン放送で最初にぼくが担当した劇場中継『熊谷陣屋』で解説をお願いしました。

もりこみすぎて、いろいろと大変でした。でも、座組の雰囲気はよかったですよ。芝居を心得た人たちですし、主演の山本富士子と市川猿之助をみんな盛り立ててくれました。たとえぼくが若造でも、俳優は演出家を立ててくれます。こちらもおじけずに仕切りました。ここで「大物ばかり」とおじけづいたら、ダメなんです。

演出家と俳優との勝負は、ホンの読み合わせから始まります。まずぼくから演出方針を話して、みんなで手さぐりしながら台詞を言う。オーケストラと同じです。そのうち「では本意気で」とやってもらう。ここでうまくいくと、演出家としては「この作品はなんとかなる」との印象がもてます。結果的に猿之助の佐助は、大成功でした。

嶋田の狙いどおり、佐助＝猿之助のキャスティングはうまくいく。山本と猿之助の役づくりにも気迫がこもった。三味線奏者の弟子でもある佐助を、気性の烈《はげ》しいお琴はきびしく仕込む。山本は、かつらや衣裳をみずからえらび、大映版の映画評を読みかえし、あらたな春琴像を模索した。

かたや猿之助は、鏡と向き合いながら動作や顔の表情をチェックし、喜怒哀楽をあまり出さずに佐助の心情をあらわそうとした。顔におおやけどを負ったお琴にショックを受け、みずから針で目を突くクライマックスのあとは、乳白色のコンタクトレンズをつけ、盲人になりきった。前編放送当日の「報知新聞」（十月七日付）で嶋田は、ふたりに賛辞を寄せた。

「お琴と佐助の心のきずなを、二人の表情で画面いっぱいに描くのがねらいです。お富士さんの美しい表情、奥ゆきのある演技を得意としている猿之助さんですから、この顔合わせは最高だと思ってます。

ぼくも、いままでいろんなドラマの演出をしてきましたが、出演者がこんなに役になりきったのは初めてです。呼吸の合わせ方といい、相手を尊重しながらも、おたがいに注意し合うところなど、コンビを何年もつづけているようでした」

山本のお琴と猿之助の佐助は話題となり、放送翌年にはこのコンビによる舞台化が実現した。一九六六（昭和四十一）年三月に東京の明治座で、十一月に大阪の新歌舞伎座で、それぞれ別演出の『春琴抄』が上演された。いずれも榎本滋民が脚色を手がけ、明治座では中村哮夫《なかむらたかお》、新歌舞伎座では増見利清《ますみとしきよ》が演出した。

山本は『春琴抄』のあとも映画に出ず、テレビドラマと商業演劇を中心に活動していく。猿之助は、古典狂言を研究する自主公演「春秋会」をおこなうなど、歌舞伎に専念する。一九八〇年代には「スーパー歌舞伎」で話題を集め、晩年は二代目猿翁として後進の育成に励んだ。

嶋田がふたりと仕事をしたのは、『春琴抄』一度きりで終わった。「局のご命令でやった」と話していたけれど、新国劇でつちかった芝居ごころを、うまくテレビドラマに昇華させた。

なお、『春琴抄』が放送された一か月前の一九六五（昭和四十）年九月、フジテレビは大規模な組織変更を実施した。編成部、制作部、映画部、放送実施部を廃止し、制作室演出課（一、二、三課）、放送部、編成部（第一、二部）を新設した。

演出三課の嶋田が演出した『シオノギ劇場』『シオノギテレビ劇場』では、司葉子、佐久間良子、山本富士子ともうひとり、銀幕女優を主演に迎えた。新珠三千代《あらたまみちよ》（一九三〇〜二〇〇一）である。彼女が明治、大正、昭和とそれぞれ別の主人公にふんする企画で、三者三様の魅力を引き出すのが狙いだった。その名も『新珠三千代のおんなシリーズ』（一九六七年三月二、九、十六日放送）。

戦時下の宝塚音楽学校に入学した新珠は、敗戦とともに宝塚歌劇団の雪組娘役となり、トップにのぼりつめる。一九五〇年代には映画の世界にうつり、宝塚を退団したあと、映画製作を再開した日活と契約した。日活との契約は二年で終わり、そののち東宝に移籍した。

映画だけではなく、新劇、商業演劇、ラジオドラマ、テレビと活躍の場を広げた。テレビではなんといっても、三浦綾子原作『氷点』（NET・東宝テレビ部、楠田芳子脚本、北代博演出、一九六六年一月二十三日〜四月十七日放送）が評判になった。

病院長の辻口啓造（芦田伸介）の妻である夏枝（新珠三千代）は、慈しみ育ててきた養女の陽子（内藤洋子）が、実の娘を殺した犯人の子と知り、陽子を追いつめていく。辻口病院の眼科医村井（田村高廣）との不貞、陽子の出生をめぐる秘密、愛憎と女の業とドラマは入り乱れる。芥川比呂志《あくたがわひろし》の沈んだ語りが、そのムードを盛りあげた。

『氷点』の一年後に、『シオノギテレビ劇場』の『新珠三千代のおんなシリーズ』が放送された。シリーズ全三作の原作は、樋口一葉『わかれ道』、中河与一《なかがわよいち》『天の夕顔』、志賀直哉『好人物の夫婦』で、すべて嶋田が演出し、脚色と共演者はそれぞれ異なる。

新珠三千代（『オセロー』パンフレット、1960年）。

この企画は、ぼくが考えたわけではなく、上からの指示です。東宝の看板スターである新珠さんに出ていただけるのは、フジテレビとして光栄でした。初めてごいっしょしましたが、スターぶっていない、気性のさっぱりした方でしたね。

ぼくのひとつ上で、演出しているとなんとなく人柄がわかります。仲良くと言うとおかしいけれど、こちらのことを信用してくれました。ただし、気が強くてねえ。フジテレビにある衣装が、ぜんぶ気に入らない。「わかりました。新珠さんがいいと思うものを、お持ちください」と言いました。根《ね》はいい人なんですが、わがままと言えばわがままですよ。

シリーズ第一回『わかれ道』（一九六七年三月二日放送）は、かつて文化放送で新珠主演のラジオドラマを書いた内村直也《うちむらなおや》が、樋口一葉の原作を脚色した。仕立てもので生計を立てるお京に新珠、お京を姉のように慕う傘職人の吉三に中村賀《なかむらか》津雄《つお》（現・中村嘉葎雄、一九三八〜）の顔合わせである。中村は当時、東映専属からフリーとなり、テレビや舞台への出演を増やしていた。

『わかれ道』は、お京と孤児である吉三の悲恋がテーマとなる。嶋田は、スタジオドラマの特長を生かし、舞台劇の手法で演出をおこなう。こだわったのはカメラワークで、主人公のお京ではなく、あえて吉三に焦点をあてた。

新珠三千代もよかったんですが、それ以上に中村賀津雄がものすごくよかった。お京にあこがれる吉三を、賀津雄さんは演じきりました。吉三の目線を通して、お京を追う演出にしたので、どうしても吉三のアップが多くなる。そこからお京のほうへカメラがいき、「カット！」と入る。

スタジオには四台のカメラがあり、どうカット割りしているのか、演じ手にはわかりません。「ここは重要な場面なので、新珠さんのアップでいきます」と説明することはありますが、いちいち細かくは言いません。どう捉えるかは、演出家の胸三寸です。

映画はフィルムですから、どう撮るか監督とカメラマンしかわからない。ＶＴＲを使うテレビドラマは、プレビュー画面ですぐ見ることができます。新珠さんは、「なぜ自分ではなく、相手役にカメラが向くのか」と気づいた。本番前のリハーサルで、なんとなくわかったはずです。せっかくのリアクションをアップにしてもらえなくて、不満だったと思います。現場で言いづらかったのか、誰かに不満を伝えて、ぼくの耳に入りました。

新珠さんには、「あなたのシリーズです。黙っていてもあなたが主役です。だからこそ、相手役の吉三が生きる演出でいきたい」と説明しました。主役としては、おもしろくなかったはずです。相手も大人ですから、最終的にはわかってくれました。いまでもその演出で、間違っていなかったと考えています。

第二回『天の夕顔』（三月九日放送）は、中河与一の原作を、有高扶桑が脚色、新珠の相手役に江《え》原真二郎《はらしんじろう》をあてた。夕顔を思わせる美貌の人妻・あき子（新珠）、あき子を想う年下の竜口（江原）。ふたりの禁断の愛を、レフ・トルストイの名作『アンナ・カレーニナ』をモチーフに描く。繊細なこころの動きを表現するため、スタジオのセットカラーをモノトーンで統一した。

第三回『好人物の夫婦』（三月十六日放送）は、先行する二本とは雰囲気を変え、コミカルなホームドラマとなる。大正時代が舞台の志賀直哉の原作を、田井洋子が現代におきかえて脚色、東宝でともに仕事をした池部良《いけべりょう》が共演した。サラリーマンの田賀（池部）と妻の幸子（新珠）には、子どもがいない。幸子は、現代っ子のお手伝い・お滝（長山藍子）と夫との仲を怪しみ、ちょっとした騒動になる。

『天の夕顔』は幻想的な作品で、演出ではモノクロのトーンを生かしました。これは新珠さんもごきげんでした。『好人物の夫婦』は、「夫が女中と浮気したんじゃないか」と妻が邪推《じゃすい》する話です。新珠さんは、どちらかといえばしゃしゃり出るキャラクターではなく、抑えた演技を見せてくれました。長山さんはテレビではまだ新人で、うまかったなあ。

実はこのシリーズのとき、ぼくがガス中毒で倒れたんです。そのころはひとり暮らしをしていて、夜中にお風呂を空焚きしてしまった。あやうく命を落とすところでした。「新珠三千代」と書かれた花輪が病室に届いたり、騒ぎになってしまった。『シオノギテレビ劇場』のプロデューサーだった小川（秀夫）さんが気づかってくれて、放送のスケジュールをずらしてくれました。オンエアは

**三週連続ですが、しばらく期間をあけて録画したはずです。**

『新珠三千代のおんなシリーズ』の音楽はすべて、作曲家の渡辺岳夫（一九三三〜一九八九）が担当した。渡辺はさまざまな舞台、映画、テレビ、ラジオの劇伴を手がけたほか、主題歌、CM、歌謡曲、社歌、校歌の作曲もおこなった。その作品数は定かではなく、推定一万曲以上といわれる。俳優ではないけれど、ここで渡辺岳夫について触れておきたい。嶋田と渡辺の出会いは、一九五九（昭和三十四）年、フジテレビ開局時にさかのぼる。嶋田や松木ひろしが中心となって創立した劇団「現代劇場」に、作曲家の渡辺浦人が協力したのが縁だった。

嶋田は浦人から、長男の岳夫を紹介される。嶋田の第一印象は、おしゃれでキザなやつ。「いい友だちになると思いますよ」と言う浦人に、「ぼくはあんなにしゃれてないです」と言い返した。浦人が感じたとおり、二歳違いのふたりはすぐ仲良くなり、ともに仕事を重ねた。

嶋田が演出したテレビドラマと舞台をふりかえると、渡辺岳夫への信頼の厚さがわかる。『横丁の女』『脚光―フットライト―』『三太物語』『女が階段を上る時』『ゼロの焦点』『十人の目撃者』『かっぱ子物語』『哀愁によろしく』『小さき闘い』『海抜0米』『北野踊り』『新珠三千代のおんなシリーズ』……。こうしたドラマのすべてを、渡辺の音楽が彩った。ふたりのコンビ作は、フジテレビドラマだけで三十本以上におよぶ。

**岳夫と会って話したら、すぐ友達になりました。理屈じゃないんです。パチっとすぐハマった。**

最初からいっしょにやってきて、説明しなくてもぼくの演出のクセをわかっている。「こういう感じ」でちゃんと伝わる。だから、岳夫とやるとラクなんです。

演出家以上ですよ、岳夫は。「ここは音楽がいらないよ。新珠さんと賀津雄さんのアップだけで画面がもつ」とか言いますから。演出に対する注文ですから、「そんなに長くアップじゃ、視聴者は飽きちゃう」とぼくも反論します。でも、その指摘はけっこう当たっている。

逆の場合もあります。たとえば「新珠さんのアップ、音楽は二十五秒」という演出に、「三十秒」と提案してくる。新珠さんの芝居が済んで、画面には音楽だけが残る。ここが岳夫の憎いところで、「新珠さんのアップの余韻が残る。だから五秒のばしても大丈夫」と言う。

なるほど、その視点は鋭い。音楽があと五秒あって、次のシーンにいくほうが、ドラマにゆとりが生まれる。ぼくが早くカットして次にうつるところを、彼の音楽がうまく抑えてくれた。こうしたセンスは、脚本が読めないとできないです。ドラマをよく知っている証拠です。渡辺岳夫とだから、こうしたドラマづくりができたんです。


嶋田と渡辺の関係を、まわりのスタッフもよく知っている。部下のディレクターだった富永卓二（一九三六〜二〇一〇）は、刷り上がった台本の音楽担当欄に、決まってこう書き込んだ。「渡辺岳夫」。演出の嶋田が突っこむ。「なんで渡辺岳夫なんだよ。まだ決めてないだろ」。富永が返す。「だって岳夫さんでしょ？」。

公私ともに仲を深めあうなか、別れは早くおとずれた。一九八九（平成元）年六月二日、渡辺岳夫は五十六歳で亡くなる。

池袋に、岳夫の知っているお店があったんです。ぼくがいろいろと悩んでいたとき、「会いたい」と電話でつぶやいたら、すっ飛んできてくれた。仕事でかなり忙しかったはずなのに……。いまだに感謝にたえないです。

ガンでね、本当に残念でした。友人代表で弔辞を読んだら、みんなが泣いちゃって。惜しい男でした。でも、『アルプスの少女ハイジ』（フジテレビ、一九七四年）をはじめ、音楽は生きていますからね。

左に嶋田親一、右に渡辺岳夫（1979年、ハワイ）。[嶋田旧蔵]

ふたりの友情と仕事の日々は、『作曲家・渡辺岳夫の肖像』（ブルース・インターアクションズ、二〇一〇年七月）に克明に記されている。テレビドラマ創成期を知る、貴重な一冊である。

## おやじがふたり——島田正吾、辰巳柳太郎

映画スターがテレビに進出する一九六〇年代なかば、新国劇出身の嶋田が感慨深くスタジオで相対した俳優がふたりいた。島田正吾（一九〇五〜二〇〇四）と辰巳柳太郎（一九〇五〜一九八九）、新国劇の屋台骨をしょって立つ二枚看板だ。ふたりは一九〇五（明治三十八）年生まれのおないどしで、新国劇では島田が先輩にあたる。

松井須磨子と対立し芸術座を退座した澤田正二郎は、一九一七（大正六）年、歌舞伎に代わる新しい国劇として「新国劇」を創立する。島田は一九二三（大正十二）年に、辰巳は一九二七（昭和二）年にそれぞれ、澤田にあこがれて新国劇入りした。

一九二九（昭和四）年三月、澤田が三十八歳の若さで急逝し、新国劇の存続があやうくなる。それを救ったのが島田と辰巳で、新国劇は戦前、戦中、戦後と活動を続けていく。豪放磊落《ごうほうらいらく》で動の辰巳と、泰然自若とした静の島田は、相手を立て、たがいの芸と持ち味を新国劇に生かした。ふたりの結びつきは太く、長い。島田は後年、著書にこう書いた。《よくよくの宿縁であろう。辰巳よ、この宿縁をいつまでも大切にしようではないか……》（『ふり蛙《かえる》』青蛙房、一九七八年三月）。

新国劇は、映画、ラジオ、テレビと舞台以外のユニット制作にも積極的だった。ラジオでは、嶋田がニッポン放送時代に担当した『新国劇あべこべ集　国定忠治／月形半平太』（一九五五年十二月三十一日放送）がある。大みそか特番のラジオドラマで、劇団の幹部クラスが多く出演している。「あべこべ集」とタイトルにあるので、男優と女優で持ち役を交代したのだろうか。

ニッポン放送『新国劇あべこべ集　国定忠治／月形半平太』収録風景（1955年、大阪・新日本放送スタジオ）。左から初瀬乙羽、辰巳柳太郎、久松喜世子、島田正吾、外崎恵美子、石山健二郎、香川桂子、対馬衣都美、野村清一郎。[嶋田旧蔵]

フジテレビでは、ラジオ東京テレビ（現・TBS）の後を受けたかたちで『新国劇アワー』（一九六〇～六一年）が放送され、劇団の人気演目をスタジオドラマ化した。この番組に嶋田はタッチしなかったが、演出ドラマに島田と辰巳、新国劇の座員が出ることはあった。

島田も、辰巳も、映画だと「スタート！」となった瞬間、カッと構えちゃうんですよ。テレビはそのへんがあいまいで、リハーサルから本番へ、なんとなくVTRに録るところがありま

『おやじの勲章』準備稿（1964年）。[嶋田旧蔵]

す。舞台の人ですから、スタジオドラマの長い台詞も平気でした。「舞台とテレビは別」という意識があったのか、ぼくの言うことをできるだけ聞いてくれました。ふたりの芝居のクセは、こちらも心得ていますから。

たとえば島田は、ホンのト書きに「お銚子で二杯つぐ」とあると、舞台でもテレビでも、きっちり二杯つがないとダメなんです。島田の好きなように、芝居の段取りをさせる。こうした呼吸のやりとりは、いっしょに芝居をやっていたからわかる。「なぜあんなに細かい芝居をするんだ」とほかのスタッフが思っても、ぼくは意に介しません。

辰巳は、カメラ目線で表情をつくりたがる。「舞台じゃないんです。アップで録るから、ふつうでいいんです」と言ったら、「おれ、苦手だよ。これ以上の顔はできねえ」とぼやく（笑）。ぼくは弟子みたいなものだから、テレビでもラクだったと思いますけどね。

素顔もこんな感じでした。辰巳は、すぐ思ったことを口に出しちゃう。失言も多いから、誰かとすぐ喧嘩になる。そのかわり仲直りも早い。一見おおらかだけど、ナイーブで気の小さいところがありました。島田は、相手と面と向かって喧嘩するようなことはしない。そのかわり強情といえば強情で、ダメとなったらテコでも動かない。

演出担当ディレクターとして、新国劇のユニットドラマに関わるのは一九六四（昭和三十九）年、『一千万人の劇場　おやじの勲章』（九月二日放送）が最初となる。石原裕次郎主演『小さき闘い』を手がけた平岡鯛二の制作、榎本滋民のオリジナル脚本で、嶋田の演出、信頼の厚い渡辺岳夫が音楽を担う。劇作家で演出家の榎本は、新派、新国劇、東宝現代劇のほか、テレビのシナリオも書いていた。

**『一千万人の劇場』を島田と辰巳の顔合わせで」という上からの企画だったと思います。テレビドラマで、しかもオリジナルで、ふたりの味を生かす。「よし、やろう」という思いがありました。ふたりが共演するドラマの演出は、初めてですから。原作を使わず、オリジナルということで、ためらわず榎本滋民に依頼しました。昔から知る仲で、ぼくよりひとつ上です。**

海軍航空技術廠《しょう》で数多くの軍用機を製造した佐成巌（島田正吾）は、敗戦ののち、筆耕《ひっこう》（原稿の清書屋）で生計を立てていた。自宅でほそぼそと仕事をしながら、釣りと零戦のプラモデルづくりを楽しみに生きている。手先は器用だが、生き方が不器用な巌を、妻のなか（初瀬乙羽）と娘の紀子（松尾嘉代《まつおかよ》）は心配する。息子の東亜（緒形拳）は、参考書を出す栄冠書房の編集者で、戦中派の父を疎ましく感じている。

巌は、海軍時代の部下で、いまは商事会社の常務に出世した眉波是忠（清水彰）のパーティーに顔を出す。なつかしく声をかけたものの、眉波の態度は冷たい。屈辱を感じ傷ついた巌は、東京・

千鳥ヶ淵《ちどりがふち》の釣り堀に出かける。そこで青年（石浜朗《いしはまあきら》）から声をかけられ、釣り糸をたらしながら語り合う。父親がわりだった青年の叔父は、彼が二歳のとき、サイパン島で戦死した。以下、準備稿より引用する。

S―7　釣り堀

青年　こないだ勲章がきましてね。勲八等旭日章ってのが。
巌　ほう……。
青年　叙勲の手続きについて連絡があったとき、お袋は怒りましてね。
巌　というと？
青年　叔父の戦死の公報がきたときは、若い未亡人のお袋をつかまえてみんなが名誉の戦死だってめでたがったんですって。ところが敗戦になると、戦争はばかなことだから戦死した人間までがばかな者だっていうような声がお袋の耳にドンドン入ってきたんだそうです。
巌　（しきりにうなずく）
青年　死に損だなァってつくづく思ったら、悲しいよりは腹が立ってたまらなかったって……
巌　そうでしょうとも。
青年　それを今ごろになって勲章なんかもらったところでなんの意味がある。ばかにしてるっていうんですな。
巌　なるほど……。

青年　で、ほっぽっといたんですけどね。また通知がきたんで、ぼくは説得しました。
巌　どういうふうに。
青年　国家のために精一ぱい戦って死んだ人間の功績を国家が認めようというんなら認めさせるべきだって。どんなに平凡な無名の人間にも、努力して生きたんだというしるしを残す権利はあるんだって。

釣り堀の青年の話を、巌は帰ってから家族に語って聞かせる。そんな父に東亜は、「勲章なんて子どものワッペン」と、勲章を拒んだ青年の母親に共感する。父と子の断絶は、深まるばかり。ある日、海軍時代の部下で、いまは運輸会社社長の宮川鉄男（辰巳柳太郎）が、佐成家を訪ねてくる。辰巳の登場は、このくだりだけ。友情出演的な登場だけれど、そのキャラクターによくあっている。準備稿を読むだけで、ふたりの台詞が聞こえてくるようだ。

S―14　佐成家の階下
（ト書き）三畳で宮川鉄男が壁の写真を見ている。58歳。フランクなアロハ・シャツ。巌が入ってくる。
宮川　（磊落な笑顔）班長！
巌　よう……。
宮川　なつかしいですなァ！

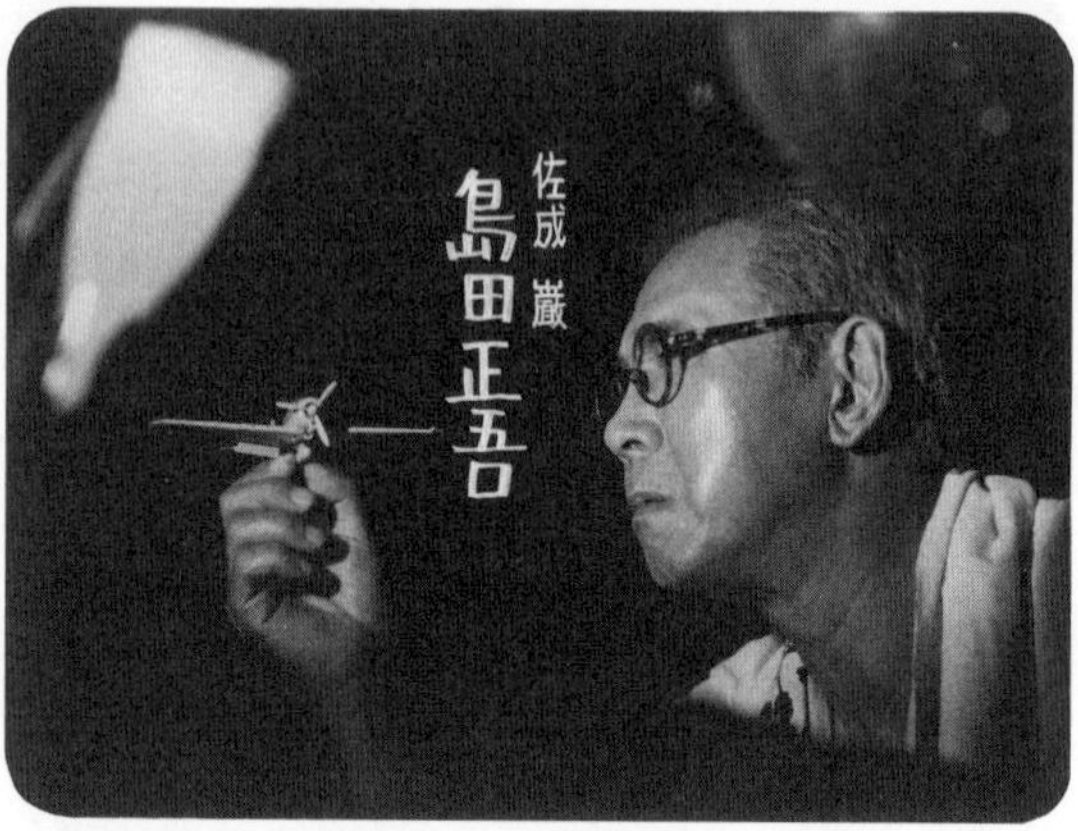


『おやじの勲章』手書きテロップ。島田正吾（1964年）。

同上。左に島田正吾、右に辰巳柳太郎。[以上、嶋田旧蔵]

巌　うん……。
宮川　今ね、これを見てたんです。さすがは佐成班長だ。槍はさびても心はさびぬ、昔忘れぬ落し差しってとこですか。（笑う）
巌　それはどこのことでもないんだけど……。
宮川　（棚を指して）また、これがいい、これが。零戦を揃えて！
巌　（顔がほころびてくる）なあに、揃えたっていうより、一番小さいのしか買えないのさ、働きがないんでね。たまァに一機〳〵とふやしてやっとそれだけだ。見すぼらしいレジャーだろ。
宮川　いやいや！　やっぱりシンが通ってますよ。班長のなさることは。
巌　よくわかったね。こんなわび住まいが。
宮川　眉波君から教わって。
巌　（不快に）ふうん。（しかし、すぐ）まあまあ。（奥を指す）

酒を酌み交わし、旧交をあたためるふたり。ところが、宮川が「自分の会社で働き口を世話する」と言い、巌の態度が硬化する。《人をだましてあくどく生きてるやつに使われたくはない！》（準備稿）。宮川はムッとするのを抑えながら、妻のなかに言う。《奥さん。なるほどこれじゃァ現代の生存競争に負けるはずですな》（同）。巌は、そのまま宮川を追い返す。

島田、辰巳の持ち味を生かす意味でも、うまい設定でした。榎本としては、ずいぶんプレッシャーがあったはずです。テレビドラマだけど、新国劇の芝居を書くつもりで取り組んでいたんじゃないかな。このふたりのやりとりは、それぞれの芸を知らないと書けませんよ。ホンを読んでも、役と俳優が合っていると思うでしょ？

眉波から連絡をもらった宮川が、佐成家を訪ねる。戦後の時流にのった成功者ではあるけれど、元班長の巌の境遇を、彼らなりに心配している。榎本の脚本は、宮川と眉波を悪人にしていない。そのことは辰巳柳太郎と清水彰という、新国劇のスターとベテランを配していることでわかる。

ドラマはこのあと、父と子の関係に焦点があたる。栄冠書房の出入り業者（版下屋）が、著名な物理学者・仙谷（石黒達也）の原稿を紛失してしまう。担当者の東亜は、控えの原稿をもとに清書してくれるよう父の巌に頼みこむ。ところが、父に憎まれ口をたたかれ、大喧嘩になる。

それでも巌は、徹夜で清書を仕上げた。千鳥ヶ淵へ釣りに出かける父のあとを、東亜が追う。なぜか釣り堀ではなく、「千鳥ケ淵戦没者墓苑」に入っていった。釣り具をおき、墓苑の草むしりをする父の姿がそこにある。東亜は、管理事務所の職員から事情を知らされる。

戦時中に軍用機を整備し、多くの特攻隊員を見送ったことに、巌は深い罪の意識をもった。その罪ほろぼしとして、戦後の時流にのらず、ひっそり生きていくことを決めた。父の真意を知った東亜は、なにも声をかけずに墓苑を立ち去る。

当時は家庭用ビデオデッキが普及しておらず、当日のオンエアを見るしかない。主演の島田も、作者の榎本も、放送をこころ待ちにし、その出来に感激した。島田は自宅から榎本に電話をかけ、よろこびを伝えた。島田の妻も別に、電話をかけてきた。

放送四日後の九月六日、中野区に住む榎本は、《フジテレビ制作部四班　島田親一様》宛ての封書を投函した。便せんにして五枚、万年筆で感謝のことばがれんめんと綴られている。「おやじの勲章」ならぬ「演出家の勲章」といえる文面の一部を引きたい。

オン・エアで、改めて、あなたが非常にすぐれた演出者であることを痛感しました。いえ、決してお世辞ではなく。あまりテレビの数もこなしていないので、即断はつつしみたいと思いますが、少なくとも現在までぼくが接触した範囲では、ああ、この人はテレビ演出についてのオリジナルな方法論を確立しているディレクターだなと膝を叩かせられたのは、あなたと和田勉氏だけです。そういう人に自分の本を料理される快感は、たとえがたいもので、これこそもの書き屋冥利《みょうり》といわなければなりません。（中略）

作品（ぼくの）を実に大切にして下さったこと、そしてその上でちゃんと作品（あなたの）に仕立てていらしたことに対して、深甚《しんじん》の謝意と敬意を表します。ひそかに、新鮮な驚きをも加えて――。

榎本は、嶋田宛ての手紙とは別に、《〝おやじの勲章〟スタッフ御一同様》宛ての便せんを一枚同封した。《はじめてのおつき合いでしたのに、作品の意図をよくお汲みとり下さいました上、大切

嶋田親一演出／島田正吾、辰巳柳太郎出演ドラマ（すべてフジテレビ）

| 放送枠 | タイトル | 放送日 | 原作 | 脚本 | 主演 | 共演 |
|---|---|---|---|---|---|---|
| 東芝土曜劇場 | 私は死んでいる | 1959年8月15日 | | 多岐川恭 | 島田正吾 | 杉村春子、岸田今日子 |
| 一千万人の劇場 | おやじの勲章 | 1964年9月2日 | | 榎本滋民 | 島田正吾 | 辰巳柳太郎、緒形拳 |
| シオノギ劇場 | 露地の星 | 1964年10月16日 | | 茂木草介 | 辰巳柳太郎 | 島田正吾、香川桂子 |
| シオノギ劇場 | 新国劇アワー土用ブナ | 1965年9月24日、10月1日 | 茂木草介 | 田中林輔 | 辰巳柳太郎 | 初瀬乙羽、香川桂子 |
| シオノギテレビ劇場 | 春琴抄 | 1965年10月7日、14日 | 谷崎潤一郎 | 榎本滋民 | 山本富士子 | 島田正吾、市川猿之助 |
| 信託水曜劇場 | 一匹おやじ | 1966年3月2日 | | 山中恒 | 辰巳柳太郎 | 入江若葉、川地民夫 |
| シオノギテレビ劇場 | 霧の音 | 1966年4月28日、5月5日 | 北條秀司 | 北條秀司 | 島田正吾 | 辰巳柳太郎、八千草薫 |

（筆者作成）

にお扱いいただきましたこと、実にうれしく存じます》。スタッフに対する作者なりの、最大限の敬意のあらわれだった。

ぼく自身、こんな長文の手紙をもらうことはないので、びっくりしました。フジテレビ宛てにしているので、スタッフが読むことを意識したのかもしれません。もちろん、みんなに読ませました。よほどよろこんでくれたのかな。オリジナルで、島田と辰巳をテレビドラマで生かした高揚感が、手紙から伝わります。宝物だと思って、ずっと大事に保管しています。

放送一週間後の九月九日付「日刊スポーツ」にドラマ評がある（筆名は【Y】）。《心のすみでおやじにひかれている愛憎の感じを緒形はかなりよく出していた。受け手の島田の芸がうまいからだともいえる。それに辰巳柳太郎が一枚加わって、島田とからみ合って、もう一つの見せ場を作っている》。

敗戦から十九年、まだまだ戦争の傷あとが色濃い時代のホームドラマである。戦中派のノスタルジーと言えなくもない。東亜の上司（社長）が特攻隊の生き残りで、子どもが〝おやじの勲章〟だった、というオチもいかにもだ。このストーリーと配役と演出が、新国劇らしさ。一九六〇年代のスタジオドラマらしさ、ともいえる。「職人肌のドラマ屋」を自称した嶋田の、ひとつの結論だったように感じる。

『おやじの勲章』のあと、榎本滋民は新国劇の舞台をいくつか手がけた。作・演出をつとめ、一九六七（昭和四十二）年に東京の新橋演舞場で初演した『あゝ同期の桜』（二月一～二十五日）は、低迷する新国劇にとってヒット作になる。海軍飛行予備学生第十四期会編『あゝ同期の桜　かえらざる青春の手記』（毎日新聞社、一九六六年九月）の舞台化で、第十四期会の西村晃が軍規指導をおこなった。

嶋田も『おやじの勲章』の好評を受けて、島田正吾と辰巳柳太郎の主演ドラマをあわせて四本演出した。東京新聞（一九六五年三月四日付「二代目まかり通る⑱」）のインタビューで嶋田は、《その昔のチンピラ文芸部員が演出をするんですが、ふたりともこっちの成長を喜んでくれました》と答えた。

一本目『シオノギ劇場　露地の星』（一九六四年十月十六日放送）は、辰巳柳太郎主演で茂木草介のオリジナル作。一九五八（昭和三十三）年、売春防止法以後の大阪・飛田《とびた》新地を舞台に、売春宿の元主人・村上（辰巳）と売春婦だった君江（香川桂子《かがわけいこ》）のふれあいを描く。島田正吾は友情出演として、村上の遊び仲間である源三にふんした。

二本目『シオノギ劇場　新国劇アワー　土用ブナ』（一九六五年九月二十四日、十月一日放送）も辰巳の主演で、茂木草介の原作を新国劇の田中林輔が脚色した。ちんどん屋の木原（辰巳）と妻のトミ子（初瀬乙羽）の哀歓、ふたりの娘（香川桂子、高倉典江）それぞれの恋愛を追った人情ドラマとなる。

三本目『信託水曜劇場　一匹おやじ』（一九六六年三月二日放送）は、『三太物語』を脚色した山中恒のオリジナル。こちらも辰巳の主演で、男やもめの食品会社社長・浅井誠造を演じた。誠造は、ひとり娘の由紀（入江若葉）と恋人の武藤卓也（川地《かわち》民夫《たみお》）の結婚を頭ごなしに反対する。三本とも辰巳柳太郎の主演で、その持ち味がいきるように嶋田は知恵をしぼった。

> なかなか島田、辰巳の両方が出るテレビ向きの企画がないんです。『露地の星』は、そのなかで見つけた感じですね。『土用ブナ』も茂木さんの作で、辰巳主演で一本やらないといけなくなり、探してきた原作です。『一匹おやじ』は、ぜんぜん記憶になくて……。どうして忘れちゃったのか、自分でも気になります。これだけ時間がたつと、覚えているものとそうでないものがあります。

辰巳の主演作が三本続いて、島田正吾主演『シオノギテレビ劇場　霧《きり》の音《おと》』前後編（一九六六年四月二十八日、五月五日放送）となる。新国劇とゆかりのふかい劇作家・北條秀司（一九〇二〜一九九六）の代表作で、脚色も北條がやった。

『霧の音』は一九五一（昭和二十六）年に東京の明治座で初演（十月五～二十六日）し、新国劇のあたり狂言となる。戦前から戦後のころ、信州アルプスの山小屋を舞台に、植物学者の大沼一彦と助手のつる子によるこころの機微。一彦の役は初演から島田正吾の持ち役で、詩情ゆたかな大人の恋模様として高い評価を得た。『シオノギテレビ劇場』版は、つる子に八《や》千草《ちぐさ》薫《かおる》、馬《ば》蹄《てい》屋の源吉にこれも持ち役の辰巳柳太郎を配した。

『霧の音』は、初演で演出助手についた作品ですから、すごく思い出があります。離ればなれになった一彦とつる子がなかなか会えない話で、五年ごとに場が変わっていく。うまくできている芝居です。子役（一彦の娘・悠子）も重要で、ぼくが子役にこだわる原点は『霧の音』なんです。『シオノギテレビ劇場』版は、北條先生がテレビ用のホンまで書いてくれた。テレビだからとアップを多用するのではなく、舞台の雰囲気にかぎりなく近づけました。たとえ信州でロケをしても、この作品の良さは出てこない。そこが演出のこだわりですね。初演で香川桂子がやったつる子は、宝塚歌劇出身の八千草薫です。すばらしかった。新国劇とタカラヅカの相性はよくて、八千草さんも、自然と役に入ってくる感じがするんです。田舎の芸者をやった中北千枝子もよかった。ひじょうにざっくばらんな方で、ぼくと気があいました。中北さん、芝居に生活感があってね。

島田と辰巳の演出は、この『霧の音』が最後です。でも、新国劇の運営やプロデュース公演で、それからもずっと付き合いました。ふたりはおない年ですが、劇団では島田が先輩なんです。ぼくがなにか頼むときも、島田がOKすれば、辰巳もOK。辰巳はそういうとき「わかった」と言うん

スタジオアルタ第１回演劇プロデュース「島田正吾・辰巳柳太郎　八月名作特別公演」顔合わせ。左から緒形拳、辰巳柳太郎、島田正吾（1980年、東京都内）。下は大入袋。［嶋田旧蔵］

です。当時の手帳を見ても、メモに出てくるのは《島田》ばかりで《辰巳》が出てこない。ぼくもひどいよね（笑）。

本項の最後に、昭和四十年代以降の嶋田と新国劇の関係をざっと書いておく。

一九六八（昭和四十三）年、観客動員が低迷し、公演の機会も減っていた新国劇は、フジテレビと業務提携する。株式会社新国劇が七月に発足し、嶋田が常務取締役に就任した。フジテレビの鹿内《しかない》信隆《のぶたか》社長に、新国劇の救済を申し述べたのが嶋田だった。

一九七〇（昭和四十五）年、フジテレビの映画界参入にあわせて、新国劇映画株式会社が生まれ、嶋田が専務取締役となる。翌七一（昭和四十六）年には、フジテレビと新国劇映画の共同作品『暁《あかつき》の挑戦』（松竹映配提供、五月二十二日公開）を公開した。川崎市民が、地元やくざの暴力支配に抗《あらが》った「鶴見騒擾《そうじょう》事件」（一九二五年）の映画化で、監督は舛田《ますだ》利雄《としお》、嶋田は製作に名をつらねた。この作品には、川崎市長役で島田正吾が、地元やくざの親分役で辰巳柳太郎がともに出演している。

しかし、フジテレビとの業務提携は、新国劇の立て直しにいたらなかった。一九七二（昭和四十七）年に業務提携は解消されたが、嶋田と新国劇の関係はそれからも変わらない。

一九八〇（昭和五十五）年、株式会社スタジオアルタが設立され、嶋田が常務取締役となる。同年八月、嶋田の奔走により、スタジオアルタ第一回演劇プロデュース「島田正吾・辰巳柳太郎　八月名作特別公演」（東京・読売ホール、八月十三〜十九日／二十六〜二十八日）が実現した。演目、顔ぶれともに新国劇そのもので、公演は成功をおさめた。

一九八三（昭和五十八）年には、北條秀司名作公演『霧の音』（東京・三越ロイヤルシアター、八月二十四日〜九月六日）を、北條と金子市郎の演出、島田正吾の主演で上演した。プロデュース会社「新日本制作株式会社」の社長だった嶋田が企画・製作した。北條のエッセイ『古時計の歌』（『古時計の歌』所載、北斗社、一九九二年七月）には、この公演に対するよろこびと『霧の音』への感慨が綴られ、そこには嶋田の名前も出てくる。

新国劇とフジテレビの提携を解消したあとも、島田と辰巳、北條先生との付き合いは続きました。提携解消前後のことを話したい気持ちは、三人にも、ぼくにもなかった。あれだけの混乱があったのに、三人と亡くなるまで付き合えたのは、不思議な縁ですね。数年前にも、笠原章《かさはらあきら》が国定忠治をやった舞台を、ＢＳフジで放送してもらいました。その縁でぼくも、番組に出たんです。

　創立七十周年を節目に新国劇が解散し、澤田家に劇団名を返上するのは、一九八七（昭和六十二）年九月のこと。現在は、辰巳の愛弟子だった笠原章が代表の若獅子会が、新国劇の命脈を保つプロデュース公演に取り組む。二〇一八（平成三十）年には、『新国劇百年　国定忠治〜劇団若獅子結成三十周年記念公演〜』（ＢＳフジ、十一月二十四日放送）が放送された。笠原が師・辰巳の十八番、国定忠治を演じた新橋演舞場の中継録画である。

　放送にあわせ、澤田正二郎ゆかりの早稲田大学演劇博物館で座談会が開かれ、笠原、山形屋女将役で元新国劇の南條瑞江《なんじょうみづえ》、嶋田が出席した（司会は当時・演劇博物館副館長の児玉竜一）。その席で嶋田は、「笠原氏の忠治というのは、辰巳のおやじが生き返っているんじゃないかと思ったくらいね、そういうショックを受けましたよ」と語った。

# 檜舞台、いと苦《にが》し——佐分利信、高峰三枝子、倍賞千恵子

『一千万人の劇場』『シオノギテレビ劇場』とともに、一九六五（昭和四十）年と六六（昭和四十一）年に嶋田が担当したドラマ枠に『信託水曜劇場』がある。水曜午後十時からの四十五分番組で、信託主業グループ六社（東洋、中央、三井、三菱、住友、安田）がスポンサーとなった。嶋田は、この枠の立ち上げからタッチしている。

その第一作として、石坂洋次郎原作の『乳母車』前後編（一九六五年十月六、十三日放送）を放送した。嶋田が石坂作品をドラマ化するのは、『女同士』『若い川の流れ』『河のほとりで』『あしたの虹』に続く五本目となる。

大学生の桑原ゆみ子は、会社重役である父の次郎、母のたま子のもと、なに不自由なく育つ。ゆみ子はある日、大学の級友から、父の秘密を聞かされる。父が面倒をみている相沢とも子とのあいだに、生まれたばかりの娘がいた。ゆみ子は、父の浮気と隠し子の存在にショックを受けつつ、とも子の弟で苦学生の宗雄とふたり、腹ちがいの妹の行く末を案じる。

原作は日活がすでに映画化（一九五六年）し、沢村勉が脚色、田坂具隆が監督、石原裕次郎と芦川

佐分利信（『写真集　佐分利信』私家版、1983年）。

いづみが主演した。フジテレビ版の脚色も沢村で、ゆみ子に人気若手スターの十朱幸代、たま子に映画畑のベテランである木暮《こぐれ》実千代《みちよ》、とも子に文学座出身の村松英子《むらまつえいこ》、宗雄に日活にいた川地民夫を配した。

父の次郎には、佐分利信《さぶりしん》（一九〇九～一九八二）をキャスティングした。戦前の松竹大船時代から主演スターとして活躍し、一九五〇年代には演出に挑戦した。みずから監督・主演した『執行猶予』（芸研プロ、一九五〇年）、『あゝ青春』（松竹大船、一九五一年）など、高い評価を得た作品は少なくない。六〇年代は映画から距離をおき、もっぱらテレビドラマに顔を出す。もともと佐分利のキャスティングは、嶋田が決めたことだった。

おふくろが田中絹代《たなかきぬよ》の大ファンで、ぼくも子どものころは松竹の映画ばかり観ていました。当時は鎌倉に住んでいて、「帰りの横須賀線で佐分利信といっしょだった」とおやじが話していたことも覚えています。そうした経験があって、ドラマのディレクターとなり、あこがれのスターに出てもらおうと意図的に配役したんです。『小さき闘い』（一九六四年、本章参照）の水戸光子や、『乳母車』の佐分利信と木暮実千代がそう。まさに映画の人、という感じじゃないですか。
佐分利さんのマネージャーをよく知っていて、その縁で出演をお願いしました。戦前からの松竹のスターで、戦後は演出もしたでしょう。俳優として出るより、自分で演出をしたいタイプなんですよ。理屈っぽくて、一度なにかひっかかると、そこから先になかなか進まない。ひじょうに変わった方で、こちらもおそろしくてね。

熱心で、意見を出すときの目は俳優ではなく、演出家のそれでした。監督をやる俳優は、ディレクターとしてはやりにくい。向こうのほうが大先輩ですが、演出家の立場上、どうしてもぼくが上から目線になってしまう。それを嫌がっていると、なんにもできません。演出の勉強にはなりました。でも、手間ひまがかかるんです、佐分利さんの場合は。仕事をごいっしょしたのは、『乳母車』一回こっきりでした。

佐分利は、中島貞夫《なかじまさだお》監督『やくざ戦争　日本の首領《ドン》』（東映京都、一九七七年）に主演したさい、演出に対して意見を出し、中島を困らせた。山本薩夫《やまもとさつお》監督『皇帝のいない八月』（松竹大船、一九七八年）で政財界の黒幕を演じたときも、ベッドシーンでシャツをぬぐか、裸になるかで山本とトラブルを起こしている。演出への注文は、テレビドラマの現場でも変わらなかった。

『信託水曜劇場』ではもうひとり、佐分利信と同時代の銀幕の大スターを主演に迎えた。高峰三枝子《たかみねみえこ》（一九一八〜一九九〇）である。高峰主演の『走れ！　おふくろ』前後編（一九六六年一月五、十二日放送）と続編『やったれ！　おふくろ』（同二月二十三日放送）の二本を嶋田が演出した。いずれも、フジテレビのドラマディレクターから脚本家に転身した松木ひろしの書きおろし。嶋田が松木と組

高峰三枝子『ひとり花／夕顔のビギン』ジャケット（コロムビア、1967年）。

んだテレビドラマは、「おふくろ」二部作で九作目となる。

戦前、戦中、戦後と松竹映画で活躍した高峰は、嶋田にとってあこがれのスターだった。大ヒット曲『湖畔の宿』（日本コロムビア、一九四〇年）をはじめ、「歌う映画スター」としてもよく知られている。一九六〇年代に入ると、各局のテレビドラマに出演し、映画、舞台、テレビと活躍の場をゆたかにしていく。

女優だと高峰三枝子、男優だと嵐寛寿郎《あらしかんじゅうろう》が、ぼくのあこがれであり、永遠のスターなんです。高峰さんに一度出てもらいたくて、口説いたわけです。松木ひろしのオリジナルで、たった一本のつもりでした。高峰さんもよろこんでくれて、『走れ！　おふくろ』の第二弾『やったれ！　おふくろ』もできました。このドラマはおもしろかったなあ。ぼく自身が楽しんでしまったし、いまでも好きな作品です。

高峰さんの主演ドラマをやり、あるていど望みを叶えられたというか、ドラマ屋としての第一期は達成できた気がする。どこか気分的に疲れているところもありました。まだ三十代でしたが、ドラマの演出家は、スポーツ選手みたいなところがあるんです。開局前後の、ひたむきになにかを追いかける情熱が、年齢とともに薄まっていたんでしょうね。

『走れ！　おふくろ』は、鎌倉で暮らす売れない小説家の鳴海玄太郎とその家族、そこに後妻でやってきた昌子を加えた、ユーモラスな大家族ホームドラマだった。前後編各四十五分のドラマとは思えないほど、にぎやかな顔ぶれが揃う。

鳴海玄太郎に映画でおなじみのベテラン志村喬、昌子に高峰三枝子、昌子を後妻に推す玄太郎の姉・典子に新派の初代水谷八重子、玄太郎の長男で商事会社に勤める友之に大映スターの川崎敬三、アナーキストを気取る次男の邦男に多芸多才な青島幸男《あおしまゆきお》、大学英文科に通う長女の純子に東映出身の本間千代子、高校受験を控える次女の悦子に二木てるみ、鳴海家の女中・今西すえに新派の三代目市川翠扇という配役だった。

肝のすわった昌子は、後妻だからとおじけづかない。鳴海家の子どもたちはそれぞれ、仕事と恋愛に悩みを抱えていて、昌子は首をつっこむ。続編の『やったれ！　おふくろ』では、鳴海家のひとびとの事情をさらに掘りさげていく。大家族のふれあいを描くのが得意だった、松木ひろしらしいドラマだった。ＶＴＲは残されていないのか、残念ながら視聴する手だてがない。

『おふくろシリーズ』は、ぼくとしても力のこもった作品でした。いい俳優がたくさん出ているでしょ！　力の入っている証拠ですよ。

志村喬ふんする小説家は、山本周五郎がモデルなんです。ベテランの志村さんとも、初めてごいっしょしました。素顔からして、周五郎みたいな人でした。志村さん、和服姿に風格があって、よかったなあ。現場でもあの芸風のまんまで、なんとなくブスっとしているんだけど、けっして偉ぶっていない。演出するのも、ぼくとしてはやりやすかった。

志村さんのお姉さん役は、誰でもいいというわけにいかない。そこで、先代の水谷八重子にお願いしました。弟が志村喬で、義理の妹が高峰三枝子だと、新派の名優である水谷さんしか思い浮かばなかった。翠扇さんもそうですが、ぼくは新派の俳優が好きなんです。

高峰三枝子との仕事は、印象的な二本のドラマで終わった。その二年後、演出担当のディレクターではなく編成担当の立場で、嶋田はふたたび高峰と関わった。午後三時台の人気長寿番組『3時のあなた』（一九六八～八八年）、その初代司会者として高峰の起用が決まる。

平日の午後三時台は当時、旧作邦画と洋画を交互にやる『テレビ名画座』が放送されていた。そこで浮上した新番組の企画が、女性向けのワイドショーで、司会に高峰を推す声がフジテレビの現場からあがる。その打診を、本人はすぐにOKしていない。嶋田をはじめ、フジテレビ関係者による説得が幾度もくりかえされた。

一九六八（昭和四十三）年二月十日の夜、嶋田は高峰から呼び出される。部下で報道企画担当の日《ひ》枝久《えだひさし》（のちのフジテレビジョン代表取締役会長）をともない、築地の旅館「望」におもむく。そこでようやく出演のOKをもらった。

ちょうどこのころ、朝の人気番組『奥さまスタジオ　小川宏ショー』（一九六五～八二年）を司会する小川宏《おがわひろし》（フジテレビアナウンサー）が風邪で休んだ。そのピンチヒッターとして高峰が出演し、生放送の司会ができることがはっきりした。

局の編成担当として、高峰三枝子を口説き落とさないといけません。小川宏に助っ人を頼んで、会いに行ったこともあります。こちらが出した条件は、「収録ではなく、生でやる」。「高峰さん、舞台でしゃべったりすることがあるじゃないですか。あれですよ。なにも特別のことをやるわけじゃないです」と言ったり、あの手、この手で口説きました。高峰さんサイドから、「週に一度なら」と言質《げんち》をもらった。ここであきらめたらダメなんです。「週一ではメインの司会者と言えません。せめて週に二日は」とお願いしました。交渉して、交渉して、交渉して、やっとOKをもらった。生放送で拘束されてしまうので、週に二日はいい落としどころでした。

月・火が高峰三枝子、水・木・金は木元教子《きもとのりこ》（フリーキャスター）が司会しました。生番組の司会で、台本に書いていないことをしゃべるのは、高峰さんにとってたいへんな冒険だったはず。でもそこは大女優の貫禄でした。堂々としていました。「半年で降りる」という話だったのが、五年以上も出てくれました。ご本人も気に入ったんでしょうね。視聴者にも受けたし、あの人にあった仕事だったと思います。

仕事のプロ意識とは別に、素顔の高峰は気さくで、おもしろい人だったらしい。『3時のあなた』の現場では、ちょっとしたことですぐ笑うので、「ゲラ子」のあだ名がついた。

そうした人柄は、嶋田に宛てたクリスマスカード兼年賀状からもうかがえる。一九六七（昭和四十二）年十二月二十三日、大田区大森局の消印で、文面にこうある。《本年もどうぞよろしくお願いいたします。島田さんも本年は公私共に御幸せであります様《よう》祈り居ります。（以下略）》。はずかしそうにハガキを見せながら、嶋田は言った。「佐久間良子のことですよ。週刊誌で仲を騒がれたことを知っているので、冷やかしているんです」。

高峰三枝子主演の『走れ！　おふくろ』と『やったれ！　おふくろ』が放送されたころ、嶋田に、畑ちがいの大仕事が舞いこんだ。一九六六（昭和四十一）年三月一日初日、同二十八日千穐楽《せんしゅうらく》の歌舞伎座（東京・東銀座）「橋幸夫《はしゆきお》特別公演」の演出である。

当時の歌舞伎座は、歌舞伎とスターの座長公演の両方を上演していた。日本ビクター専属で、「歌うスター」として人気をほこる橋幸夫にとって、初めての歌舞伎座公演となる。昼夜あわせて六本の出しものすべてに、橋が主演することはできない。そこで松竹の倍賞千恵子（一九四一〜）と演歌歌手の三沢あけみが花を添え、それぞれ主演の舞台を用意した。

嶋田演出の『江戸っ娘《こ》気質《かたぎ》』（四場）は、有高扶桑の作で、夜の部の最初に出る。火消しの「は組」を舞台に、生みの親と育ての親それぞれの愛情を描く人情ばなしだ。火事と喧嘩は江戸の花、いさましく纏《まとい》をふる久美に倍賞がふんする。ほかに、久美がひそかに慕う「は組」の小頭《こがしら》代理・半次に歌舞伎の十代目岩井半四郎、養父で纏もちの吉五郎に九代目市川八百蔵《いちかわやおぞう》、京呉服商人で久美の実の父親である天王寺屋伊兵衛に元松竹新喜劇の曽我廼家明蝶《そがのやめいちょう》という顔ぶれ。

『江戸っ娘気質』に橋幸夫は出てなくて、倍賞千恵子に花を持たせた。フジテレビとして受けた仕事で、ぼくの懐《ふところ》に演出料は入りません。歌舞伎座のおおもとは松竹で、フジテレビの株主ですから、おかしな話ではなかったのでしょう。旧知の有高扶桑のホンなので、彼が演出を持ちかけてきたのかな。あのころ歌舞伎座に出ることは、業界では一種のステイタスでした。その演出を頼まれて、ぼくもよろこんだはず。

ところが、出だしから大失敗した。稽古の初日、タクシーで歌舞伎座へ向かったら、渋滞に巻き込まれた。パニックですよ、初めての顔合わせですから。頭を下げてお詫びしたら、「みなさんお揃いですから、始めましょう」と担当者が言った。そしたら、のっけから芝居が出来上がっている。俳優が勝手に立ったり、座ったりするので、演出家の出番がない。

半四郎さんが、「先生、ここは?」とか訊いてくる。「先生」と呼ばれて、困っちゃいます。助けてくれたのが明蝶さん。こういうときに人柄がわかりますね。「テレビの人だから、おれたちが芝居を大事にしなければ」みたいな使命感もあったんでしょう。ベテランの俳優にかこまれて、それっぽく芝居に仕立てる自分が恥ずかしくて……。なんとか自分で持ちこたえて、稽古の初日を終えました。

倍賞千恵子（『さよならはダンスの後に／妹よ』ジャケット（キング、1965年）。

新国劇文芸部で修業し、ドラマ演出で場数《ばかず》をふんだ嶋田からしても、そこは居ごこちの悪い雰囲気だった。場も、顔ぶれも、芝居づくりのスタイルも、あまりにも勝手が違う。唯一の救いは、『江戸っ娘気質』に主演する倍賞千恵子だった。

松竹歌劇団（SKD）第十三期生（一九六〇年入団）の倍賞は、気鋭の若手として重用され、映画俳優に転進すべくわずか一年で退団する。そのまま松竹の専属となり、五年のあいだに五十本もの映画に出演、レコードも出す売れっ子となった。歌舞伎座で主演することは、倍賞にとっても晴れ舞台にほかならない。同公演のパンフレットでは、《舞台出演が決まるたびに、胸が躍りますが、今回は特に歌舞伎座ということで、よろこびと同時に緊張も強く、身体がシャンといたしました》と抱負を語った。

初めてごいっしょする倍賞さんは、大劇場の商業演劇にまだ慣れていなかった。稽古の初日、声があまり出ていない。「たいへんせんえつだけれど、今日のお詫びも含めて、これからフジテレビで稽古しましょう」と提案しました。倍賞さんも、「そのほうが私も安心です」と言ってくれた。フジテレビにすぐ電話して、稽古用の部屋を空けてもらいました。こちらも新人扱いしちゃって、おもいっきり声を出してもらいました。倍賞さんもノリがよくて、「おとっつぁん！」とかね。稽古になると夢中になれるから、さっきの嫌なことは忘れてしまう。ぼくも、彼女も、大劇場の商業演劇にコンプレックスがあったと思います。

あのとき倍賞さんがフジテレビに来てくれず、中途半端に稽古を続けていたら、ぼくは座の雰囲気にもみくちゃにされていた。いっしょに稽古をすることで、それからは自信をもって歌舞伎座に戻ることができました。そのことは、とても感謝しています。公演が始まると、テンポもあがって、日に日に芝居が良くなっていきました。座組が慣れていくと、けっこう客席に受けましてね。「こうして芝居をつくっていくのか」と学びました。でも、商業演劇の演出は、自分に合わないと痛感しました。それからも芝居の演出はやりましたが、大劇場の仕事はあまりやっていません。

聞き取りの席で筆者がこの話題をふったとき、最初にまず「いやぁ、触れないでちょうだい」と苦笑した。

「触れないでちょうだい」は、消したい過去、というわけではない。事実、嶋田の書斎で資料整理をしたさい、押し入れから『橋幸夫特別公演』のパンフレット（松竹演劇部、一九六六年三月）が出てきた。捨てずに、大切に残していたのだ。テレビドラマだけではなく、多くの舞台を演出した嶋田にとって、生涯たった一度きりの歌舞伎座演出は、忘れられないキャリアとなった。

「橋幸夫特別公演」パンフレット（松竹演劇部、1966年）。［嶋田旧蔵］

## 花と剣と天狗のおじさん――美空ひばり、林与一、嵐寛寿郎

一九六〇年代になると時代劇映画が衰退し、チャンバラスターの多くがテレビに出るようになる。ここからテレビ時代劇は、黄金期に入っていく。たとえば東映の片岡千恵蔵《かたおかちえぞう》と市川右太衛門《いちかわうたえもん》は、フィルム撮りのテレビ映画でなく、スタジオ録りの時代劇に出た。千恵蔵はフジテレビの『シオノギ劇場』に主演（『片岡千恵蔵アワー　落城』一九六五年、『虹の橋』一九六六年）し、右太衛門はNETテレビ『徳川家康』（一九六四～六五年）で主役の家康をやった（家康の青年時代を北大路欣也がやり、父子リレー共演となった）。

それまで東映のトップスターだった美空《みそら》ひばり（一九三七～一九八九）は、一九六三（昭和三十八）年をもって、東映との専属契約を打ち切った。そのあとは商業演劇とテレビに注力し、ドラマはTBSへの出演が中心となる。ひばりは、スターが映画からテレビに軸足をうつす、ひとつの象徴となった。

フジテレビドラマへのレギュラー出演は、一九六六（昭和四十一）年からで、『ひばり・与一の花と剣』が最初となる。VTR録りのスタジオ時代劇で、演出とプロデュースを嶋田が担った。シリ

ーズは第一部（一九六六年十月十六日〜十二月二十五日放送）と第二部（一九六七年一月二十九日〜四月九日放送）にわかれている。

嶋田とひばりのつながりは、ニッポン放送の連続放送劇『ふり袖太平記《そでたいへいき》』（斎藤豊吉作、一九五五年一月十九日〜五六年七月二十七日放送）にさかのぼる。すでに人気スターだったひばりと、歌舞伎の「菊五郎劇団」出身の大川橋蔵《おおかわはしぞう》による顔合わせで、担当ディレクターが嶋田だった。ふたりは『花と剣』で十年ぶりに再会する。嶋田にとっては、『小天狗小太郎』（第一章参照）以来のスタジオ時代劇となった。


『花と剣』の発案は、ぼくではありません。美空ひばりは、舞台だと映えるんですが、テレビドラマだと芝居がオーバーになるんです。ですからテレビの女優として、ひばり主演の企画を立てたことはありません。この話は博報堂からで、早稲田大学の先輩にあたる林尚之助が仕掛け人でした。

そもそもこの企画は、林与一《はやしよいち》ありきで、ひばりが付き合う。ひばりも「与一がやるなら」と受けてくれて、月に一度出る予定で企画が進んでいました。「それでは視聴率がとれません」と博報堂に言ったら、「隔週で」と提案してきた。「与一さんのことは、ぼくらも応援するから、お嬢も率先して応援してくれないと困る」とひばり本人を説得した覚えもあります。「じゃあラクな役にしてね」という話になり、毎回出てもらうことになった。座長公演でひと月動けないわけではなく、うまくスケジュール調整すれば、毎回でも出られるわけです。

あくまで主演は林与一ですが、タイトルはひばりに花をもたせて、「ひばり・与一の」とつけました。ひばりサイドとしても、やる以上は責任をもって引き受けてくれました。本人としては、自分が添え物だと嫌だったかもしれないし、そのへんはなんとかごまかしてやった感じですね。

林与一（一九四二〜）は、上方歌舞伎の家に生まれた。曽祖父は初代中村鴈治郎《なかむらがんじろう》、祖父は二代目林又一郎《はやしまたいちろう》、両親が戦前の松竹下加茂の俳優だった林敏夫と北見禮子《きたみれいこ》、祖父の義弟に長谷川一夫がいる。林は一九五七（昭和三十二）年に松竹京都に入社し、新人の時代劇スターとして将来を期待されていた。

しかし松竹時代劇は低迷し、そのあと東宝演劇部と契約する。長谷川一夫のもとで下積み生活を送りながら、仕事の場を舞台、テレビに移していく。その顔と名は、NHK大河ドラマ『赤穂浪士』（一九六四年）でお茶の間に広がった。原作者の大佛次郎《おさらぎじろう》が創作した堀田隼人《ほったはやと》が、林の役どころ。翳《かげ》のあるニヒルな浪人で、赤穂浪士の吉良邸《きらてい》討ち入りを見届ける。その人気は、大石内蔵助役の長谷川をしのぐほどだった。

頭角をあらわす林与一を、美空ひばりが相手役に引き立てる。沢島忠《さわしまただし》監督『新蛇姫様《しんへびひめさま》　お島千太郎』（東映京都、一九六五年）と『小判鮫　お役者仁義』（同、一九六六年）では、ひばりとの二枚看板で売り出した。東京の新宿コマ劇場、名古屋の御園座、大阪の梅田コマ劇場での座長公演にも、ひばりの相手役で出た。

もうひとり、林に注目する大物がいた。フジテレビ社長の鹿内信隆（一九一一〜一九九〇）である。

「この話は本に書いてくれてもいい」と嶋田が裏事情を明かす。

鹿内は芝居好きで、ときどきヘンなことを思いつくんです。「林与一を〝第二の長谷川一夫〟にしたい。なんでもいいから与一でやれ」とぼくにまわってきた。本気でフジテレビがバックアップして、スターで売り出すのであれば、このドラマもひとつの役割になります。

さっそく本人に会いました。「うちの鹿内が、あなたのことをすごく買っている。ドンと売り出そうと考えている」「冗談じゃない！　そんなこと、できるわけがありません」「いやいやいや、鹿内が本気でやるとなったら、本当にそうなります」と説得しました。

ここが与一さんのいいところで、冷静でしたね。こちらの誘いに乗らなかった。フジテレビのオーナーに言われてうれしかったと思いますが、どこか違和感があったんでしょう。師匠の長谷川一夫への遠慮もあったと思います。鹿内に意向を伝えたら、「そうかあ。本人が乗らなければしょうがないな」とあきらめました。

林とひばりの連続時代劇が具体化するのは、一九六六（昭和四十一）年五月。五月四日付「東京新聞」朝刊に六段組みの扱いで報じられ、《林与一主演で大型〝道中もの〟「フジテレビ」一回45分で一年間　美空ひばりも友情出演》と見出しにある。

林与一ふんする主人公は、遊び人の「長さん」こと松平長七郎《まつだいらちょうしちろう》。江戸の長屋住まいの浪人だが、その素性は将軍のご落胤《らくいん》である。原作はなく、脚本家の宮川一郎と嶋田が相談しておおまかな設定を決めた。里見《さとみ》浩太朗《こうたろう》がテレビで松平長七郎を持ち役にするのは、これより十年以上後のことだ。

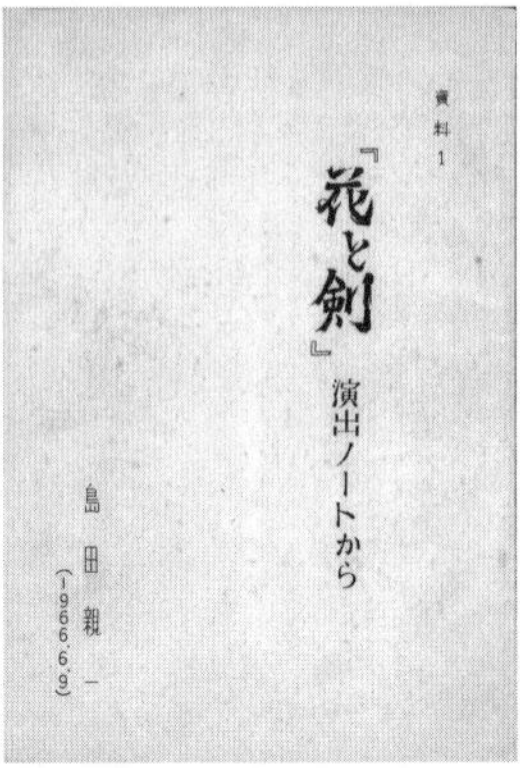

島田親一（嶋田親一）『「花と剣」演出ノートから』（私家版、1966年）。[嶋田旧蔵]

素性を知らずに長七郎にからむのが、常磐津《ときわづ》師匠の小夜若で、これを美空ひばりが演じる。小夜若は、江戸を荒らしまわる義賊「見返りのお小夜」でもある。長七郎と小夜若のふたりに、スリの仙太がつきまとう。この役をバーター出演で、ひばりの実弟である香山武彦がやる。

ひばりと林のスケジュールの都合で、VTR収録は五月十一日からスタートした。翌十二日付「スポーツニッポン」に、その収録の様子が報じられている。《ビデオどりのスタジオの進行は、すべて彼女中心。いわばゲスト出演であるにもかかわらず、スタジオはまさに〝ひばりアワー〟といった感がある》。

そもそも嶋田は、どんなテレビ時代劇を目ざしたのか。旧蔵資料に、島田親一著『「花と剣」演出ノートから』（私家版、一九六六年六月九日）と題した冊子があった。四回分の収録を終えたあとに作成され、演出家の基本的姿勢と演出方針がくわしく記されている。「松平長七郎という人間像」という一項から引用する。

私たちの描こうとする長七郎は「母を尋《ママ》ねて三千里《さんぜんり》」という一つのマザーコンプレックスを基調とし、お小夜に惚れるのもそこから出発した筈《はず》だ。だが、彼は決してニヒルにならなかったし、「葵の紋」を背中に負うことで満足もしなかった。疎外された環境の中でも、彼は健全に心身共に発育した。そのヴァイタリティを正面に押し出したところに松平長七郎の「人間像」をまずおいてみたいのだ。もし陳腐《ちんぷ》なストーリイでも、人間はそこに必ず躍動しなければならない。長七郎もお小夜も、事件を解決するカイライであり小道具にしては絶対ならない。お小夜、仙太、また然《しか》りである。その長七郎のヴァイタリティは、「長さん」のイメージをもつとふくらましたところに大きく存在していくことだろう。

美空ひばり『花と剣』／林与一『晴れ姿長七郎』ジャケット（コロムビア、1966年）。

放送は日曜夜八時からの四十五分枠で、花王石鹸とエスビーカレーがスポンサー。裏にはＮＨＫ大河ドラマ『源義経』（一九六六年）が控えているが、嶋田がライバル視したのは、同じフジテレビのスタジオ時代劇『三匹の侍』（一九六三～六九年）だった。リアルな殺陣で人気を博す「三匹」に対抗して、殺陣の様式美を重視し、「アンチ・リアリズム時代劇」を掲げた。粋なふたりの七変化、動ではなく静の美、「お茶の間で舞台を見ているような気分」が演出の狙いだった。

主題歌は、美空ひばりの『花と剣』（石本美由起作詞、古賀政男作曲、佐伯亮編曲）と、林与一の『晴れ姿長七郎』（石本作詞、市川昭介作曲）。日本コロムビアからレコード発売（一九六六年十一月）されたときは、A面に『花と剣』、B面に

『晴れ姿長七郎』をおさめた。

第一回「お小夜長七郎」（宮川一郎脚本、嶋田演出、一九六六年十月十六日放送）は、こんなストーリーだった。長七郎（林）は江戸の町で、松井藩の若君忠行（小倉一郎）を救い、長屋に連れていく。小夜若（美空）は、松井藩のっとりのたくらみがあることを知り、松井藩の江戸屋敷に忍びこむ。長七郎は、剣友で大目付の板倉内膳（高松英郎）の協力を得て、黒幕の江戸家老・武田監物（二代目市《いち》川小《かわこ》太夫《だゆう》）の陰謀を暴いていく。

ドラマの出来ばえに、嶋田は満足しなかった。そのことは、序盤の収録を終えてすぐ、冊子『「花と剣」演出ノートから』を作成したことでわかる。プライベートな演出ノートを明かしたのは、部下のディレクターに、『花と剣』の演出を分担して任せたことが大きい。そのひとりに『6羽のかもめ』（一九七四〜七五年）や『北の国から』（一九八一年）など、フジテレビの名作ドラマを演出した富永卓二がいた。

プロデューサーシステムが、フジテレビのドラマ制作現場に根づいてきた時代です。いつまでもぼくひとりが演出していたら、次が育ちません。それに、そのころは忙しくて……。そこでプロデューサーにまわり、富永や若山（勉）に演出を委ねました。責任はプロデューサーがもち、最初のカット割りは、ぼくと演出担当のディレクターがいっしょにチェックします。

そしたら「ひばりママ」から、クレームがついた。「自分のアシスタントを重用するために、うちのお嬢を利用しないでくれ。やるなら、あなたでしょう」ときた。「ぼくはプロデュースに徹するんです。それがいまの時代なんですよ」と説得しても、なかなかわかってもらえない。「ひばりのことは、あなたが直接やりなさい」がママの意向です。ママにとってそれは「プロデュース」でなく、あくまで「演出」なんです。

「ひばりママ」こと加藤喜美枝《きみえ》の発言力は、芸能界でよく知られていた。フジテレビとしては、林与一ひとりでは話題性にとぼしい。連続テレビ時代劇にほぼ出ていなかった美空ひばりを相手役に立てることは、強力なネームバリューになる。いっぽうでそれは、ひばりサイドがイニシアチブをとることを意味した。林与一主演だったはずが、実質はひばりのドラマにせざるを得ない。それが作品の出来を左右した。

第一部の脚本は、宮川一郎、有高扶桑、結束信二《けっそくしんじ》が手分けして手がけた。いずれも手練《てだ》れのシナリオライターで、多くのテレビ時代劇を手がけた。しかし、『花と剣』の視聴率は低迷する。当初は二十パーセントを目標に掲げたものの、実際には十パーセント前後で推移し、ドラマのテコ入れが決まった。第一部は、第十一回「人情黒田節」（有高扶桑脚本、富永卓二演出、一九六六年十二月二十五日放送）をもって終了する。

第二部スタートまでの穴埋めとして、『歌は我がいのち　ひばり芸能生活20年』（全四回、一九六七年一月一〜二十二日放送）が放送された。嶋田が制作担当となった、美空ひばりのスタジオワンマンショーである。林与一と香山武彦が毎回出るほか、古賀政男、江利《えり》チエミ、中村メイコ、橋幸夫、中村錦之助（萬屋錦之介）、勝新太郎、石原裕次郎らが週がわりでゲスト出演した。

第二部の脚本はすべて、ひばりの主演映画と舞台を多く手がける沢島忠（一九二六〜二〇一八）に依頼した。東映の仕事に見切りをつけていた沢島は、正月を返上して執筆に没頭する。第二部では「ひばり・与一の」の冠がとれ、『花と剣』だけになった。第二部第一回「旅立ち」（嶋田演出、一月二十九日放送）で長七郎は、生みの母を探して旅に出る。お小夜は姿を消し、身寄りのない馬子《まご》のお千代（美空）が代わりに登場する。長七郎、お千代、仙太の三人は、難事件を解決しながら東海道を西へ向かう。

第一部を書いた宮川一郎、有高扶桑、結束信二は、みんなぼくの仲間でね。結束さんとはすっかり息があって、人間的になんともいえない味がありました。

でも、脚本がひばりのカラーといまひとつ合わなかった。ひばりに相談したら、「知ってる人がいる」と沢島忠を紹介してくれた。夫人の冨久子（高松冨久子《たかまつふくこ》）さんが、すばらしいスクリプター（映画の撮影現場における記録係）にして、脚本家でした。映画で沢島さんのホンの歯切れがよかったのは、冨久子さんの存在も大きかったと思います。

沢島さんの起用はよかった。でも、この第二部も失敗しました。あか抜けない馬子が、だんだんきれいになる筋書きなんです。それが、ひばりサイドのごきげんを損ねちゃった。田舎娘なのに、最初からすごくきれいにしちゃう。「お嬢、それじゃダメ」と言ったら、すっぴんでスタジオにきちゃった。「いやいや、そこまでしなくても」と。

本人なりに、葛藤していたんでしょうね。美空ひばりのキャリアには、何期、何期、何期といく

『花と剣』放送リスト（表記は新聞各紙縮刷版のテレビ欄に準拠）

| 回数 | サブタイトル | 放送日 | 脚本 | 演出 |
|---|---|---|---|---|
| 第1部『ひばり・与一の花と剣』 | | | | |
| 第1回 | お小夜長七郎 | 1966年10月16日 | 宮川一郎 | 島田親一 |
| 第2回 | 決闘桔梗ヶ原 | 10月23日 | 宮川一郎 | 島田親一 |
| 第3回 | 般若の謎 | 10月30日 | 有高扶桑 | 富永卓二 |
| 第4回 | 面影恋し | 11月6日 | 有高扶桑 | 富永卓二 |
| 第5回 | 一真流見参！ | 11月13日 | ＊不明 | 富永卓二 |
| 第6回 | 魔性の夜 | 11月20日 | 結束信二 | 島田親一 |
| 第7回 | 富札異変 | 11月27日 | ＊不明 | 若山勉 |
| 第8回 | お小夜恋指南 | 12月4日 | 宮川一郎 | 尾崎長 |
| 第9回 | 葵の女 | 12月11日 | 結束信二 | 島田親一 |
| 第10回 | 謎の唐人形 | 12月18日 | 結束信二 | 若山勉 |
| 第11回 | 人情黒田節 | 12月25日 | 有高扶桑 | 富永卓二 |
| 第2部『花と剣』 | | | | |
| 第12回 | 旅立ち | 1967年1月29日 | 沢島忠 | 島田親一 |
| 第13回 | 無法松の港町 | 2月5日 | 沢島忠 | 島田親一 |
| 第14回 | 森の中の花嫁 | 2月12日 | 沢島忠 | 島田親一 |
| 第15回 | お千代の花まつり | 2月19日 | 沢島忠 | 富永卓二 |
| 第16回 | 謎の雛人形　前編 | 2月26日 | 沢島忠 | 若山勉 |
| 第17回 | 謎の雛人形　後編 | 3月5日 | 沢島忠 | 若山勉 |
| 第18回 | 海上七里の渡し | 3月12日 | 沢島忠 | 富永卓二 |
| 第19回 | 春の嵐 | 3月19日 | 沢島忠 | 若山勉 |
| 第20回 | 坂は照る照る鈴鹿は曇る | 3月26日 | 沢島忠 | 富永卓二 |
| 第21回 | 大津の宿 | 4月2日 | 沢島忠 | 若山勉 |
| 第22回 | 京の春 | 4月9日 | 沢島忠 | 若山勉 |

（筆者作成）

嵐寛寿郎（鞍馬天狗）のめんこ（1950年代）。

つかの節目があります。当時は、模索しているときじゃないかな。「お嬢」と巷《ちまた》で言われているイメージではなく、素顔はかわいらしくて、純粋な人でしたよ。

第二部は、ブロードウェイミュージカルの『アニーよ銃をとれ』をモチーフにしたらしい。射撃の名手として磨きをかけていくアニー・オークレイに、馬子のお千代をだぶらせた。その狙いは、うまくいかなかったのだろう。

『花と剣』第二部は、第十一回「京の春」（若山勉演出、一九六七年四月九日放送）が最終回となる。同時期にフジテレビで放送した『三匹の侍』と『銭形平次《ぜにがたへいじ》』（一九六六〜八四年）にくらべると、短命に終わる。BS・CSでの再放送やネット配信、DVD・ブルーレイなどのソフト化はされておらず、二十二回すべての映像が残されている可能性は低い。

本項の最後に、『花と剣』をめぐるスターの素顔を紹介したい。『鞍馬《くらま》天狗《てんぐ》』や『右門捕物帖《うもんとりものちょう》』で知られる嵐寛寿郎（一九〇三〜一九八〇）のエピソードである。

「関西青年歌舞伎」の一員だった嵐は、昭和の初めに映画界（マキノ御《み》室《むろ》）に入る。デビュー時は嵐長三郎《あらしちょうざぶろう》を名乗り、独立してプロダクション（寛《かん》プロ）を立ち上げたさい、嵐寛寿郎に改名した。

それから一九六〇年代の初めまで、東亜キネマ、日活京都、大映京都、綜芸プロ、東宝系の宝塚映画、新東宝と時代劇のトップスターであった。新東宝が業務停止したあとはフリーになり、松竹や東映映画に脇役で出たほか、テレビ出演も増やしていく。

ひばりは子役時代に、『鞍馬天狗』で杉作をやっています。「ぜひ、嵐先生にゲストで出ていただきたい」と言い、映画少年だったぼくも大賛成。あこがれの大スターですから。

でも、京都で撮影が入っていて、一日しかスケジュールがあいていない。「本番収録の日にしか来てもらえない。うまくやろうね」とひばりと話しました。仕事をするのはぼくも初めてだし、ひばりも緊張していました。お願いしたのは、お殿さまの役です。

嵐がゲスト出演したのは、第一部第二回「決闘桔梗ヶ原」（宮川一郎脚本、嶋田演出、一九六六年十月二十三日放送）と第五回「一真流見参！」（脚本家未詳、富永卓二演出、同十一月十三日放送）と思われる。おそらく一日で、二回分まとめて収録したのだろう。『花と剣』の序盤にふさわしい、スペシャルなゲストである。

本番前にはドライリハーサルがあって、照明、音声、カメラなどの段取りをつけていく。出演者はすっぴんで立ちあい、衣装もつけません。ドライの準備ができて、アラカンさんがスタジオにやってきた。小道具を持った、おつきの方もいっしょです。「えっ！」ですよ。「しまった！」ですよ。

衣装も、ズラ（かつら）もばっちり。お殿さまのかっこうそのままで、これからすぐ本番がスタートする雰囲気なんです。

「先生、本日はよろしくお願いいたします。まだドライなので……」とご説明申し上げたところ、（嵐寛寿郎のモノマネで）「わかっております。監督、これでよろしいか」ときた。「よろしいです」としか言えないでしょう（笑）。こちらは映画少年に戻っちゃって、直立不動で「杉作！」「はい！」みたいな感じです。

「先生、テレビを知らないわけじゃないのに」とひばりも困惑していました。そのあとどうリハーサルして、本番を収録したのか、ぜんぜん覚えていません。生放送のドラマなど、いろいろ場数を踏んできたけど、このときは驚きました。でも、楽しかった！

嶋田はこのころ、フジテレビ労働組合結成の渦中《かちゅう》にいた。もともとフジテレビは、労使協調による労務管理がうまくいっている、と業界では受けとめられていた。しかし、フジテレビの「女子二十五歳ならびに三十五歳の二段階定年制」への反発など、制作現場の職員を中心に組合結成の動きがあった。その束ね役になったのが、文化放送出身のディレクターである岡田太郎だった。

労組の結成は、鹿内信隆社長への反旗にほかならない。労組結成の動きを知った鹿内は、「組合を認めるようなら、電波を返上する！」と激怒した。鹿内が対決姿勢を鮮明にしたものの、八割をこえる社員が組合加入に応じ、フジテレビとしては組合を認めざるを得なかった。

財界主導で開局したニッポン放送は、経団連出身の鹿内をはじめ、経営側の発言力が強かった。「社員会」と呼ばれる組織はありましたが、組合とは似て非なるものでした。女子の定年制も、ニッポン放送時代から続く悪法でした。

かたや文化放送は、民主的で組合的な意識が強かった。そのふたつがくっついて、フジテレビが生まれます。岡田太郎など文化放送の出身者は、「女子二十五歳定年制」を暴挙だと捉えていた。ニッポン放送出身のぼくは鹿内寄りですから、労組結成の動きが事前にもれるおそれがある。岡田はある日、意を決して労組の話をぼくに打ち明けた。

組合があれば済む問題ではありませんが、よくここまで内密に進めたな、とびっくりしました。そこまで動いているのであれば、反対しない。「なにも力になれないけれど、心に秘めて了解した。他言はしない」と約束しました。子飼いと信じていたぼくが、組合の片棒をかついだことは、鹿内にとってショックどころの話じゃない。「ブルータス、お前もか！」の心境でしょう。

組合結成のあと、ストライキの計画がありました。鹿内に面会を求めたら、「朝の九時に来い」と言われた。岡田とふたりで、高輪《たかなわ》（東京都港区）の鹿内邸を訪ねました。会談のあいだ、組合執行部の連中は別の場所で待機しています。

鹿内邸の一室に通され、「ストライキに発展すると、局内の人心がおかしくなる。会社を辞めるから、組合の要求をのんでくれ」と直談判した。鹿内は「かっこいいことを言うな」ときた。一枚うわて、です。たしかにふたりの首を差し出しても、どうということはない。

この会談が突破口となり、「ストライキはしない。組合員の弾圧はしない」と決着がつきました。

お昼前の十一時ごろだったかな、鹿内邸の近くで、そば屋が開いていた。入るなり岡田が「熱《あつ》燗《かん》！」。ぼくも一杯ひっかけないと、執行部に戻る気がしない。

労組結成大会がひらかれたのは、一九六六（昭和四十一）年五月二十六日の夜。委員長に岡田太郎が、副委員長に嶋田と松下勝則（フジテレビ美術）が選出され、民放労連への加盟も決まった。結成大会は、『花と剣』の収録がスタートした時期と重なっている。

ドラマの担当ディレクターになって八年目。嶋田にとっても、フジテレビにとっても、仕事と組織のかたちが大きく変わる節目であった。

第四章

# 6羽のかもめ

## ドラマごころ——鹿内信隆、テレビマンユニオン

フジテレビ開局（一九五九年三月）前の試験放送の時代から、嶋田はチーフディレクターとして、スタジオドラマの演出ひとすじで来た。現代劇場、海賊の会、劇団テアトル・エコー（松木ひろし作『オレンジ色の罪状』第一生命ホール、一九六六年三月十〜十六日）、歌舞伎座と舞台の演出も手がけたが、仕事のベースはあくまでテレビドラマだった。

高峰三枝子主演の『走れ！　おふくろ』『やったれ！　おふくろ』（一九六六年、第三章参照）を演出して、「ドラマ屋としての第一期は達成した」との気持ちもいだく。『男なら』（一九六四年十月六〜二十七日放送）や『ひばり・与一の花と剣』（一九六六年、第三章参照）など、制作担当プロデューサーの仕事も増えた。

一九六七（昭和四十二）年夏、『シオノギテレビ劇場　ピーターと狸《たぬき》』（全四回、七月二十七日〜八月十七日放送）の演出がまわってくる。『三太物語』の筒井敬介によるオリジナルで、タイトルはロシアの交響的物語『ピーターと狼』に由来する。

主人公の小川正一は、とある田舎町の観光課につとめている。自然を愛し、子どものように純真

な人だが、それゆえに親友の離婚危機など、トラブルに巻き込まれてしまう。妻の道子との夫婦仲もいまひとつで、ふたりのあいだに離婚問題が持ち上がる。正一役は東宝の小林桂樹（一九一六～二〇一〇）で、筒井の脚本は小林へのあてがきだろう。

　妻の道子に松竹のスターだった高千穂ひづる、正一と親しくなる受験生の坂井立夫に頭師《ずし》佳孝《よしたか》、ほかに有島一郎、山茶花究《さざんかきゅう》、長岡輝子、河内桃子、田崎潤《たざきじゅん》、吉田義夫、玉川伊佐男、木村俊恵、広瀬みさ、大滝秀治《おおたきひでじ》らが脇をかためた。東宝系と新劇系を中心とした豪華なキャストである。

　筒井さんのオリジナルで、主演は小林桂樹でいくことが最初から決まっていました。小林さんとは初めてですが、演出家としてはやりやすい方でした。ひじょうにこちらを立ててくれるし、気さくで腰も低くて、絶対にいばらない。あの映画のまんま、現場でも茫洋《ぼうよう》とした調子ですよ。脇には有島一郎、河内桃子、名子役の頭師佳孝など、お付き合いしたことのある顔を交えて、いろいろな方に出てもらいました。いい顔ぶれでしょう？　世間でまだ知られていなかった大滝秀治が、とてもおかしかったことを覚えています。

『ピーターと狸』第三回のＶＴＲ収録を終え、最終回の制作に着手したころ。嶋田は、当時取締役の村上七郎《むらかみしちろう》（一九一九～二〇〇七、のちに関西テレビ社長）に呼び出された。演出部から編成部への、突然の異動である。その辞令を、嶋田は手元に残している。日付は、一九六七（昭和四十二）年八月二十五日。《辞令　編成局　編成部　特別職（副部長待遇）島田親一　特別職　副参事とし　編成局編成部勤務を命ずる》とある。

前章の最後に書いたとおり、嶋田はフジテレビ労働組合（一九六六年五月結成）の副委員長で、経営側の組合弾圧に抗《あらが》うべくストライキを画策した。この計画は、社長の鹿内信隆、組合委員長の岡田太郎、嶋田の三者会談により中止と決まる。演出部から編成部への異動は、いわゆる懲罰人事でなく栄転であった。直属の上司である村上が、嶋田を抜てきしたのだ。

三十代のなかばです。まさか『ピーターと狸』で、ドラマ制作の現場から離れるとは……ショックでした。そのころは文芸ドラマにこだわっていて、「ガチっとしたものをやろう」と胸に秘めていた矢先です。でも、演出担当のディレクターより、編成担当のプロデューサーのほうが圧倒的に力を持っている。ニッポン放送のころ、いろんな番組を担当した記憶がよみがえってきた。フジテレビに入って、ずっとドラマ、ドラマ、ドラマでやってきましたから。

村上七郎はニッポン放送の出身で、ぼくの親分みたいなもの。「ひと晩かふた晩、考えさせてほしい」と言いました。そして、内諾しました。村上さんは、現場と編成のクッション役として期待してくれた気がします。組合のことがあったのに、たいへんな抜てきですよ。「現場でやれなかったことも編成なら」と前向きになりました。

編成マンの役割は、企画、放送枠、スポンサー、代理店、キャスティング、制作スタッフの配置と多岐にわたる。嶋田が立ち上げに関わった番組は、ジャンルもいろいろだった。

水木《みずき》しげる原作のアニメ『ゲゲゲの鬼太郎』（一九六八～六九年）、お正月番組としてスタートした『新春！　爆笑ヒットパレード』（一九六八年～）、井上ひさしと山元護久《やまもともりひさ》作のカラー人形劇『ワン・チュー・スリー作戦』（一九六八年）、円谷《つぶらや》プロダクション制作のSF特撮ドラマ『マイティジャック』（一九六八年）、萩本欽一と坂上二郎《さかがみじろう》の人気を高めた『コント55号の世界は笑う』（一九六八～七〇年）、落語の『長屋の姫百合』をモチーフにした三田佳子主演のドラマ『アーラわが君』（一九六九～七〇年）など。

村上七郎邸新築祝い。前列左に嶋田親一、後列左から村上七郎、ひとりおいて、渡哲也、若林豪（1971年）。［嶋田旧蔵］

編成に異動して、ドラマばかりやるのはおもしろくない。いろいろやりましたよ。NET（現・テレビ朝日）で放送予定だった『ゲゲゲの鬼太郎』を、フジテレビにもってきたり。

『マイティジャック』は、土曜夜八時台の新番組です。大人向けのSFドラマを目ざして、鳴り物入りでスタートした。ところがふたをあけてみると、見るも無残な視聴率だった。円谷プロの特撮がどうのこうのではなく、一時間の枠にしてはドラマが弱かった。

テコ入れして三十分番組にしたので、せっかくのゴールデンアワーの枠があいてしまった。『マイティジャック』が当たらないなら、発想そのものを変えないといけない。そうしないとスポンサーは納得しません。そこで白羽の矢を立てたのが、欽ちゃんと二郎さん。それが『コント55号の世界は笑う』となり、大当たりしたわけです。

系列局との関係に、頭を悩ませることもあった。『大奥』(一九六八年四月六日〜六九年三月二十九日放送)は、関西テレビと東映京都撮影所が組んだテレビ映画で、土曜の午後十時三十分から放送された。中島貞夫監督『大奥㊙物語』(東映京都、一九六七年)のヒットを受けた企画で、関西テレビ開局十周年記念番組として話題を呼ぶ。

土曜午後十時台はフジテレビの枠で、『大奥』の前はアメリカのテレビ映画『スパイ大作戦』(一九六六〜七三年)を放送していた。ところが東映京都と関西テレビは、編成担当の村上七郎の了解を得ずに、『大奥』の企画を進めたという。キー局のフジテレビ、系列局の関西テレビ、制作会社の東映の思惑が入り乱れる現場を、嶋田は目の当たりにする。

このころの嶋田は、フジテレビの編成業務と新国劇の運営に忙殺された。低迷する新国劇とフジテレビの業務提携がおこなわれたのは、一九六八(昭和四十三)年のこと。鹿内信隆に「業務提携」という名の救済を求めた関係で、嶋田が新国劇の財政を立て直す重責を担った。この年の七月、株式会社新国劇が発足し、鹿内が会長に、嶋田が常務取締役に就任する。

ところが翌八月、次世代のスターとして期待されていた緒形拳が、新国劇を退団した。フジテレビとしては、人気花形の緒形が抜けると、業務提携するメリットをひとつうしなう。新国劇にとっても、有力な後継者がいなくなる。当の本人は当時、はっきりとした退団の理由を述べなかった。その裏には、緒形をフリーで活動させようとした演劇プロデューサー・吉田史子《よしだふみこ》の存在があった。新国劇とフジテレビは、慰留につとめたが、相手の決心は変わらない。この一件で、嶋田と緒形はなかば絶交の状態となる。

緒形をうしなった新国劇は、森光子、十朱幸代、三田佳子らを客演に迎え、島田正吾と辰巳柳太郎の二枚看板だけに頼らない座組をめざす。そのうえで、大山克巳、若林豪《わかばやしごう》、伊吹吾郎、石橋正次《いしばししょうじ》といった若手を主役に抜てきした。

嶋田は基本的に演出をせず、『三太物語』（第二章参照）や『三匹の侍』のディレクターだった藤井謙一を、新国劇の演出にあたらせる。俳優については、緒形拳の抜けた穴をうめようと、元大映スターの田宮二郎《たみやじろう》（一九三五〜一九七八）を、新国劇に入団させる計画もあった。

緒形が退団したころ、五社協定違反だったたか、田宮二郎も大映をやめた。「田宮二郎と契約しない」と大映側からの文書が、フジテレビのチーフディレクターにも配られました。村八分ですよ。そんなとき、「緒形の代わりに新国劇で」と、ぼくに声をかけた人がいた。田宮と面会したら、「新国劇に入団したい」と熱っぽく語った。長年のカンで「これはイケる」と。尾崎士郎の『人生劇場』の飛車角《ひしゃかく》とか、きっといいですよ。台詞がいい。口跡もいい。

でも、鹿内信隆と大映の永田雅一の会談でつぶれた。しかも島田と辰巳は、「研究生から」と言う。大賛成ではないんです。田宮は「研究生からやります」と言ってくれたけど、まとまりませんでした。この話が決まっていたら、新国劇も変わったと思います。

新国劇の運営にタッチするなかで印象にある俳優として、嶋田は、大友柳太朗《おおともりゅうたろう》（一九一二～一九八五）の名を挙げる。東映のチャンバラ映画で名を馳せた大友は、若いころは新国劇にいて、辰巳柳太郎に師事し、戦前は大友柳太郎を名乗った。一九六八（昭和四十三）年十月の明治座公演（十月一～二十五日）に特別出演し、新国劇への里帰りを果たす。

大友柳太朗のことは、忘れられません。辰巳の弟子で、師匠に申し訳ないと「郎」を「朗」にしたくらい、まじめな人です。明治座公演のときは、毎日ダメをもらわないと気が済まない。芝居がよかったのか、悪かったのか、ぼくの顔を見るたびに訊いてくる。辰巳も困っちゃってね。毎朝、辰巳の楽屋に顔を出し、「おはようございます」とあいさつする。すでに時代劇のスターですよ。「ちょっと上がっていけ」と言っても、「いや、ここで」とずっと土間にいる。「さすがに参ったよ」と辰巳はぼやいていました。

一九七〇（昭和四十五）年三月には、フジテレビの資本参加による新国劇映画株式会社が生まれ、嶋田が専務取締役になった。翌年の七一（昭和四十六）年十月には、そのまま新国劇の取締役社長となる。しかし、新国劇の立て直しはうまくいかず、劇団創立五十五周年の一九七二（昭和四十七）年二月、フジテレビとの業務提携を解消した。

ドラマ演出ひとすじの嶋田にとって、編成部への異動と新国劇の運営は、キャリアの節目となった。さらにここで、フジテレビ制作部門の外部プロダクション化、いわゆる「制作分離」が起きた。人員と制作費削減を目的とした、鹿内信隆による経営合理化である。

元日経連専務理事の鹿内は、ニッポン放送設立の立役者となり、フジテレビ開局の中核も担った。制作分離を打ち立てた当時は、ニッポン放送、フジテレビ、産経新聞の社長を兼ね、ジャーナリズムから「マスコミの三冠王」「財界のマスコミ隊長」と呼ばれた。

制作分離の大改革は、鹿内の思いつきではなく前例がある。一九六八（昭和四十三）年、「未払い賃金」および「補助職員の処遇」をめぐって、TBSで労使闘争が起きた。その余波もあって、TBSはドラマ制作の外部プロダクション化にふみきる。木下恵介プロダクション（一九七〇年一月設立）とテレパック（二月）が、こうして誕生する（設立年月は『TBS50年史』より）。

それとは別にこの年、萩元晴彦《はぎもとはるひこ》、村木良彦《むらきよしひこ》、今野勉、重延浩《しげのぶゆたか》など、TBSを退社した十三人が、テレビマンユニオンを立ち上げた（二月）。テレパックはTBSや電通が資本参加したが、テレビマンユニオンは個人出資である。独立性のある画期的なテレビ制作者集団の誕生である。

　フジテレビの制作部門切り離しは、TBSのマネで、完全な組合つぶしです。その魂胆がみえみえだったので、組合は最初から制作分離に反対でした。編成トップの村上七郎も反対です。それを鹿内信隆が、強引に押し通した。

　ぼくに言わせると、鹿内はものすごくものわかりのいい一面がある人です。新国劇との業務提携

鹿内信隆『泥まみれの自画像（上）』（扶桑社、1988年）。

をバックアップしてくれたのも、人間的な部分のあらわれです。ところが一度経営者の顔になったら、人間を無視して、数字あわせみたいな話を持ち出してくる。ものづくり屋の精神を理解していなかった。現場との乖離《かいり》を、このときは痛感しました。

フジの制作分離は、テレビマンユニオンのいきさつとはぜんぜん違います。テレビマンユニオンは、TBS内の労使闘争のすえ、自分たちから局を出ていった。フジテレビの場合は、会社側が仕掛けて「独立しろ」と命じた。まるで正反対の話です。この時期のフジネットワークの拡大も、鹿内がTBSを意識したあらわれでしょうね。ネットワーク化は、あるところでは成功したけれど、キー局として重荷になったところもありました。

一九七〇（昭和四十五）年四月、民放最大二十七局からなる「FNSネットワーク」が完成する。それと前後して、フジテレビから番組制作を受ける外部プロダクションの設立がおこなわれた。フジテレビ労組は、制作分離の動きに抗えなかった。設立されたプロダクションは、株式会社フジポニー（七〇年一月）、株式会社ワイドプロモーション（七月）、株式会社フジプロダクション（十二月）、新制作株式会社（七一年二月）の四社である。嶋田は、新制作の社長を命じられた。

フジテレビの制作分離は、現場に混乱をまねく。高峰三枝子主演のホームドラマ『てるてる坊主』（一九七一年）は、フジのドラマでありながら、なぜかTBS系のテレパックに制作を発注した。テレパックに出向していた橋本信也は、このドラマを演出するため、TBSを退職した。フジテレビとTBSの余計な摩擦を避けるためである。橋本は、TBSの看板番組『東芝日曜劇場』の演出を数多く手がける、同局のベテランドラマディレクターだった。それほどの人物がTBSを退社したことは、業界の注目の的となり、新聞でも報道された（一九七一年五月二十日付「讀賣新聞」）。

　このころ嶋田も関与した、ある計画があった。東宝の藤本真澄《ふじもとさねずみ》、東映の岡田茂、フジテレビの村上七郎を中心とした総合プロダクション構想で、テレビ、映画、舞台を横ぐしにする製作者集団になるはずだった。藤本は東宝の、岡田は東映の大物プロデューサーである。映画界で知らぬ者のいない両者が手を組み、そこにフジの村上が加わるとすれば、業界再編どころの騒ぎではない。東映トップの大川博も、フジの鹿内社長も関与していない。嶋田はこの秘話を、エッセイでこう明かした。《幻のクーデターはあくまでも幻に終わった》（「芸界秘録『証言（8）』」『鯱』二〇一一年五月号、鯱友の会）。この構想は、東映社長の大川博が一九七一（昭和四十六）年八月に没し、岡田が東映に骨をうずめる覚悟を決めたことで消えた。

　フジテレビから新制作に出向したのは、ディレクターの富永卓二、杉田《すぎた》成道《しげみち》、大野三郎といった面々です。フジテレビのプロパーで、オフィスもそのまま河田町のフジテレビ本社内にあります。契約社員を入れたら、五十人くらいの所帯でした。フジテレビ開局時のスタッフには、文化放送とニッポン放送という、ふたつのルーツがあった。ライバルがいっしょになった世代です。下の世代にあたる富永や杉田は、フジテレビが母校なんです。

　新制作の仕事は、ものづくり屋の原点を考えるきっかけになりました。新制作の社員は、テレビマンユニオンの人たちのように、自分の意志で独立するタイプではない。ぼくにもっと才覚があったら、テレビマンユニオンのような独立性のある、いいプロダクションになったでしょうね。

　TBSとフジテレビでは、社風の違いもあったと思います。テレビマンユニオンの人たちもふくめ、TBSのディレクターのほうが、独立志向が強かった。それこそ石川甫（一九五八年放送『マンモスタワー』演出、第一章参照）は、戦前は満洲の放送局にいて、戦後はNHK、TBS、テレパックと渡り歩いた人です。ドラマ『てるてる坊主』も、テレパックの社長だった石川さんからすれば、フジテレビでやろうと、TBSでやろうと関係がない。

　編成の仕事、新国劇と新国劇映画の運営、新制作の発足、まぼろしの総合プロダクション計画……。なんだかぐちゃぐちゃになってしまって、ときどき自分が何者かわからなくなってしまう。ドラマを演出できないさびしさも、このころはありました。


　新制作では、日曜朝の時事トーク番組『まっぴら御免』（一九七二〜七三年）、京塚昌子主演のスタジオ時代劇『肝《きも》っ玉《たま》捕物帳』（一九七三〜七四年）などの制作を手がけた。

　なかでも異色作が、日曜深夜の『ミッドナイト・クローズアップ』第一回と第二回で、タイトルは「慟哭《どうこく》!!栃木刑務所の女」（一九七三年十月七、十四日放送）。女性刑務所にテレビカメラが本格的に入り、独房や女性受刑者への密着取材を敢行したのは、この番組が本邦初とされている。放送にあたって嶋田は、《刑務所を通して人間の自由、幸せ、女の業《ごう》といったものを描きたい。そして彼女たちの生活を、興味本位でなく、正しく紹介したい》（『週刊平凡』一九七三年十月十八日号、平凡出版）と語った。

新制作が発足して二年、フジテレビからスタジオドラマの発注が舞いこむ。タイトルは『ボクのしあわせ』（全二十一回、一九七三年八月六日〜十二月二十四日放送）。フジテレビ、テレビマンユニオン、新制作による共同制作で、村上光一（のちにフジテレビ社長）、重延浩（現・テレビマンユニオン会長）、嶋田の三人がプロデューサーに名をつらねた。嶋田にとってはひさしぶりのドラマの仕事である。

井上ひさし（一九三四〜二〇一〇）の『モッキンポット師の後始末』（講談社、一九七二年十一月）と『家庭口論』（中央公論社、一九七四年二月）を原作に、隆巴《りゅうともえ》（演出家で俳優の宮崎恭子）、大津皓一《おおつこういち》、神馬伸、増島文彦らが脚色、テレビマンユニオンの今野勉と村木良彦が交代で演出した。脚本家は、テレビマンユニオン側が人選した。

井上ひさし『モッキンポット師の後始末』（講談社、1972年）。

フジテレビから新制作に、「テレビマンユニオンの演出で制作してほしい」と発注がきたんです。お金はぜんぶ新制作が責任をもつ。ひさしぶりのスタジオドラマの仕事でした。井上ひさしの原作は、テレビマンユニオンからの提案です。井上さんは、人形劇『ワン・チュー・スリー作戦』でごいっしょした縁があり、ぼくの大好きな作家なので大賛成でした。

出演は、放送作家の小松久作に石坂浩二（モデルは井上ひさし）、妻の花江にテレビドラマで売り出し中の小鹿《こじか》ミキ（モデルは妻の井上好子）、長女の月江に人気グループ「フィンガー5」の玉元妙子、久作の弟・久二郎に元新国劇の石橋正次、理容店を営む花江の両親に宍戸錠《ししどじょう》と扇千景《おうぎちかげ》、仏文科主任教授で久作の師であるモッキンポット神父に劇団雲の三谷昇《みたにのぼる》などユニークな顔ぶれだった。

第一回「お嬢さんお手やわらかに」と第二回「愛情の花咲く樹」は隆巴の脚本、今野勉の演出で、大学時代に久作と花江が出会い、結婚するまでの騒動を描く。主人公が放送作家という仕事柄、放送業界の内側もドラマの題材となった。

石坂浩二ふんする井上ひさしはユニークだったし、なにより小鹿ミキが良かった。好子夫人にそっくりでね。キャスティングは、ぼくの希望もすこし入れてもらいました。新国劇にいた石橋正次は、たぶんぼくの配役です。

今野勉と村木良彦の演出には、フジのドラマにあまりない斬新な感覚がありました。スタジオのカメラを台から外して、いきなり天井を映したりする。そうした自由さからは、ものづくりへの意志をすごく感じました。今野にしろ、村木にしろ、「テレビマンユニオンは、このていどか」とフジテレビの人間に言われたくなかったはず。ふたりがやりすぎるところを、こちらが抑えたりして、共同制作はいい相乗効果になりました。

反省もしました。ぼくもふくめて新制作の人間は、俳優に対して〝フジテレビの顔〟をしているんです。いくら制作分離で独立したかたちをとっても、「フジテレビが起用した」という意識が抜けきれない。テレビマンユニオンの人たちは違う。俳優との仲間意識があって、その関係性がうまく、このドラマにも出ていました。フジテレビではなく、新制作の人間としてドラマづくりに向き合うことの大切さを学びました。

今野勉が脚本と演出を手がけた第二十回「虹を摑《つか》む男」で、久作は直木賞にノミネートされる。そのあとの最終回「これがシネラマだ！」（増島文彦脚本、今野演出）で、久作の直木賞受賞が決まり、ドラマは大団円となる。

ＴＢＳとフジテレビには、それぞれドラマのカラーがある。ドラマ制作のスタイルも異なり、現場ではディスカッションをくりかえした。これが、スタジオドラマの現場からしばらく離れていた嶋田を刺激した。

スタジオドラマの演出を引退した『ピーターと狸』から六年。『ボクのしあわせ』は、忘れかけていた「ドラマごころ」を取りもどすきっかけとなる。気鋭の人気脚本家と出会い、ドラマ屋としての代表作にめぐりあうのは、それから半年後のことだった。

## 夏の夜の夢——倉本聰

嶋田が几帳面につけていたスケジュール帳を、見せてもらったことがある。一九七四（昭和四十九）年七月十二日夜のところに、《垣内、白川、富永、倉本聰『私はかもめ』打合せ（幸本）》とメモがあった。垣内は淡島千景（一九二四〜二〇一二）のマネージャーである垣内健二《かきうちけんじ》、白川はフジテレビ編成部の白川文造、富永は新制作（フジテレビの外部プロダクション）のディレクターである富永卓二、倉本聰は脚本家、そこに嶋田もいた。幸本は東京・神楽坂（新宿区）にある料亭である。

夏の夜におこなわれた会合が、一九七〇年代の名作テレビドラマ『土曜劇場　6羽のかもめ』（全二十六回、一九七四年十月五日〜七五年三月二十九日放送）のキックオフとなった。原案は倉本聰、プロデューサーは嶋田親一と垣内健二、新制作の富永卓二と大野三郎が交代で演出をおこなう。制作著作はフジテレビ、制作協力は新制作で、「土曜劇場」は土曜の午後十時から五十五分までのドラマ枠だった。

フジテレビ開局（一九五九年）から『シオノギテレビ劇場　ピーターと狸』（一九六七年、前項参照）まで、嶋田はスタジオドラマの演出一本でやってきた。このあと編成部に異動し、担当プロデューサーとして深く関わったドラマは、『ボクのしあわせ』（一九七三年、前項参照）、『6羽のかもめ』、『あなただけ今晩は』（一九七五年、次々項参照）しかない。いずれも新制作による、連続もののスタジオドラマである。

テレビドラマの演出でいくと、嶋田の〝ドラマ屋〟としてのキャリアは、『ピーターと狸』で区切りとなる。『6羽のかもめ』のころ、スタジオドラマはVTR収録が当たり前になり、いわゆる「生ドラマ」は姿を消した。演出引退作『ピーターと狸』は、演出から編成への急な異動と重なり、後ろ髪ひかれる思いの連続ドラマとなった。

その意味でプロデューサーを担った『6羽のかもめ』は、スタジオドラマに情熱をかたむけた嶋田の集大成になった。演出を担うディレクター時代は「島田親一」を名乗っていたが、プロデューサーになると「嶋田親一」に名をあらためた。

嶋田が手がけたドラマの多くは映像が残っておらず、残されていても簡単に視聴することはできない。さいわいにも本作は、二十六話すべての映像が残り、フジテレビ開局五十周年記念でDVD化（ポニーキャニオン、二〇〇九年二月）された。『6羽のかもめ』をめぐるあれこれ、ドラマをいろどった作家、演出家、俳優たちの舞台裏を明かしたい。

『6羽のかもめ』は、倉本聰（一九三五〜）なくして存在しなかった。本名は山谷馨《やまやかおる》。東京大学文学部美学科在学中から、ギリシャ演劇に没頭し、ラジオドラマの脚本も書く。卒業後、フジテレビ入りを望んだものの、系列のニッポン放送に入ることになる。フジテレビが開局する一九五九（昭

倉本聰（『さらば、テレビジョン』冬樹社、1978年）。

和三十四）年のことである。

ニッポン放送在籍中から、「倉本聰」のペンネームでテレビドラマの脚本を手がけた。しかし、二足のわらじはむずかしく、同局を退社して独立する。そのあと映画の脚本も書いたが、頭角をあらわすのはテレビのほうだった。

一九六〇年代から七〇年代にかけて、多くのテレビドラマを執筆した。『文五《ぶんご》捕物絵図《とりものえず》』（NHK、一九六七～六八年）、『わが青春のとき』（日本テレビ、一九七〇年）、『2丁目3番地』（日本テレビ、一九七一年）、『赤ひげ』（NHK、一九七二～七三年）などなど。

テレビで売れっ子の倉本に、NHK大河ドラマ『勝海舟』（一九七四年一月六日～十二月二十九日放送）の仕事が舞いこむ。大河ドラマの脚本は、基本的にひとりで執筆する。子母澤寛《しもざわかん》の原作で、連続五十二回、まさに栄えある大仕事だ。本人以上に倉本の母親がよろこんだ。民放ではなくNHKを崇める倉本の母は、お赤飯を炊いて、わが子の大河ドラマ執筆を祝った。

ニッポン放送にいたころの倉本を、ぼくは知りません。山谷馨という名も、覚えがないんです。人気ドラマの脚本を手がけてから、その名を知りました。「優秀でトラブルも多い」と小耳にはさんだこともあります。倉本が『勝海舟』の脚本を降り、トラブルになった話は、旧知の川口幹夫《かわぐちみきお》

（ＮＨＫ制作局ドラマ部長、のちにＮＨＫ会長）から聞いていました。

この事件の根っこには、組合問題があります。労使トラブルはフジテレビをはじめ、各局それぞれにあって、ＮＨＫも例外ではなかった。『勝海舟』の現場で倉本は、組合とギクシャクしたんじゃないですか。ロケも多かったそうですし、一家言《いっかげん》ある脚本家ですから、どこかで現場と対立したんでしょう。

渡哲也が病気で勝海舟の役を降り、松方弘樹に代わった。そのあと倉本が「やってられない」と脚本を降り、北海道へ去った。その身を案じ、ぼくのところに「かなり追いつめられている」と相談に来たのが垣内健二です。垣内は、倉本と仲がよかったんです。


『勝海舟』第三十七回「こぼれ花」まで、倉本聰の名は脚本でクレジットされた。ところが第三十八回「竜馬遭難」は中沢昭二が脚本を手がけ、倉本の名がない。このあと第四十一〜四十三、四十七回が倉本の脚本、第三十九、四十、四十四〜四十六、四十八〜五十二回（最終回）が中沢の脚本だった（ウェブサイト「ＮＨＫクロニクル」による）。

この降板騒動は、そこにいたるいくつかのトラブルを交え、倉本がエッセイに書いた。ＮＨＫ関係者による証言も、いくつかおおやけにされている。倉本のエッセイによると、北海道に姿を消したあとも『勝海舟』の脚本を執筆し、速達で東京のＮＨＫへ送っていた。多くの大河ドラマを演出したＮＨＫディレクターの大原誠は、《番組の終局近くでその執筆を放棄し》（『ＮＨＫ大河ドラマの歳月』日本放送出版協会、一九八五年七月）と書く。「放棄」というのが、ＮＨＫ関係者、テレビ局側の見方だったのだろう。

嶋田は局側の立場であったものの、この事件に対しては倉本に同情した。ＮＨＫの川口幹夫や垣内健二から話を聞き、ＮＨＫに対して怒りを覚えたとも考えられる。そこで新制作の裏金から五十万円を用立て、北海道に去った倉本に届けた。この五十万円をめぐるエピソードを、本人がたびたびエッセイにしている。ちょうどこの原稿を書いているとき、倉本の最新刊『破れ星、燃えた』(幻冬舎、二〇二三年八月)が出た。

この本の第二章「札幌無頼」に、その話が出てくる。《日本芸能マネージャー協会の理事であるプロダクション社長の垣内健二。フジテレビの子会社新制作の嶋田親一。いずれも旧知のテレビ人である》(前掲書)。その嶋田と垣内が、「フジテレビに連続ドラマを書いてほしい」と倉本を口説く。新制作スタッフの中村敏夫が、その場で五十万円を現金で渡した。このあいだのやりとりを、倉本はかなりリアルに明かしている。

この話には大きな誤解があります。ぼくは札幌に行っていませんし、神楽坂で打ち合わせするまで、倉本と会ったこともない。組合問題でＮＨＫと揉め、倉本の作家生命が絶たれることが納得できなかった。彼を助けたい一心でお金を渡しただけで、ましてドラマを書いてほしいという下心《したごころ》はありません。

五十万円の話は事実です。新制作には、フジテレビ用と新制作用の金庫があって、百万円ほどしかなかった。経理担当と諮《はか》って、領収書なしで用意した。現金を届けたのは、垣内と中村敏夫です。

のちに倉本の『北の国から』（一九八一年）をプロデュースする中村は、垣内の知り合いでした。ふたりは午後九時ごろに羽田を発つ夜行便で千歳に向かい、そのあと札幌で倉本と会ったようです。

ところが倉本のエッセイでは、ぼくも札幌に行っている。エッセイは一種の作品ですし、「事実と違う」と指摘するのは野暮《やぼ》でしょう。それでも釈然としなくてね……。小なりといえども組織のトップが、ホンを頼む気もない作家に、会いに行くはずがありませんよ。

嶋田がつけていたスケジュール帳を見せてもらった。たしかに、北海道に行ったメモは見当たらない。『破れ星、燃えた』にある《旧知のテレビ人である》という言葉もおかしい。七月十二日夜の打ち合わせまで、倉本と嶋田は面識がなかった。

ただ倉本を助けたい一心で、連続ドラマを書いてもらう気持ちは毛頭なかった。それが嶋田の言い分である。淡島千景と高橋英樹（一九四四〜）のマネジメントをおこなう垣内の思惑はどうか。倉本は高橋主演のテレビ映画『ぶらり信兵衛《しんべえ》　道場破り』（フジテレビ、一九七三〜七四年）の第一話と二話の脚本を書き、垣内が企画者として名を連ねた。

淡島千景は、宝塚歌劇団月組の娘役トップから映画界に入り、テレビや商業演劇でも活躍するスター女優である。高橋英樹は、日活の任侠映画で主役をはったのち、テレビの時代劇スターとして人気を博す。淡島と高橋は、東京・明治座の十一月錦秋公演（一九七一〜七四年）に座長格で共演していた。ふたりが出演する新ドラマを倉本が書き、フジテレビで放送する。おそらく垣内は、『勝海舟』の降板事件と関係なくそう考えた。ヒットメーカー倉本の書きおろしであれば、フジテレビ

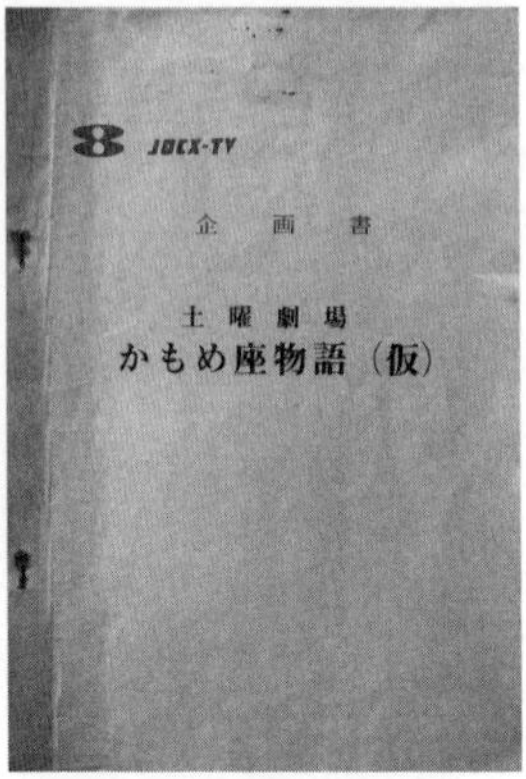

「企画書　土曜劇場　かもめ座物語（仮）」（フジネットワーク、1974年）。［嶋田旧蔵］

外部プロの新制作にとっても、悪い話ではない。

一九七四（昭和四十九）年七月十二日の夜、倉本聰、垣内健二、フジテレビの白川文造、新制作の嶋田親一と富永卓二が、神楽坂の料亭「幸本」で打ち合わせをしたことは、冒頭に書いた。新ドラマの仮タイトルは『私はかもめ』。六日後の七月十八日作成の『企画書　土曜劇場　かもめ座物語（仮）』では、タイトルがやや異なる。その「企画意図」に、こう書かれている。

広い意味のコメディと言えるかも分りません。つまり、ドタバタコメディではなくて、ビリー・ワイルダーの『アパートの鍵貸します』や、ウィリアム・ワイラーの『ローマの休日』をコメディと称する範囲内でのコメディを狙いたいということです。

土曜の夜10時、という時間で、大人の観客が感じる面白さは、ドタバタやオーバーな演技や脚本から生れるのではなく、シリアスな演技、真面目で真剣な演技と、それを計算した脚本から生れるのだと、我々は考えています。そのような制作意図を本造り、演出、演技のすべてに貫徹させたいと思います。

『かもめ座物語』が最終的に『6羽のかもめ』となる。それはどのようなドラマか――。

劇団「かもめ座」は、二百人の劇団員を擁する新劇の名門だった。しかし、座長の犬山モエ子（自称四十二歳）による劇団運営が災いし、分裂をくりかえす。事務所と稽古場をかねた無謀なマンション計画が決定打となり、劇団員はモエ子をふくめ五人にまで減った。

舞台を離れテレビドラマに主演する犬山モエ子、芝居はうまくない若手二枚目の田所大介（三十歳）、スランプが続く文芸部員の桜田英夫（三十五歳）、桜田の妻でテレビの人気女優である水木かおり（二十七歳）、俳優から劇団のマネージャーに転身した川南弁三（五十一歳）、六羽目として入団する新人女優の西条ひろみ（十六歳）。演劇への夢を捨てきれず、テレビ業界で奮闘する六人の姿を、ドラマはユーモラスかつ哀しく描いていく。そこには倉本のテレビに対する愛情が込められていた。

配役は、犬山モエ子に淡島千景、田所大介に高橋英樹、桜田英夫に長門《ながと》裕之《ひろゆき》（一九三四〜二〇一一）、水木かおりに夏純子（一九四九〜）、川南弁三に加《か》東大介《とうだいすけ》（一九一一〜一九七五）、西条ひろみに栗田《くりた》ひろみ（一九五七〜）。子役時代からキャリアの長い長門は、倉本も脚本を書いた『カツドウ屋一代』（毎日放送、一九六八年）で主演した。夏は、若松孝二《わかまつこうじ》の作品でデビューした異才で、日活ニューアクションやテレビドラマでひっぱりだこの人気者。加東は、戦前は前進座、戦後はおもに東宝映画で活躍したベテランである。栗田は、デビューまもない若手で、レコードも出すアイドルだった。

先述した企画書では、桜田に財津《ざいつ》一郎《いちろう》、かおりに倍賞《ばいしょう》美津子《みつこ》がキャスティングされている。財津と倍賞は、嶋田が企画と製作にタッチした映画『暁の挑戦』（一九七一年、第三章参照）の出演者である。桜田とかおりの配役は、なんらかの事情で長門裕之と夏純子に代わった。

『6羽のかもめ』撮影現場にて。前列左から淡島千景、高橋英樹、長門裕之、後列左から喜多岡照代、下之坊正道、加東大介、ディック・ミネ、栗田ひろみ、夏純子(1974年、フジテレビスタジオ)。[嶋田旧蔵]

七月十二日夜の打ち合わせは、企画の大枠が決まってからです。最初に倉本から「芸能界のホームドラマにしたい」と提案されたとき、「ちょっと弱いな」と感じました。そのあと〝6羽〟のプロットがあがってきて、「そうきたか」と感動しました。テレビ業界を舞台にするドラマは、神経を使います。だからといって妥協するわけにはいかず、ぼくも肚《はら》をくくりました。

六人の配役は、倉本といっしょに決めたはずです。淡島千景と高橋英樹は垣内の事務所にいて、垣内のお母さんが淡島さんのマネージャーでした。犬山モエ子は、誰が見ても分裂をくりかえした文学座の杉村春子をイメージさせますよね。加東大介は、倉本も推薦したんじゃないかな。長門裕之は、倉本のセンから決まり、栗田ひろみは、垣内のところにいた新人だったと思います。夏純子に決めたいきさつは、覚えていないんです。

文学座は、一九六三（昭和三十八）年と翌六四（昭和三十九）年の二度にわたり、多くの退座者を出した。分裂の要因はひとつではなかったが、杉村春子が劇団内に大きな影響力を有していたのはたしかである。杉村は明治生まれ、淡島は大正生まれで、世代は違う。それでも〝淡島モエ子〟は、貫禄といい、色気といい、劇団を束ねるカリスマ性を感じさせるキャスティングだった。

加東大介は、プライベートでも淡島のファンだった。京都から東京へ向かう新幹線の車内で、垣内はたまたま加東と会い、ドラマ出演を打診した。プロットを聞くまでもなく、「お景ちゃんの出るドラマならやる！」と言った。

『6羽のかもめ』の制作が決まったとき、加東は倉本にもこう話した。《「オケイちゃん（淡島さんのこと）と一緒に出来るなンて。彼女は僕のあこがれの人なンです。何しろ僕が『大番』でデビューした時、大スターだった彼女がつき合って下さいましてね》（倉本聰「心やさしき役者たち　淡島千景」『さらば、テレビジョン』冬樹社、一九七八年七月）。加東の淡島へのあこがれは、弁三のモエ子に対する変わらぬ想いともリンクする。

十月スタートの新ドラマだったため、スケジュールはタイトだった。七月十二日に初打ち合わせ、八月三十日にスチール撮影と読み合わせ、九月二日に河田町のフジテレビ本社で制作発表をおこなった。会場には「『劇団かもめ座』結成」の看板を掲げ、淡島千景、高橋英樹、長門裕之、夏純子、

加藤登紀子『かもめ挽歌／九月の便り』ジャケット（ポリドール、1974年）。［嶋田旧蔵］

栗田ひろみ、加東大介の〝6羽〟が勢ぞろいした。

音楽には新進気鋭の作曲家でシンセサイザー奏者の深町《ふかまち》純《じゅん》を、主題歌にはシンガーソングライターの加藤登紀子《かとうときこ》を起用した。嶋田によると、いずれも倉本の推薦だった。主題歌『かもめ挽歌』（ポリドールレコード、一九七四年）は、倉本の原案をもとにした加藤のオリジナル（加藤作詞・作曲・唄、深町編曲）である。

ドラマのタイトルバックからは、大人の事情がうかがえる。「原案　倉本聰」と表記されるいっぽう、「脚本　石川俊子」と出る。倉本の筆名で、第一回「6羽目」から第七回「ギックリ・カメラです」までが石川俊子、第八回「大問題」から倉本聰の表記となった。

出演者のクレジットは、淡島千景と高橋英樹が毎回、トップとトメ（ラスト）を交換した（表記は高橋英樹）。ポスターなどの番宣広告は高橋がトップで、淡島がトメの扱い。それぞれ男性陣（高橋、加東、長門）と女性陣（淡島、夏、栗田）で区別し、俳優の格をあやふやにさせるなど、制作サイドの苦心のほどがわかる。

倉本は、『勝海舟』の脚本を途中で降りていますから、ＮＨＫの関係者を刺激するじゃないですか。ほとぼりが冷めるまで、違う名前のほうがいいとぼくも考えました。「石川俊子」は渡哲也夫人の名前で、そんな脚本家は誰も聞いたことがない（笑）。「このへんでもういいだろう」と倉本と相談して、第八回から「脚本　倉本聰」と出すようにしました。

淡島千景と高橋英樹の名前を、最初と最後で交互に出したのは、垣内の配慮でしょうね。ふたりとも自分の事務所の俳優ですから、序列をぼかさないと格好がつかなかった。クレジットの順番については、ベテランの淡島さんが垣内に任せたと思いますね。

プロデューサーは「嶋田親一　垣内健二」の連名でした。垣内が倉本係で、ぼくが統括の責任者です。倉本から上がってくるホンに対して、ほとんど注文をつけませんでした。「ここまで書かないで」と頼んだこともありません。垣内が最初にホンを読み、ぼくのところへ持ってくる。「NHKを刺激するかな?」「どうする?」「やろう!」「大丈夫か?」「やる!」、垣内とはいつもそんなやりとりでしたよ。


『6羽のかもめ』の仕事に、自称「ドラマ屋」の嶋田の血は沸きたつ。テレビ局は自分を育てた場であり、そこが舞台のスタジオドラマへの意気込みは強かった。倉本聰の脚本が、その覚悟を問いただすようにして存在する。NHKへの批判と皮肉、NHKにコンプレックスを持つ民放の卑屈さ、テレビ局側の横暴、組合の横やり、スターシステムの弊害《へいがい》、中小芸能プロダクションの悲哀など、遠慮なくドラマに仕立ててしまう。

嶋田が「好きなエピソードです」と語った回がある。第十三回「切符屋の熊」（倉本聰脚本、大野三郎演出）。東洋テレビ総務部庶務課の小熊義彦（藤岡琢也）は、指定席券とりの名人として、局の重役や上役からいいように利用される。「切符屋」とバカにされ、積もり積もったうっぷんを、弁三（加東）にスナックでぶつける。『倉本聰コレクション5　6羽のかもめ』（理論社、一九八三年二月）より、当該シーンを引用する。

クマ「私のいとこ――つまりその伯父貴《おじき》ンとこの子どもに――NHKに行ってるのがいます」
弁三「ハァ」
　間。
クマ「あれは、川南さん、どういうンですか――おふくろたちの世代ってものは、どうしてあンなふうにコウ偏重的に、NHK、NHKっていうんですか。エエッ？」
弁三「――」
クマ「朝から晩まで、オールNHK――NHKなら何でもいいン。朝の小説なンか昼、また見てるン！　朝見たンですよ！　それをどうして四時間しかたたないのに、またもう一度見なくちゃならないン！　エ!?」
弁三「ハァ」
　間。
クマ「誤解しないで下さいよ。私はNHKを批判してるンじゃないンだから。うちのおふくろを批判してるンだから」
弁三「わかります」

間。

クマ「(飲んでブツブツ) 断っとかないと、こういうこと、最近すぐ問題にされちゃうンだから」

弁三「――――」

間。

音楽――「クマのテーマ」低くしのびこむ。B・G。

クマ「しかし、あれは本当に困っちゃうンだよなァ。NHK一流、民放二流、何となく、そういうものの考え方。それで、それであんた、私のNHKに行ってるいとこが」

弁三「ハイ」

クマ「芸能にいて」

弁三「アラ」

クマ「落語のほう、担当」

弁三「ハァ」

クマ「担当なンだから、そりゃあ来ますよ年賀状。落語家たちから。歌丸さんとか、円楽さんとか。ねッ」

弁三「ハイ」

クマ「(次第に興奮して青筋が立ってくる) するともう、さすがトシちゃんはNHK勤務。有名人から年賀状が来る。それにくらべて義彦のほうは、民放だから一つも来ない。有名人の名前、一つもなし！　そりゃそうだあんた、テレビ局ったって、総務の庶務に私ゃいるンだもン!!　それもあンた切符とり専門でサァ!!　ネエッ!!」

弁三「ハイ」

小熊役の藤岡琢也が攻め、弁三役の加東大介が受ける。NHKをありがたがる《おふくろたちの世代》は、倉本の母親のことでもある。倉本のシナリオと実際のドラマをくらべると一字一句、ほとんど違いがない。

嶋田が記憶するかぎり、NHKからのクレームはなかった。むしろNHK関係者のなかには、〝6羽〟の隠れファンがいた。むしろ問題視したのは、フジテレビの上層部だった。「いつ打ち切りにするか」という声があるいっぽう、「ここまで話題になった以上、放置したほうがいい」との意見も出たらしい。倉本聰とNHKの確執は、週刊誌に取り上げられ、すでに知られていた。局の側が『6羽のかもめ』に圧力をかけたら、新たな火だねになってしまう。

倉本の脚本については、プロデューサーの嶋田と垣内が尊重することでクリアした。しかし、もうひとつ問題がある。倉本はスタッフとキャストが揃う本読みに同席し、台詞まわしひとつにも檄《げき》を飛ばす。そのダメ出しは、ときに演出家以上である。その存在に演出担当のふたりのディレクター、富永卓二と大野三郎は翻弄《ほんろう》されていく。

# 弁ちゃんの背中——淡島千景、加東大介、富永卓二

一九七四（昭和四十九）年十月五日の午後十時から、『土曜劇場　6羽のかもめ』第一回「6羽目」が放送された。原案は倉本聰、脚本は石川俊子（倉本聰の筆名）、演出は富永卓二、スポンサーは全薬工業、東洋水産、ライオン油脂、リンナイ、ユニ・チャームだった。

『週刊TVガイド』掲載広告（一九七四年十月四日号）には《劇団かもめ座ただいま6人　それでもドラマは始まります。》、放送当日の「讀賣新聞」朝刊の広告には《泣いて笑って喧嘩してさいごの〝6羽〟は役者馬鹿!?》とそれぞれ惹句《じゃっく》がある。

「6羽目」は、いわば自己紹介編である。西条ひろみ（栗田ひろみ）が、劇団「かもめ座」の一員になるまでを軸に、犬山モエ子（淡島千景）、田所大介（高橋英樹）、桜田英夫（長門裕之）、水木かおり（夏純子）、川南弁三（加東大介）の人となりを描いた。

登場するのは〝6羽〟だけではない。弁三の妻で専業主婦の元子（桜むつ子）、会社員の長女・弓子（原洋子）、三浪中の次男・公次（本郷あきら）、「かもめマンション」の一階にある喫茶店「ミネ」のマスター・ミネ（ディック・ミネ）、店員の牛山（下之坊正道）とエリ子（喜多岡照代）。以上十二名が

レギュラーとなる（弁三の長男はドラマに出てこない）。

セミレギュラーもいる。大介の母・正子（村瀬幸子）、大介の兄でうなぎ屋を営む正一（大滝秀治）、妻の良子（青木和子）、東洋テレビ制作部長の清水（中条静夫《ちゅうじょうしずお》）と課長の矢口（矢田稔）、プロデューサーの井上（柳瀬志朗《やなせしろう》）と中原（蜷川幸雄《にながわゆきお》）、東洋テレビ出入りのタクシー運転手・伴（小鹿番《こじかばん》）など。ここに毎回のゲストが加わって、ドラマは展開していく。

演出の富永卓二は、倉本が石川俊子の名で書いた「6羽目」のシナリオを読んで、ある違和感を覚えた。《第一話の脚本を渡されたものの、分裂に分裂を重ねた貧乏劇団で生きている人びとの状況説明が多く、ドラマとしてとらえようがなかったというのが本当のところでした》（富永卓二「テレビドラマ〝6羽のかもめ〟をおえて――テレビ演出論・I」『テレビ映像研究』一九七五年九月創刊号、ナカ・プランニング・デスク）。

富永の指摘のとおり、第一回はメインの六人の紹介に終始し、顔見せの印象がある。作者の倉本も、初回の出来を問題視した。本書巻末に再録した嶋田の未発表原稿『プロデューサーから演出家への書簡――『6羽のかもめ』とともに――』（一九七四年九～十月）に、倉本の指摘が綴られている。

倉本氏は第一声に「もう一度読み合せをするべきだった。」と云った。台詞がリングになっていないことをしきりに残念がった。ACT（1）を問題にしていた。この1回目の放送は中途半端で「笑い」も散漫なら、芝居も頼りないといった具合で、脚本も含めて「ダメ」という反省。演技では、加東大介氏に注文あり。淡島千景氏無難。高橋英樹氏のオーバーな部分注意といったところ。しかし、一番研究すべきは「演出」という注文だった。活かすも殺すも「演出」ということになるのだから致し方あるまい。

嶋田が書く《ACT（1）》は、ドラマの「第一幕」を意味する。倉本と富永が抱いた違和感は、第二回「秋刀魚」（石川俊子脚本、富永卓二演出）でひとまず解決した。

かもめ座の田所大介が、東洋テレビの『スター料理教室』に出ることになった。生放送で披露するのは、モエ子直伝の「さんまのフライ　タルタルソース」。本番の日、大介は母・正子の習慣をまねて、さんまの頭を皿の右がわに盛りつける。「左では？」と訊く司会者（小林大輔、丹羽節子）に、「正式じゃないんです」と大介は得意げに答える。局にはクレームが殺到。大介は、担当プロデューサーの佐治（小沢幹雄）の暴言「馬鹿なおふくろ」が許せず、彼を殴り倒してしまう。

焼き魚の頭を、右にするか、左にするか。倉本の脚本から、さまざまな人間模様が浮かんでくる。映画監督の是枝裕和《これえだひろかず》はこのドラマの、とりわけ「秋刀魚」の回の大ファンだった。倉本とのテレビ対談で、こう語った。《あのへんがたぶん、倉本さんがおっしゃった「ドラマ」じゃなくて、「チック」の部分だと思うんですけど。そこをこう掘り下げるだけで、いくらでもドラマは書ける》（『〝あのとき〟から～北の大地とドラマと…』北海道放送、二〇二一年一月二十三日放送）。

第二回「秋刀魚」で、ドラマの方向性は見えた。しかし、課題が解決したわけではない。ドラマづくりをめぐる、作者と演出家の葛藤である。そもそも倉本は、作家（脚本家）が本読みに立ちあうことを、書き手の義務とした。シナリオは寝ているもので、それを演出家と俳優が起き上がらせる。その起き上がり方がおかしいときは、作家が遠慮なく本読み（読み合わせ）で指摘する。

倉本は読み合わせに参加して、台詞の間《ま》、役への思い入れ、すべてに要求を出す。自分で書いていますから、登場人物の息づかいまでわかっています。NHK大河ドラマ『勝海舟』の現場で揉めたそうですが、ぼくは倉本の良さはそこにあると考えています。淡島千景や高橋英樹といった出演者にも、懇々《こんこん》と倉本のスタイルを説明しました。

ホンの良し悪しを判断するのは、プロデューサーの役割です。決まったホンを、富永卓二と大野三郎が演出します。ところが、その場に倉本がいる。読み合わせの席で俳優は、演出の富永と大野ではなく、倉本に向いて台詞を話す。富永と大野は、戸惑ったでしょう。

倉本は、俳優の動きまでは介入しません。そのかわり、作者の意図を理解する感性のディレクターじゃないと認めなかった。そのシナリオも、演出家への一種の命令書のようなものです。台詞はもちろん、BGMも、効果音も、ディレクターへの注文です。富永と大野にもプライドがあり、倉本に対する葛藤がある。その富永が倉本と組んで『北の国から』（一九八一年）をやるのは、数年あとのことです。

さらにやっかいなことがある。プロデューサーの嶋田は、フジテレビ開局以来、スタジオドラマの演出をずっとやってきた。富永卓二と大野三郎にとって、ドラマ制作の先輩にあたる。その嶋田が、富永の演出にクレームをつけた。第三回「ゴシップ」（石川俊子脚本、富永卓二演出）で、その事件は起きた。

俳優としてパッとしない大介の話題づくりにしようと、弁三がスキャンダルを画策する。いまをときめく人気女優・吉乃《よしの》巻子《まきこ》（香山美子《かやまよしこ》）との熱愛報道である。巻子と大介はかつて恋仲で、巻子はモエ子を裏切り、かもめ座を退団した。弁三の思惑を知った大介は、怒りのあまり冷たい言葉を弁三にあびせ、逆に傷つけてしまう。


富永はぼくの五つ下で、美空ひばりと林与一の『花と剣』（一九六六年、第三章参照）で演出家として独り立ちしました。コツコツとドラマを作り上げる優秀な演出家ですが、ぼくからすると俳優に対する押しが足りない。たとえば、台本を見ながら演出するんです。『ありちゃんのパパ先生』（第一章参照）で、有島一郎とやったような丁々発止の演出は、台本とにらめっこしながらではできません。富永に「少しコレ（台本）を離してやれ」と注文すると、「嶋田さんと自分は違う」と反論されました。

第三回「ゴシップ」のときは、ぼくが悪かった。本番収録のあと、編集の段階で注文をつけたんです。喫茶店で弁ちゃんがひとり、酒を飲んでいる。「加東さんの哀愁が、ぜんぜん出てないよ。アップからでなく、カウンターでひとり沈む弁ちゃんの背中から入って、そこからアップになるべき」と富永に言いました。

ぼくがスタジオドラマの演出を始めたころは、ディレクターがプロデューサーを兼ねていました。ついそのころの悪いクセが出た。ここは加東大介の大人の芝居を見せたいし、妥協したくない。富永は不満そうでしたが、「来週、嶋田さんの案でやり直します。そのうえで自分の演出とくらべて、差しかえるか判断します」と言った。富永が大人の対応をしたわけです。

大介の怒りに傷つき、弁三は姿を消す。心配して、みんなが探していると、閉店後の「ミネ」のカウンターでひとり、酒を飲んでいた。実際の映像を見ると、弁三の背中からのショットで、そのあとアップが続く。十秒と満たないシーンにして、印象的な差異である。つまり富永は、嶋田の演出を採用した。

『6羽のかもめ』は倉本聰の印象がつよいけれど、演出の富永卓二と大野三郎の存在は大きかった。その一例として、エンディングのメイキング映像がある。六人（淡島、高橋、長門、夏、栗田、加東）の素顔が、加藤登紀子の主題歌『かもめ挽歌』とともにフィルムで流れる。ドラマ本編はVTR録りで、ロケもスタジオからケーブルが延ばせるフジテレビ本社内と河田町周辺でおこなった。VTRとフィルムとでは、映像の質感が異なる。「このエンディングは、富永たちのアイデアです。撮影の様子をリアルにフィルム撮りして、虚と実を映像の質感の違いで表現しようと考えたんでしょう」と嶋田はふりかえる。

富永と大野が抱いた葛藤と演出のこだわりは、先述した『テレビ映像研究』創刊号の「テレビドラマ〃6羽のかもめ〃をおえて――テレビ演出論」を読むとよくわかる。同誌の編集メンバーだった嶋田が、ふたりに自由に書かせたもので、富永が「演出論Ⅰ」を、大野が「演出論Ⅱ」を寄せた。

脚本について、プロデューサーの嶋田と垣内健二を悩ます問題が、まだあった。全二十六回の予定でスタートし、企画書（前項参照）には、脚本家として倉本聰の名前しか挙がっていない。ところが倉本は、石川俊子名義をふくめ、十五回分の脚本しか書いていない。残りの十一回分は、高際《たかぎわ》和雄《かずお》、宮川一郎、斎藤憐《さいとうれん》、土橋成男《どばししげお》、野波静雄の五人が手分けして執筆した。

制作スケジュールを考慮しながらの脚本分担は、容易ではなかった。〝6羽〟は一話完結にして、ときどきつながりをもたせた連続ドラマでもあった。倉本が設計したプロットにそって、ストーリーを構築しなければいけない。のちの『北の国から』（全二十四回）のように、倉本が二十六回すべての脚本を引き受けていたら、制作側も頭を悩ますことがなかった。

「秋刀魚」の回もそうですが、なんでもない場面をきちんと描いて、「小さな嘘をつかない」。そのうえでストーリーは、「え、そんなことあるの?」と思わせる。ここのギャップのおもしろさが、倉本のホンの魅力です。

ですから、「忙しくて、ぜんぶ書けない」と言われて、困りました。倉本のプロットを生かしながら、作者の意向も聞きつつ、倉本と遜色《そんしょく》のないホンを、誰に書いてもらうのか。とても大変でした。「6羽の路線だけは外さないでください」と倉本から念を押され、「外すわけがないでしょう」と言いました。

高際和雄は、倉本の弟子です。ホンが倉本の気に入らなくてね、体育会系のスパルタ師弟関係ですよ。宮川一郎は、倉本に一目置いていたようで、「しょうがねえなあ」と引き受けてくれました。土橋成男は、ぼくと親しい仲で、新国劇の舞台も書いてもらった脚本家です。

『土曜劇場　6羽のかもめ』放送リスト（筆者作成）

| 話数 | 放送日 | サブタイトル | 脚本 | 演出 | ゲスト |
|---|---|---|---|---|---|
| 1 | 1974年10月5日 | 6羽目 | 石川俊子 | 富永卓二 | 織本順吉、高野真二 |
| 2 | 10月12日 | 秋刀魚 | 石川俊子 | 富永卓二 | 小沢幹雄、坂脩（阪脩）、小林大輔、丹羽節子 |
| 3 | 10月19日 | ゴシップ | 石川俊子 | 富永卓二 | 香山美子、穂積隆信 |
| 4 | 10月26日 | 婚姻届 | 高際和雄 | 富永卓二 | 仲谷昇、田口計 |
| 5 | 11月2日 | 花三輪 | 石川俊子 | 富永卓二 | 久慈あさみ、福田公子、三島史郎 |
| 6 | 11月9日 | 事務長 | 高際和雄 | 大野三郎 | 佐野浅夫、中北千枝子、高野真二 |
| 7 | 11月16日 | ギックリ・カメラです | 石川俊子、高際和雄 | 大野三郎 | 伊吹徹 |
| 8 | 11月23日 | 大問題 | 倉本聰 | 富永卓二 | 深江章喜、岬マコ、木下清 |
| 9 | 11月30日 | 乾燥機 | 倉本聰 | 大野三郎 | |
| 10 | 12月7日 | 花嫁の父 | 倉本聰 | 大野三郎 | 有島一郎、初井言栄、郷鍈治、泉晶子、露木茂 |
| 11 | 12月14日 | 冬将軍 | 倉本聰、高際和雄 | 富永卓二 | 高沢順子、野々村潔、川口敦子、武内亨 |
| 12 | 12月21日 | 忘年会 | 宮川一郎 | 大野三郎 | 加藤嘉、安部徹 |
| 13 | 12月28日 | 切符屋の熊 | 倉本聰 | 大野三郎 | 藤岡琢也、内田勝正、小林勝彦 |
| 14 | 1975年1月4日 | ひとり | 倉本聰 | 富永卓二 | 宮口精二、露木茂 |
| 15 | 1月11日 | わたしはカモメ | 斎藤憐 | 大野三郎 | 宮口精二 |
| 16 | 1月18日 | 扶養家族 | 倉本聰 | 富永卓二 | 室田日出男、水森亜土、岬マコ、南州太郎 |
| 17 | 1月25日 | 再会 | 斎藤憐 | 大野三郎 | 朝丘雪路、山口崇（ノンクレジット） |
| 18 | 2月1日 | 転勤 | 土橋成男 | 富永卓二 | 伊藤孝雄、三條泰子、十朱久雄、大和田獏、柴俊夫 |
| 19 | 2月8日 | オルゴール・メリイ | 野波静雄 | 大野三郎 | 曽我廼家一二三、矢崎滋 |
| 20 | 2月15日 | 個人的事情 | 倉本聰 | 大野三郎 | 新田昌玄、田中筆子 |
| 21 | 2月22日 | 恋はすまじ | 土橋成男 | 富永卓二 | 香山美子 |
| 22 | 3月1日 | 大監督 | 宮川一郎 | 富永卓二 | 西島悌四郎、吉岡ゆり、田口計、山本廉 |
| 23 | 3月8日 | 非常識 | 斎藤憐 | 大野三郎 | 石橋蓮司、広瀬昌助 |
| 24 | 3月15日 | 青春賛歌 | 土橋成男 | 富永卓二 | 月丘夢路、倉石功、テレサ野田 |
| 25 | 3月22日 | 死んで戴きます | 倉本聰 | 大野三郎 | 黒柳徹子、川合伸旺、若杉英二、樋浦勉 |
| 26 | 3月29日 | さらばテレビジョン | 倉本聰 | 富永卓二 | 山崎努、黒柳徹子、小山田宗徳、浜田寅彦、二見忠男 |

原案：倉本聰　プロデューサー：嶋田親一、垣内健二　音楽：深町純（主題歌『かもめ挽歌』加藤登紀子）
美術制作：松下朗　美術：藤森信之　技術：大西貢、林持博　照明：梶光正　カメラ：清水雅夫
出演：淡島千景、高橋英樹、加東大介、長門裕之、夏純子、栗田ひろみ、ディック・ミネ、桜むつ子、本郷あきら、原洋子、下之坊正道、喜多岡照代、小鹿番、中条静夫、矢田稔、柳瀬志朗、北浦昭義、蜷川幸雄、斎藤晴彦、五藤雅博、柳生博、小野武彦、大滝秀治、村瀬幸子、青木和子ほか
制作著作：フジテレビ　制作協力：新制作

自由劇場にいて、のちに『上海バンスキング』（一九七九年初演）を書く斎藤憐は、大野三郎の推薦でした。テレビドラマの仕事は、これが初めてだった気がします。倉本も、どういう作家か知っていますから、「お手並み拝見」と注目したんじゃないですか。むしろ、憐さんはよく引き受けたと思います。倉本への遠慮もあるだろうし、作家としてはやりにくいですよ。

異なる脚本家が書きつつ、ストーリーに連続性をもたせたエピソードに、第十四回「ひとり」（倉本聰脚本、富永卓二演出）と第十五回「わたしはカモメ」（斎藤憐脚本、大野三郎演出）がある。そのいずれにも、かもめ座の元劇団員で、モエ子の相手役だった北村五郎が登場する。この役を文学座の創立メンバーで、杉村春子の盟友だった宮口精二《みやぐちせいじ》が演じた。文学座をやめ、東宝演劇部に移った宮口のキャリアを、配役にうまく投影させている。

倉本脚本の「ひとり」は、淡島千景ふんするモエ子以外、ほかの〝5羽〟はほとんど出てこない。年末年始のため、帰省や旅行でモエ子のそばには誰もいない。行きつけの喫茶店「ミネ」も休みで、モエ子はひとりになる。明けて正月四日、東洋テレビの正月特番の仕事で、モエ子は北村（宮口）と再会する。妻を亡くしたばかりの北村も、ひとり暮らし。ふたりは俳優の仕事について語り合う。

倉本回の「ひとり」のあと、斎藤脚本の「わたしはカモメ」が続く。舞台への情熱を取りもどしたモエ子は、アントン・チェーホフの『かもめ』を自主公演しようと思い立つ。「かもめマンションを売ってでもやる」と語るモエ子に、北村は「今度は誰もいなくなるよ」と忠告する。モエ子を慕う弁三も、〝俳優ごころ〟を思い出し、自主公演のために奔走する。

しかし、六人だけのかもめ座に『かもめ』の上演は無理だ。夢をあきらめた弁三は、部屋の押し入れから、劇団の創立時にやった『かもめ』の上演台本を見つけ出す。トレープレフ（若手作家）の台詞をひとり語る弁三を見て、モエ子がニーナ（トレープレフが恋する若手女優）の台詞で応える。淡島千景と加東大介が、『6羽のかもめ』の中心にいることがわかる。

『6羽のかもめ』の視聴率は、平均七パーセント前後、関東地区では五パーセントを割るなど悪かった。ただ、中条静夫（一九二六〜一九九四）ふんする清水部長（次項参照）が人気になるなど、テレビ業界には隠れファンがいた。嶋田は、面識のある美空ひばりからじかに「私も出して」と頼まれた。「ひばりクラスになると、本人がよくても、そう簡単に出てもらうわけにいきません」と嶋田は回想する。

ドラマが終盤にさしかかるころ、川南弁三役の加東大介が病に倒れた。弁三は、〝6羽〟の束ね役であり、加東のはまり役だったこともあり、代役はむずかしかった。

加東さんのことは心配でした。だいぶ前から、具合が悪いと聞いていたんです。弁ちゃんの扱いをどうしようか、悩みました。途中で重いガンだと知ったので……。病院にお見舞いに行くと、本人はやる気なんです。マネージャーの山崎さんから病状を聞き、「最終回まで間に合うかな」とふと頭によぎりました。

弁ちゃんがいないと、このドラマは成り立たなかった。脇役なんだけど、弁ちゃんがつねにいるから、モエちゃんや大介をはじめ、ほかのいろんなキャラクターがきわだつ。弁ちゃんなくして

「かもめ座」は語れないし、加東大介という俳優なくして、このドラマもありません。スタッフとキャストは、みんなそう感じていました。

敬愛する淡島千景の主演ドラマであり、加東自身、このドラマの仕事が好きだった。深刻な病状のなか、入院先から河田町のフジテレビスタジオに通い、収録にのぞんだ。その姿を、マネージャーの山崎洋子が著書『沢村貞子《さわむらさだこ》という人』（新潮社、二〇〇四年十一月）に明かしている。山崎は、加東の姉である沢村貞子のマネージャーでもあった。

弁三が登場しなかったのは、第二十三回「非常識」（斎藤憐脚本、大野三郎演出）と第二十四回「青春賛歌」（土橋成男脚本、富永卓二演出）だけである。脚本を一部変えて、前者は長門裕之の英夫が、後者では中条静夫の清水部長が、弁三の代わりをやったように見える。

『6羽のかもめ』最終回「さらばテレビジョン」台本（1975年）。[嶋田旧蔵]

一九七五（昭和五十）年三月二十九日、『6羽のかもめ』の最終回「さらばテレビジョン」（倉本聰脚本、富永卓二演出）が放送された。それはこんなストーリーである。

東洋テレビで開局二十周年記念ドラマ『さらばテレビジョン』の制作が決まる。一九八〇年四月一日、テレビの俗悪化を憂う政府が「テレビ禁止令」を発令する近未来SFドラマだ。その劇中、作家の男

（山崎努、現・山崎努）が視聴者に向けて叫ぶ。「さらば！　さらばスタジオ！　さらば視聴率！　そして、さらばテレビジョン！」。「テレビが禁止される」という縁起でもないドラマを、テレビ局が放送していいのか。局上層部と制作現場で、緊迫した人間模様が錯そうする。

弁三は、最終回「さらばテレビジョン」の要となった。この記念ドラマに、プロダクションのマネージャー・梶谷元吉役で出演が決まる。弁三にとって、ひさびさの俳優稼業である。倉本の脚本は、戦時下の南方ボルネオ島で飢えのために愛馬を食べてしまった弁三の傷を、あわせて描く。ニューギニアで敗戦を知った加東大介の実体験が、そこに込められている。

加東さん、いい人でね。病院から撮影に来てもらい、最終回まで出てもらいました。「この役だけは、なんとしてもやりたい」とマネージャーの山崎さんを通じて言ってくれたんです。最後まで役をまっとうしましたね、この人は……。最終回の収録のとき、加東さんが言ったのかな。「息子と共演したい。シーンに残したい」と。そう頼まれて、たしかふたりのシーンをやりました。

最終回の中盤、物思いにふけながらパチンコをする弁三のショットがある。弁三はそこで、『さらばテレビジョン』への出演を決める。それは、かもめ座のマネージャーをやめ、芸能界から去ることを意味した。そのすぐとなりで、ひとりの若者がパチンコに興じている。それが長男の加東晴之（ノンクレジット）と思われる。（図A）山崎洋子のエッセイによれば、劇中での親子共演は加東の希望ではなく、富永卓二の厚意によるものだった。

記念ドラマ『さらばテレビジョン』は、東洋テレビ上層部の判断で制作中止と決まる。弁三はマネージャーをやめ、かもめ座の面々に別れを告げるのか……。その結末があきらかにされないまま、『6羽のかもめ』は幕となる。

最終回のVTR収録は、三月九日と十日に、フジテレビの第十スタジオでおこなわれた。撮影のあとスタジオで、スタッフとキャストが記念撮影した。撮影の様子は、最終回のエンディングで映像が流れ、ラストシーンを終えた加東の姿もある。

それから約五か月後の一九七五年七月三十一日、加東大介は亡くなった。享年六十四。

告別式に参列した倉本聰は、斎場の庭の片すみで列に背を向け、ひっそりと立つ淡島千景の姿を見かけた。倉本のエッセイ集『さらば、テレビジョン』に、その話がある。

図A

『6羽のかもめ』クランクアップ（1975年3月10日、フジテレビ第10スタジオ）。嶋田親一、倉本聰、富永卓二、大野三郎、淡島千景、高橋英樹、加東大介、長門裕之、夏純子、栗田ひろみ、ディック・ミネ、中条静夫、矢田稔、北浦昭義、柳瀬志朗、桜むつ子、原洋子、本郷あきら、喜多岡照代、下之坊正道らがいる。[嶋田旧蔵]

# 7羽目——中条静夫

聞き取りの席で嶋田は、『6羽のかもめ』のメインキャラクター、つまり〝6羽〟を演じた俳優について、あまり多くを語らなかった。加東大介ふんする川南弁三は別として、淡島千景の犬山モエ子、高橋英樹の田所大介、長門裕之の桜田英夫、夏純子の水木かおり、栗田ひろみの西条ひろみのエピソードが、話題としてそれほど出てこない。ひとりのサブキャラクターが、ドラマの話題をさらったからだ。

東洋テレビ編成局第二制作部長の清水正義《しみずまさよし》、演じるのは中条静夫。民放テレビ局の中間管理職である清水部長の人気が、回を追うごとに高まり、〝6羽〟の存在をしのぐほどになる。

中条静夫の清水部長は「7羽目」と呼ばれたくらいで、「ドラマは生きものだ」と感じました。演じる俳優が役を育てあげ、ドラマの世界が動き出す。その典型だったと思いますね。脇役が話題になると、やきもちを焼く共演者はいたはずです。淡島さんから呼び出されて、「〝6羽〟が主役を交代しながら、ドラマをつくっていくはずでは?」と言われたときは、ひたすら謝りました。

とはいえメインの六人だけでは、このドラマは弱かった。〝6羽〟が引き立つためには、たとえば栗田ひろみの役は、もっとおもしろくないといけない。その意味でも、清水部長とディック・ミネのマスターがいてよかった。歌手が本業のミネさんは、最初はちょっと出る予定だったんです。でもファンが増え、出番が多くなりました。ぼくも、ミネさんがあんなにうまくやってくれるとは、思っていなかった。清水部長やマスターのような狂言まわしがよければ、ドラマはより魅力的になるんです。

戦時中、陸軍に召集された中条静夫は、三か月の兵役のすえ、敗戦を知る。それからまもなく神戸製鋼に入社する。しかし、実直なサラリーマン生活に飽き、映画スターになることを夢みる。一九四八（昭和二十三）年には、大映のニューフェイス第四期生として、大映東京撮影所に入った。一九五〇年代の日本映画全盛期には、脇役・端役として、たくさんの大映現代劇に出演した。

一九六〇年代のなかばには、銀幕からブラウン管へと活躍の場を移していく。大映テレビ室制作『ザ・ガードマン』（TBS、一九六五〜七一年）では、「東京パトロール」の小森隊員役でレギュラー出演し、お茶の間に知られる顔となる。一九七一（昭和四十六）年に大映が倒産したのを機に、福田《ふくだ》恆存《つねあり》ひきいる劇団欅《けやき》に入団した。それからは欅に所属しながら、善悪の役をとわず、さまざまなジャンルのテレビドラマに出た。

制作部長に中条さんを配したのは、演出の富永卓二のアイデアです。「いかにもテレビ局にいそうな中間管理職で、もっともらしい顔の役者をさがして」と富永に頼んだんです。男優がずらっと居ならぶ大映のテレビドラマ（『ザ・ガードマン』）に中条さんがいて、目にとめたらしいです。

中条静夫という俳優を、ぼくはよく知らなかった。「なかじょう・しずお」と思っていたくらいです。話を聞いたら、かなりのキャリアの持ち主で、ぼくの早稲田の同窓生で友人の杉田康《すぎたこう》（一九三〇〜）と大映映画にたくさん出ていた。初めてお会いしたら、古武士のような佇まいなのに、コミカルな人でね。年上の大正生まれなのに、ぼくのことを「兄《あに》さん」と呼ぶんです。

清水部長は、いつもスーツの上着を脱いだベスト姿です。あれはぼくのマネです。衣装合わせのとき、「どうですか」と訊かれておどろいた。そのまんまだもん（笑）。スタッフも悪ノリして、清水部長が座る制作部のソファーは、ぼくが新制作で使った部屋を再現しています。「あの部長は、嶋田がモデルだ」と言った人もいたくらい。


たしかに当時の中条静夫と嶋田親一は、なんとなく面差《おもざ》しが似ている。富永卓二が、中条を制作部長役に推薦したのは、嶋田に対する皮肉のようにも思える。

その清水部長は、第二回「秋刀魚」から登場する。当初の役名は、ただの「部長」だった。前項で書いているが、あらためてストーリーを紹介する。東洋テレビの料理番組に大介（高橋英樹）が生出演し、さんまの頭を右がわにして盛りつけてしまう。「魚は右が頭」と信じこむ母・正子（村瀬幸子）の習慣である。局にはクレームが殺到し、担当プロデューサーの佐治（小沢幹雄）が「馬鹿なおふくろ」と暴言を吐く。キレた大介がプロデューサーを殴り、佐治を気絶させてしまう。

この事件は、東洋テレビ労働組合を刺激する騒動に発展する。マネージャーの弁三（加東大介）は、第二制作部へ謝罪におとずれる。ここで清水部長（中条静夫）と矢口課長（矢田稔）が初登場する。『倉本聰コレクション5　6羽のかもめ』より、当該シーンを引用する。

部長。

髪の毛をくしゃくしゃとかく。

部長「困っちゃうンだよねえ、こういうのは本当に」

弁三「まことに何とも申し訳けありません」

部長「暴力はいけませんよ暴力は君」

弁三「まったくおっしゃるとおりであります」

部長「うン」

うなだれている弁三。

電話鳴る。

課長「（とって）はい、部長席——あ、少々お待ちください。——部長、平井君」

部長、立ちあがってゆっくり席へ行く。

行きつつ。

部長「（弁三に）おたがい君いいとししてやってるンだ。まァ、お母さんを冒瀆《ぼうとく》されて怒った、田所君の気持はよくわかるけど、テレビ局ってとこは君、何てったたってインテリの職場なンだから」
弁三「は」
部長「(電話に) ああ私。見たよ第一話。ありゃ君だめだよ。あれじゃ全然視聴率上がンないよ?　もっとアクションをとり入れてだな。ガンガン殴るとか、ぶっとばすとか。――殺しちゃいなさいよォもっともっとバリバリ」
うつむいている弁三。
部長の声「だめだよ、そんなのオ――あすこだってあんた、もっと派手にさ、どういうかグイグイ、エグッちゃうとかさァ」

前項で書いたとおり、倉本聰は作家(脚本家)の義務として、本読み(読み合わせ)にはかならず同席した。おもな登場人物はもちろん、脇役にいたるまでキャスティングの成否がここで問われる。ときには俳優に対して、演出家以上のきびしいダメを出す。
その倉本も、配役の妙と中条静夫のうまさには舌を巻いた。のちにインタビューでこう語る。
《初め、清水部長はなにげなく書いちゃったんですけど、中条さんがやるとやたらおかしくって、実感があって、どんどんイメージがふくらんできたんです》(『サンデー毎日』一九七五年二月十六日号、毎日新聞社)。

**ホント、最初の読み合わせからおかしかったんですよ。部長の口ぐせである「困っちゃうンだよ**

なあ」、あそこでみんな大笑い。倉本と顔を見合わせ、おたがいにニヤッと笑いました。いまでも、その光景を思い出します。

中条さんはえらく役にノッてくれて、「このドラマはいける」と感じました。そしたら倉本が、部長の役を大きくしていった。局の制作部長として、ちょっと出る予定だったんです。それを中条さんが、倉本がイメージした以上の役に育てた。俳優の持ち味と作家の書いた役がマッチした。だから倉本は、清水部長に焦点を合わせてエピソードを練り、出番を増やしていったわけです。

倉本は『6羽のかもめ』のなかで、これでもかとテレビの世界を風刺した。テレビ局のいびつな組織、労働組合の横暴、人気スター偏重のドラマづくり、スポンサーへの忖度《そんたく》、NHKに対する民放のライバル意識などなど。いっぽうで、そこに働く人たちへの愛着をこめた。清水部長は、その象徴といえる。人気スター、スポンサー、局の上層部、労働組合をつねに意識し、視聴率に一喜一憂し、部下の前で「困っちゃうンだよなあ」と頭をかく。

第二回「秋刀魚」で手ごたえを感じた倉本は、制作部長の場面を増やしていく。東洋テレビの局内シーンが多いので、出番をつくりやすい。部長の人物設定も決めた。名前は清水正義。早稲田大学仏文科卒で、卒論はジャン＝ポール・サルトル。妻と息子と双子姉妹の五人家族で、娘には「ちあき」と「なおみ」と名づけた。

そのうえで倉本は、清水部長が主人公のエピソードを書いた。第九回「乾燥機」（倉本聰脚本、大野三郎演出）である。東洋テレビと関係プロダクションの共催で、合同ゴルフコンペが開催される。

スポンサー提供の目玉賞品は、家庭用電気乾燥機。コンペの当日、清水のボールがバンカーに落ち、いくら叩いても砂から出てこない。清水は尻ポケットにしのばせたニューボールを、こっそりグリーンに投げた。ところがボールの包み紙をはがしておらず、イカサマがプレーするメンバーにバレてしまう。

東洋テレビでは、清水の制作本部長昇進が噂されていた。実権をにぎるであろう清水の不正を、参加者は誰も責めない。イカサマを「珍プレー」と称し、「ユーモア賞」の名目で、清水に電気乾燥機を贈呈する。表彰式で清水は、憮然《ぶぜん》としつつ、ちゃっかり賞品の目録を受け取った。

このあと銀座の高級クラブで、打ち上げが開かれた。清水は十八番のちあきなおみ『喝采《かっさい》』を熱唱する。酔っぱらったプロデューサーの中原（蜷川幸雄）が、大向こうをかけた。「いよッ、家庭用電気乾燥機ッ！」。顔面を硬直させた清水は、そのまま店を出ていってしまう。そもそもの倉本のシナリオでは『喝采』でなく、高倉健の『網走番外地』になっていた。

清水部長がイカサマをするでしょう。いまでもドラマを見た人から、「あのシーン、おもしろかった」と言われるんです。でも、ゴルフの場面はどこにもない。ゴルフ場のセットを組むと、お金がかかります。矢田稔の課長や蜷川幸雄のプロデューサーが、台詞で状況を説明するだけ。そこが大野三郎の演出のミソで、印象的なシーンになりました。

カラオケのシーンは、清水部長にうまく歌ってもらうことが大事です。ヘタだと逆におもしろくない。読み合わせのとき、「中条さん、なにが得意ですか？」という話になり、『喝采』になったん

図A

じゃないかな。

清水部長が早稲田で、プロデューサーの中原が東大、上司が部下にコンプレックスを抱いている。しかも中原は、副業で作詞をしている。この役は、TBSの久《く》世《ぜ》光彦《てるひこ》がモデルです。久世も倉本も東大です。「絶対にモデルじゃない」と倉本は言い張っていたけれど、どう見ても久世でしょ（笑）。蜷川幸雄もぴったりでね。演出家になる前で、あんまりうまい俳優ではなかった。でも、この配役は当たりでした。

部下の中原に恥をかかされた清水は、「かもめマンション」の前にひとり佇む。そこへ、弁三が帰ってくる。場面は変わって、深夜のスナック。カウンターで水割りをかたむけるふたり。清水は、賞品の家庭用電気乾燥機を返上し、「ゴルフもやめる」と弁三にゴルフセットを進呈する。そして、乾燥機にこだわった理由と妻への愛、中原へのコンプレックスを訥々《とつとつ》と弁三に語りだす。（図A）

それから日が経ち、街に木枯らしがふく。電器店のショーウインドーに飾られた電気乾燥機を、清水が哀しげに見つめている。道ゆく人に踏みつけられ、ボロボロになったスコアカードが大写しになる。スコアカードは、風に舞い、雨に濡れ、雪に埋もれていく。そこに加藤登紀子の『かもめ挽歌』が流れて、第九回「乾燥機」はエンディングとなる。

　このエピソードが、清水部長の人気を高めるきっかけになった。フジテレビには「部長をもっと出して」と電話や投書があいつぎ、清水を話題の人として取り上げる記事も出た。『サンデー毎日』の特集「この中間管理職の悩み　部長サンに寄せる困っちゃうほどの共感」（一九七五年二月十六日号）は、そのひとつである。

　この記事には、作者の倉本聰、演者の中条静夫、プロデューサーの嶋田が取材に応じた。嶋田はここで、次回作の構想を明かした。《倉本さんと五月から新番組を製作するんだが、ぜひその番組にも中条さんを清水部長の役のまま、出演してもらおうと決めているんです》。後述するスタジオドラマ『あなただけ今晩は』が、その新番組にあたる。

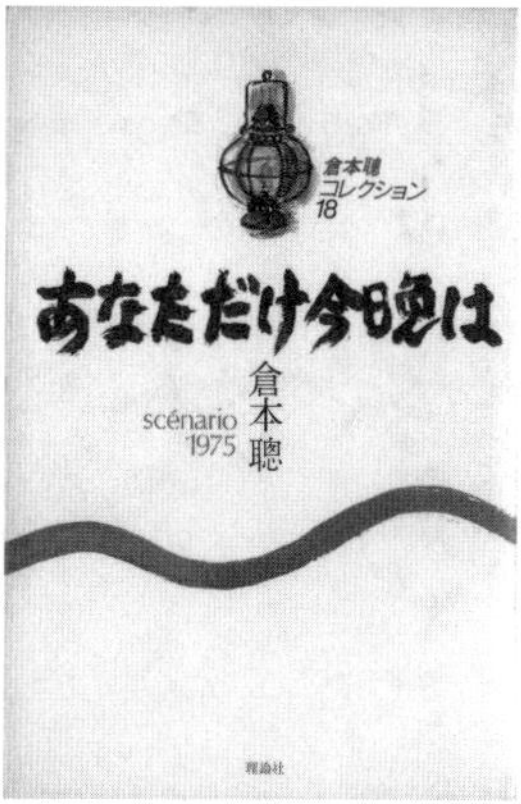


倉本聰『倉本聰コレクション18　あなただけ今晩は』（理論社、1984年）。

　「乾燥機」のあとも、倉本の脚本回を中心に、清水の出番が目立って増える。第二十回「個人的事情」（倉本聰脚本、大野三郎演出）では、浅草でうなぎ屋を営む大介の兄・正一（大滝秀治）と清水が、小学校の同級生だとわかる。中条静夫と大滝秀治のふたり芝居は、五分以上の長まわしで、淡島千景が「誰が主役なの？」と嶋田に意見したとしても無理はない。

最終回「さらばテレビジョン」(前項参照)をもって、『6羽のかもめ』は幕となる。清水部長も登場するが、ラストエピソードは「弁ちゃん」こと川南弁三が中心となる。一世一代の名演を見せた加東大介にとって、これが最後の仕事になった。脚本の倉本も、ラストは〝7羽目〟ではなく、〝6羽〟に花をもたせた。

そのかわり、中条静夫をレギュラーにひっぱりだし、新たな連続スタジオドラマを制作した。『土曜劇場　あなただけ今晩は』(全十回、一九七五年七月二十六日〜九月二十七日放送)。原案と脚本は倉本聰、プロデューサーは嶋田親一と中村敏夫、演出は大野木直之だった。フジテレビ開局時からキャリアを重ねた大野木は、『平岩弓枝ドラマシリーズ』を多く演出したことで業界に知られている。

主演は若尾《わかお》文子《あやこ》(一九三三〜)。大映映画のトップスターだった若尾も、当時はテレビドラマと商業演劇を活躍の中心にしていた。若尾ふんする主人公の三上夕子は、夫の六助(藤田まこと)を残し、あの世へ旅立つ。黄泉《よみ》の国への列車に乗る前、かつて使用人だった茂吉(六代目瀬《せ》川菊之丞《がわきくのじょう》)と再会し、四十九日間有効の現世への切符を手に入れる。

夕子は、同じ境遇にある秋子(岸田今日子)にけしかけられ、夫の六助恋しさに現世へもどることを決める。ところが当の六助は、会社の同僚である田辺幸子(仁《に》科明子《しなあきこ》、現・仁科亜季子)に関心を寄せている。夕子はあの手この手で、六助の気を引こうとする。

『あなただけ今晩は』は、「若尾文子主演でなにか一本」とスタートした企画でした。『6羽のかもめ』が当たったし、中条静夫もいるので、勢いでやろう」と倉本に書いてもらった連続ドラマです。演出の大野木直之は、ぼくのいる新制作の人間ではありませんが、フジテレビでは古い付き合いのディレクターです。

最初に若尾さんが決まって、そのあと相手役の藤田まことの名が挙がりました。倉本が藤田さんに興味を持って、「一度やってみよう」となったのかな。お気に入りだった仁科明子をはじめ、ほかのキャストも倉本の希望にそっています。〝6羽〟で「ミネ」の寡黙な店員をやった下之坊正道が、ここではマスターをやっています。前進座の瀬川菊之丞と河原崎国太郎《かわらさきくにたろう》（五代目、駅長役）にも出てもらいました。どちらも亡き先代で、倉本もぼくも前進座が好きだったから、キャスティングしたんです。

主人公の夕子は幽霊なので、この世では姿が見えない。夫の六助にも見えない。そのせつない恋模様に、六助の兄で銀行員の一平がからんでくる。「夢枕に立つ」という設定で、一平だけは夕子の姿が見える。この役を、中条静夫がやった。

一平は、義理の妹である夕子の話し相手となり、ときには騒動に巻き込まれる。単行本化されたシナリオ（『倉本聰コレクション18　あなただけ今晩は』理論社、一九八四年五月）を読むと、夕子と一平のやりとりが、このドラマの見せ場になっている。おそらく倉本は、中条がやることを念頭に、一平の台詞を書いている。

若尾さんの主人公が、四十九日に成仏するまでの物語です。ゴーストものというか、倉本の好きなSFの世界ですよ。「6羽の夢よ、もういちど」とばかりに、ぼくもはりきりました。ただ、ドラマの設定はよかったんですが、〝6羽〟にくらべると凡作でした。全精力をかたむけたあとの作品ですし、そう続けてヒット作はね……。

このころから中条さんは売れっ子の名脇役になり、NHKや他局が好んで起用しました。それはよかったものの、若尾さんには申し訳なかった。若尾さんとしては、ちょっとやりがいのない役だったと思います。この世にあらわれて、隅っこでいつもじっとしている感じですから。しかも、若尾文子主演なのに、いつのまにか中条静夫ありきの企画になってしまった。そのあと若尾さんとお仕事する機会もなく、残念でした。

倉本聰は『6羽のかもめ』などの脚本が評価され、一九七四（昭和四十九）年度のギャラクシー賞（放送批評懇談会）を受賞した。一九七〇年代の名作ドラマとして、この作品を愛する人は多く、筆者もDVDでくりかえし見た。嶋田にとっても終生愛した仕事となり、番組の企画書や最終回「さらばテレビジョン」の台本、写真などを捨てずに保存した。

そのあとの『あなただけ今晩は』は、シナリオが公刊されたものの、DVD化されることはなかった。嶋田も本放送のあと、一度も見る機会がなかったそうである。

試験放送の時代からフジテレビで、たくさんのスタジオドラマを手がけた嶋田にとって、『あなただけ今晩は』が、最後の連続スタジオドラマの現場となった。テレビドラマの仕事から、距離を置かざるを得なくなったからである。

一九七六（昭和五十一）年五月、嶋田は新制作の代表取締役社長を退任し、取締役相談役となる。翌七七（昭和五十二）年十一月、フジテレビは四つの外部プロダクションを統廃合し、「フジ制作」「フジプロダクション」「フジ映像」の三社に再編成した。翌十二月、嶋田親一、岡田太郎、五社英雄の三人に、フジテレビ総務局経営資料室への異動が命じられる。その肩書きは、番組の制作にタッチすることのない「調査役」だった。

開局前の試験放送『警察日記』『執刀』（第一章参照）から、『6羽のかもめ』『あなただけ今晩は』まで、およそ十六年。嶋田がフジテレビで手がけたスタジオドラマは、正確な本数やタイトルがはっきりしない。生ドラマ（生放送のドラマ）の映像はもとより、VTRの多くがうしなわれ、検証することがもはやむずかしい。

そこで暫定的なものであるが、嶋田が演出ならびにプロデュースしたドラマのリストを、この本の巻末に載せた。ディレクターとして最後の演出作となった『シオノギテレビ劇場　ピーターと狸』（本章の冒頭参照）までがモノクロ、それ以降のプロデューサーとして担当したドラマはカラーである。創成期テレビドラマのひとつの資料になれば、嶋田もよろこんでくれる気がする。

## みちのく慕情——緒形拳、岡本喜八、桜田淳子

嶋田親一は、『6羽のかもめ』と『あなただけ今晩は』を最後に、フジテレビのスタジオドラマの制作から離れた。〝ドラマ屋〟からのちの仕事について、簡単に書いておく。

一九七七（昭和五十二）年十二月、フジテレビの外部プロダクション統廃合により、新制作から離れ、フジテレビ総務局経営資料室調査役に異動となる。この人事が結果的に、テレビにとどまらない場を生んだ。ひとつは演劇、ひとつは映画である。

演劇では、財団法人民主音楽協会（略称「民音《みんおん》」）主催「民音浪漫《ろまん》劇場」をプロデュースした（一九七六～七八年）。第二回公演『からすなぜ啼《な》くの～さすらいの詩人・野口雨情《のぐちうじょう》』（各地巡演、一九七七年三月七日～四月二十日）では、プロデュースと演出を兼任し、野口雨情役の緒形拳とひさしぶりに仕事をした。一九六八（昭和四十三）年、新国劇とフジテレビの業務提携の直後に、劇団の後継者と目されていた緒形拳が突然退団した（第三章参照）。これがきっかけで嶋田と緒形は、なかば絶交の状態となった。

「緒形拳と芝居で和解したほうがいい」と言ってくれた人がいたんです。『からすなぜ啼くの』の野口雨情は、それがきっかけ。林秀彦の脚本、渡辺岳夫の音楽、ぼくの演出です。緒形は忙しくて、途中まで代役で稽古しました。芝居が固まったあたりで、やっと稽古に来た。お互いに「よお」だけですよ。緒形が新国劇を退団したときは、いろいろ揉めましたが、憎しみあって別れたわけではないので。

公演の中日《なかび》ごろ、「ぼくのかみさんにはなれない」と緒形が言いだした。雨情の最初の妻を演じた女優さんと、イキが合わなかったんです。自分勝手ではありつつ、緒形らしいな、と感じました。結局、その人は降板してしまった。

公演が済んでから、緒形から手紙が届きました。《芝居の不出来の個所やスタッフキャストの不信感はすべて私のスケル《ママ》のなさです。腹の底から反省してます。これにこりずに亦組んで下さい。精進します》（一九七七年四月二十三日消印）と書いてある。役を降ろされたほうは傷つくし、緒形も後味が悪かったんじゃないかな。それを手紙にするところが、いかにも素直でね。緒形とはそのあと、島田と辰巳の特別公演（一九八〇年、第三章参照）をいっしょにやりました。

緒形拳。スタジオアルタ第１回演劇プロデュース「島田正吾・辰巳柳太郎　八月名作特別公演」顔合わせ（1980年、東京都内）。［嶋田旧蔵］

映画では、新制作時代に株式会社東宝映画の企画顧問（一九七六年五月就任）となり、二本の作品をプロデュースした。沢島忠監督『巨人軍物語　進め‼栄光へ』（一九七七年三月十九日公開）、岡本喜八《おかもときはち》監督『ブルークリスマス』（一九七八年十一月二十三日公開）。いずれも株式会社東宝映画の製作、東宝株式会社の配給で、製作者として嶋田親一の名がある。

『ブルークリスマス』は、倉本聰のオリジナル脚本を、当時フリーの岡本喜八（一九二四〜二〇〇五）が監督した。UFOをめぐる世界的陰謀を背景に、国防庁の特殊部隊にいる沖退介（勝野洋《かつのひろし》）と理容師の西田冴子（竹下景子）の悲劇を描く。劇中では「ユーフォー」でなく、「ユーエフオー」と発言していた。製作には、垣内健二（『6羽のかもめ』プロデューサー）、森岡道夫（東宝映画プロデューサー）、嶋田の三人の名がある。

『ブルークリスマス』のプロットは、一九七六（昭和五十一）年八月にはできている。アメリカ映画『スター・ウォーズ』（一九七七年）が日本で公開される前年である。『企画書　ブルー・クリスマス（仮題）』（東宝映画、一九七六年八月八日）に、倉本が書いた「劇映画の為の企画『ブルー・クリスマス』（仮題）」がある。その冒頭には、《このドラマは一つのSFである。だが、単なる怪奇趣味の、いわゆる宇宙物・怪獣物に類する見せ物的SFを作る意図は我々の側には全くない》と書く。UFOの目撃者が、「血の青い生物」として抹殺されていく筋も、すでにできている。

**『6羽のかもめ』と『あなただけ今晩は』のあと、倉本と「映画をやろう」と話していたんです。**

同じころ、東宝映画の社長だった田中（友幸）さんの縁で、東宝映画の企画顧問になりました。企画顧問は、ぼくのほかに、石井ふく子、テレビマンユニオンの萩元晴彦など八人いました。〝映画屋〟が、〝テレビ屋〟の知恵を借りようとしたわけです。

倉本はSFが好きで、UFOの存在をかたく信じていました。血が青くなるというストーリーは、テレビでやるつもりだったのかな。東宝が企画にOKを出したのは、倉本聰の名前の大きさですよ。倉本のなかには、具体的な監督のイメージはなかったと思います。本人に言わせると「UFOを題材にした映画を撮れる監督は、日本にいない」。東宝にはご存じのとおり、監督がたくさんいます。候補者をひとりずつ消して、残ったのが岡本喜八です。

喜八さんと初めてお会いしたとき、「倉本は台詞を大事にしているので、変えるなら、作家も了解する変え方にしてほしい」と頼みました。すかさず、「ト書きはいいよね」ときた。倉本がシナリオに「アップ」と書いているシーンを、「ロング」のショットで撮った場面もあったと思います。

「企画書　ブルー・クリスマス（仮題）」（東宝映画、1976年）。［嶋田旧蔵］

嶋田のスケジュール帳によれば、一九七七（昭和五十二）年十二月二十三日、東京の赤坂プリンスホテルで、岡本喜八、馬場和夫（東宝映画専務）、森岡道夫、嶋田の四人で会談している。その席に倉本聰はいない。『ブルークリスマス』のシナリオはこの日、岡本に渡した。岡本はその心境を、劇場用パンフレットにこう明かす。《宇宙ものSF映画を撮りたいな、と思っていたら、去年のクリスマス・イブの日に、UFOの如く、クリスマス・プレゼントの如く、脚本《ブルークリスマス》が、私の眼の前に舞い降りた》（「もしかして…」『ブルークリスマス』東宝事業部、一九七八年十一月）。

キャスティングは、岡本と嶋田をふくむ製作担当者が相談して決めた。倉本は、それほど配役に希望を出さなかったという。JBC（日本国営放送）吉池理事役の島田正吾、竹入論説委員役の大滝秀治、沼田報道部長役の中条静夫は、嶋田のキャスティングだった。映画の題材は重苦しいけれど、中条の演技はコミカルだった。自宅から妻に電話で買い物を頼まれるシーンは、『6羽のかもめ』の清水部長をほうふつとさせる。

JBC局内のシーンはNHKでなく、河田町のフジテレビ本社でロケがおこなわれた。しかもJBCの制作部長役で、嶋田がカメオ出演している。UFOとの交信を公言するロックバンド「ヒューマノイド」が来日し、その記者会見をオフィスのテレビで見るシーンだ。（図A）台詞はないものの、嶋田のキャリアが意外なかたちでフィルムに記録された。

出演者では、早稲田（早大文学部）時代からの友人、杉田康が出ています。殺し屋みたいな役で（筆者注・杉田康が演じたのは国防庁側の人物で、倉本のシナリオでの役名は「紳士」）。「今度、喜八さんの映画を撮るんだ」と話したら、「いいなあ」と。「ギャラは二十万くらいしかねえぞ」と言ったら、ものすごくよろこんでね。岡本喜八の映画ですから、出たかったんでしょう。もとは華道家の杉田は当時、映画俳優をやめていました。でも、カメラと自分の立ち位置をカンで覚えていた。「さすが大映で飯を食った男だ」と感心しました。

それから、例の制作部長の役ね（苦笑）。喜八さんが現場でいきなり、「嶋田さん、出てよ」と言ったの。強引というか、のせかたがうまいんだ。「テレビで記者会見を見ている部長がいないと、場がつながらない」とへんな理屈を言うんです。

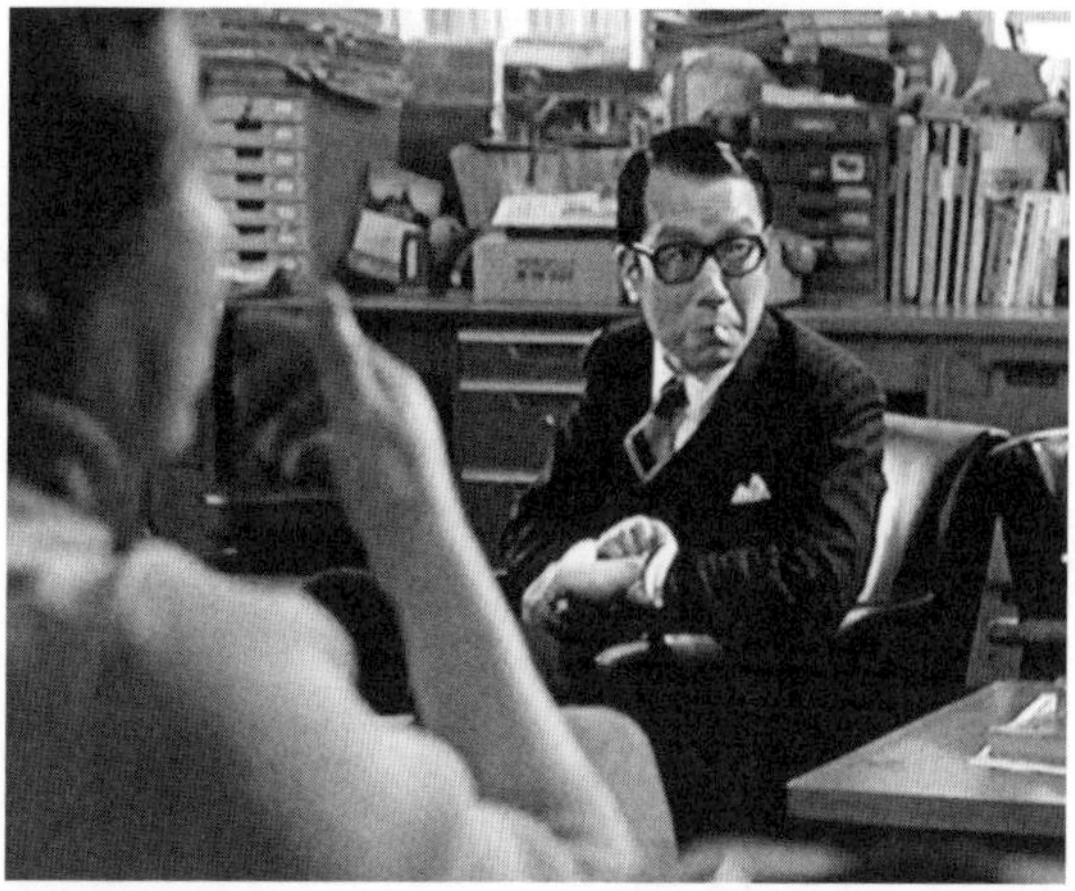
図A

完成した作品を見ると、ロケ地の変更、場面のカット、クローズアップの多用など、倉本聰のシナリオと岡本喜八の演出には、異なるところが多々ある。映画のプロモーションでいっしょに秋田に出かけるなど、嶋田と岡本の仲は悪くなかった。「さほどヒットしませんでした」と嶋田は言うけれど、いまでも『ブルークリスマス』のファンは少なくない。筆者も好きな映画で、DVDで見返すことが多い。人間の根ぶかい差別意識をあぶり出し、コロナ禍の状況を考えると、倉本のシナリオには今日的な示唆もある。

『6羽のかもめ』も、『ブルークリスマス』も、なんでもない場面をきちんとやる。基本の話は「え、そんなことあるの?」と思わせる。荒唐無稽な話だからこそ、細かいところはリアルに描く。そのギャップがおもしろい。そこはぼくと倉本の考えが一致していました。

いまでも「観ましたよ」と言われることがあって、うれしいです。当たらなかったけど、マニアックな人には人気がある、でも、プロデューサーとしては失敗作です。

人と人の才能を掛け算するのが、プロデューサーの役目です。その意味において、もっと突っ込むべきでした。倉本聰と岡本喜八を、喧嘩させてもよかった。「倉本のホンは気にせず、自由に撮ってくれ」と言ったら、もっと柔軟な演出になったかもしれない。それがのっけから、「シナリオを変えないでくれ」と言われたら、喜八さんもカチンときますよ。これはぼくが悪かった。

倉本も思うように演出に口出しができず、欲求不満がたまったんじゃないかな。そこはやっぱり、喜八さんに対する礼儀があったはずです。作品を良くすることより、ふたりの仲をまとめることに重点がいってしまった。それが、ふたりの個性を消してしまった。映画プロデューサーとしてのぼくの反省であり、未熟だったところです。

『ブルークリスマス』のあと、嶋田に大きな仕事が飛び込む。株式会社三越（現・株式会社三越伊勢丹ホールディングス）とフジテレビが提携した「情報映像ビル」、通称「Mプロジェクト」である。三越社長の岡田茂とフジテレビの鹿内信隆の肝いりで、合弁会社の設立が決まった。場所は新宿駅東口、三越系の食品スーパー「二幸《にこう》」新宿本店の跡地である。

この新事業の立ち上げメンバーに、嶋田が抜てきされた。ビルの名前は、フジテレビが推す「スタジオオルタ」(「オルタナティブ」に由来)と三越が推す「スタジオ55」(アメリカの「ゴーゴー」に由来)の二案で揉めた。最終的に「alternative」の頭文字をとって、「スタジオアルタ」に決まる。

一九八〇(昭和五十五)年三月、株式会社スタジオアルタが設立され、嶋田は常務取締役となる。翌四月、新宿東口に「スタジオアルタ(新宿情報ビルアルタ)」がオープンした。正面には大型のスクリーンビジョンを設置、七・八階には「スペースアルタ」をもうけ、河田町のフジテレビ本社とケーブルでつないだ。ここから平日昼の帯番組『日本全国ひる休み』(一九八〇年)が放送され、『笑ってる場合ですよ!』(一九八〇〜八二年)、『森田一義アワー　笑っていいとも!』(一九八二〜二〇一四年)と続いていく。


鹿内信隆いわく、「テレビは、局のスタジオだけでやっていてはダメだ。もっと外へ出ないといけない」。フジテレビは新宿区にあったので、町ぐるみで新宿を味方につけようという考え方です。その発想は悪くないし、ぼくも大賛成でした。

大型のビデオサインは、のちに失脚する三越の岡田さんのこだわり。六億ですよ、六億。全体で数十億くらいかかるビルで、そんなに使うのはおかしい。「それが目玉だよ、君」と岡田さんもゆずらない。香港の競馬場に同じものがあって、視察に行きました。

オープン時のインタビューでは、ぼくも威勢のいいことを言っています。実際には、当初の計画

新宿アルタ（2024年、新宿区新宿3丁目）。［筆者撮影］

がどんどん縮小されて、いまのアルタになった。やりたかったことの、二割くらいしか実現できませんでした。

　ただ、『笑っていいとも！』がヒットし、お笑いブームとアルタの人気がうまくリンクした。「待ち合わせは二幸の前で」と言っていたのが、「アルタの前で」になった。それでなんとなく、ぼくのなかで帳尻があった気がします。


　ちょうどこの原稿を書いているとき、新宿東口のスタジオアルタ（新宿アルタ）営業終了のニュースを知った。現在は、三越伊勢丹ホールディングスの経営で、二〇二五（令和七）年二月二十八日をもって、四十五年の歴史にピリオドを打つ。河田町からフジテレビが消えたいま、嶋田のキャリアを体感できる場だっただけに、閉店はさびしい。

　一九八〇年代、《楽しくなければテレビじゃない》のキャッチフレーズで、フジテレビはイケイケどんどんの時代だった。ちょうどそのころ、嶋田はフジテレビを退職した。一九八二（昭和五十七）年三月三十一日のことである。

ちょうど五十代になったころでした。実は、フジテレビの後押しを受け、秋田から国政選挙に立候補する話が動いていたんです。いろんな人たちにほんろうされ、嫌気がさし、結局出ませんでした。「出馬をやめたので、フジテレビにいさせてください」では、自分がぶざまなような気がして……。ぼくのいる場所はテレビにない、そう勝手に決めた。フジテレビと喧嘩わかれしたのではありません。ぼくが、〝かっこつけたがり屋〟だったんです。

　国政にうって出るいきさつには、さまざまな立場、組織にいる人間の思惑もあった。とはいえ、ずいぶんあっけなく、フジテレビを去った印象を受ける。それが、嶋田なりのけじめのつけかただったのだろう。

　フジテレビ退職後は、新日本制作株式会社を設立し、代表取締役社長となった。新日本制作では、演劇・映画・イベントのプロデュース、芸能人のマネジメント全般をおこなった。

　プロデューサーとして、北條秀司名作公演『霧の音』（東京・三越ロイヤルシアター、一九八三年八月二十四日～九月六日）と、大林宣彦《おおばやしのぶひこ》監督『廃市《はいし》』（一九八三年十一月二十九日公開）に関わった。『廃市』は、福永武彦の短編小説の映画化で、大学生の江口（山下規介《やましたきすけ》）、安子（小林聡美《こばやしさとみ》）、安子の姉夫婦（根《ね》岸季衣《きしとしえ》、峰岸徹《みねぎしとおる》）が謎めく関係を織りなす。PSC（大林の個人事務所）、新日本制作、ATG（アート・シアター・ギルド）の提携作品で、三人の製作者のひとりが嶋田だった。

フジテレビをやめたころ、妹夫婦（嶋田展代、田川勝雄）が劇団水曜座を立ち上げました。その縁で第一回公演『目醒めのときは短かくて―青春心中考―』（ザ・スズナリ、一九八二年四月二十一〜二十五日）を、下北沢の劇場で演出しました。旧知の有高扶桑の作で、音楽の渡辺岳夫や美術の松下朗など、ぼくの仲間が協力してくれました。有名なスターは出ていませんが、若い人たちといっしょに芝居をするのは楽しかった。人を育てることは、つねに大切です。

水曜座の仕事のように、演劇はプロデュースより、演出がしたかった。プロデューサーの立場で稽古場に行くと、つい口を出したくなる。ただし『霧の音』は、プロデュースに徹しました。師である北條秀司の作・演出、島田正吾の当たり狂言で、育ててくれた新国劇への恩がえしですから。

映画は演出より、プロデュースが好きです。テレビのスタジオドラマで育って、演出とプロデュースは、自分のなかでは一体化していた。映像のプロデュースなら、演出の経験も生かせます。でも最後は、自分で映画を演出しました。新国劇映画の『暁の挑戦』（一九七一年、第三章参照）で舛田利雄、『巨人軍物語　進め!!栄光へ』で沢島忠、『ブルークリスマス』で岡本喜八、『廃市』で大林宣彦、これだけの監督と仕事をした。「プロデュースではなく、自分でメガホンをとる」は、自然な発想だったかもしれません。これが失敗のもとでね。

映画『廃市』は、原作のモデルとなった福岡県柳川《やながわ》市がバックアップした「ご当地映画」である。それをヒントに、嶋田は秋田発の自主映画の製作に着手する。秋田は嶋田家のルーツであり、切ってもきれない土地である。生まれたのは東京だとしても、秋田への愛着のほうがずっと深い。

題材は、秋田出身の直木賞作家、渡邊喜惠子《わたなべきえこ》（一九一三〜一九九七）の『みちのく子供風土記（新装版）』（毎日新聞社、一九八三年六月）に決まった。大正時代から昭和にかけての秋田県鷹巣《たかのす》を舞台に、山里に暮らす子どもたちの姿を、四季おりおりの自然、迫りくる戦争の足音とともにうつし出す。嶋田は、秋田ゆかりの文化・芸能人らでつくる「外野の会」の世話人をつとめ、渡邊とは面識があった。

映画化にさいし、「『みちのく子供風土記』製作委員会」を立ち上げた。予算は約一億円を見込み、県外スポンサーとは別に、地元から出資を募った。プロデューサーは『ブルークリスマス』をともに製作した森岡道夫、脚本は渡邊由自《わたなべゆうじ》、音楽は渡辺岳夫、監督は「島田洋州《しまだようしゅう》」に名をあらためた嶋田がつとめた。

出演は、ヒロインとなる小学校教師の小川竹子に桜田淳子（一九五八〜）、校長にベテランの大坂《おおさか》志郎《しろう》、地元医院のご隠居に辰巳柳太郎、そのほか河原崎次郎《かわらさきじろう》、佐々木愛《ささきあい》、浅利香津代《あさりかつよ》、山谷初男《やまやはつお》、佐竹明夫、福田豊士、森幹太《もりかんた》らをキャスティング。秋田市出身の桜田、能代出身の大坂など、秋田に縁のある俳優が多く参加した。

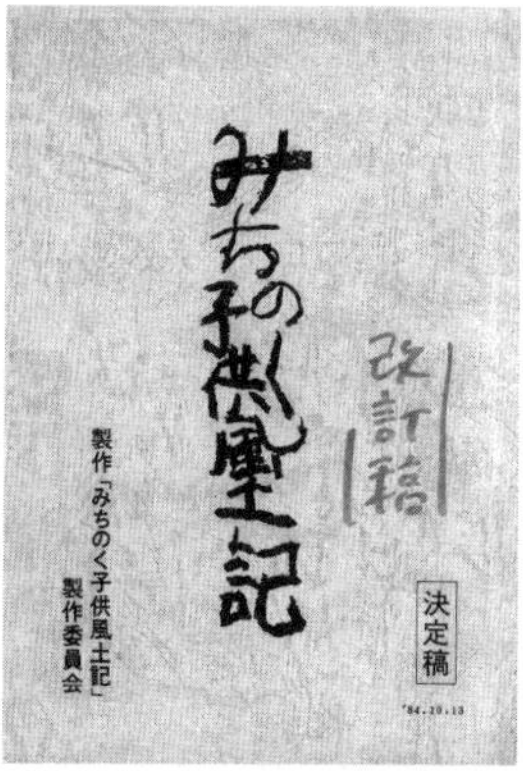

『みちのく子供風土記』決定稿（「みちのく子供風土記」製作委員会、1984年）。［嶋田旧蔵］

撮影は、一九八四（昭和五十九）年十月に始まり、鷹巣町、大館市など県内各地でロケをおこなう。地元の人たちがエキストラで参加し、県内の各新聞や自治体の広報誌も映画化を大きく取り上げた。クランクイン翌月には、辰巳柳太郎がワンシーンのために、仕事先の関西から駆けつけた。新国劇出身の嶋田に対する、世代をこえた友情出演である。

『みちのく子供風土記』は三十五ミリフィルムで、〝テレビ屋〟〝ドラマ屋〟ゆえのあこがれがありました。たしか渓谷のシーンで、一台のカメラでダーッと風景を追いかけた。そういうダイナミックな演出をやりたくて、長まわしで撮ってもらいました。

画面の風景はそれぞれ変わるけれど、カットはせず、カメラの動きを止めない。こういう映像は、スタジオドラマでは無理じゃないですか。カメラマン（加藤雄大）は大変だけど、カットを細かくしてつなげるのは、当たり前でおもしろくない。やるときは、大胆にやったほうがいい。そういう画《え》も撮れたんです。

嶋田にとって映画の演出は、これが最初となる。それだけに、はりきってメガホンをとった。『毎日グラフ』（毎日新聞社）一九八四年十二月二日号に、『みちのく子供風土記』の撮影ルポ「魅力の周辺―桜田淳子　芝居向きの女　アイドルから本格女優へ翔ぶ」が載っている。この記事からは、嶋田のきびしい演出の一端がうかがえる。

小学校の教室でのシーン。授業中におしゃべりをした生徒の八郎が、竹子先生に叱られ、立たされている。「もう帰っていいわよ」と竹子が言っても、八郎は意地をはって動かない。八郎役の少年は、カメラのレンズをにらみつけ、無言の芝居をする。嶋田は、なかなかOKを出さない。「悔しいだろう、八郎」「おれを憎いと思え」「もっと眼をギョロリとさせろ」と声がかかる。七回の撮り直しのすえ、「がんばりなさい！」と桜田淳子が喝を入れた。

映画は、一九八四年十月にクラインインし、翌八五（昭和六十）年五月に完成、秋田県内で先行公開する予定だった。しかし、製作費の問題などで撮影は進まず、一九八六（昭和六十一）年七月、『みちのく子供風土記』の製作中止が決定する。

撮影は三分の一ほど済んでいたものの、肝心の資金は想定していた金額のおよそ四分の一、二千五百万円しか集まらなかった。まとまりかけた大口の出資が白紙になったことが、決定打となった。嶋田は、資金調達のために奔走したが、子役の成長などの問題があり、これ以上の延期はむずかしい。県内から集めた出資金は、新日本制作が責任をもち、段階的に出資者に返すことが決まる。撮影済のフィルムをビデオ用に編集する計画もあったが、実現しなかった。


桜田淳子、大坂志郎、辰巳のおやじ、「外野の会」の仲間、たくさんの人が協力してくれました。それなのに、最後まで完成させることができなかった。初の監督作になるはずでしたが、映画の才覚がなかったということでしょう。

地元の新聞には、ぼくが頭を下げている写真が載っています。このあと始末で、新日本制作はたたみました。撮ったフィルムがどこにいったのか、ぼくにもわかりません。


監督として、子どもたちにどう向き合ったのか。主演の桜田淳子に、どんな演出をしたのか。フジテレビ時代のスタジオドラマの演出が、この映画でどう生かされたのか。わざわざ秋田まで駆けつけた辰巳柳太郎と、どんな会話をかわしたのか。撮影済のフィルムは、誰かがもっているのではないか。聞き取りの席でこの映画の話題をふると、「思い出したくなくて」といつも困ったような顔をした。

聞き取りを始めて一年以上たったころ、「これがすべてですよ」と新聞のスクラップの束を手渡された。『みちのく子供風土記』について報じた、地元紙の数々である。大館新報、北鹿《ほくろく》新聞、秋田さきがけ、縣北新聞、秋北《しゅうほく》新聞など、二十ほどの記事がある。これを読むと、企画からクランクイン、製作中止にいたるまでの流れが、だいたい理解できる。

嶋田から受け取った新聞記事からは、『みちのく子供風土記』に対する地元の期待、そして、落胆が伝わってくる。製作中止を告げる記事には、関係者に謝罪する嶋田の姿も載った。その記事を読みながら、最後まで事情を語らなかった嶋田の胸のうちと、こころの傷を思う。

# エピローグ　ずっと、あこがれ――香川京子

一九八八（昭和六十三）年、嶋田親一は、ひさしぶりにテレビドラマを企画した。日本テレビ系列で放送した単発の二時間ドラマ『水曜グランドロマン　バラ』（十一月九日放送）。曽野綾子の『一条の光』（『文學界』一九六九年九月号、文藝春秋）を、内館牧子《うちだてまきこ》が脚色、恩地日出夫《おんちひでお》が演出した。プロデューサーは日本テレビの山口剛《やまぐちつよし》、企画が嶋田である。

林ミズエ（岸恵子）の夫は八年前に蒸発し、ミズエはふたりの子ども（菅原薫、川名誠）を育てながら、工場で働いている。その工場へ、坂本浩平（菅原文太）が入社してくる。ミズエはある日、坂本から一本のバラを手渡される。男に幻滅していたおんなごころに、火がついて……。ドラマ『バラ』は、岸恵子と菅原文太のめずらしい顔合わせで、話題となった。

二〇〇〇年代は、舞台の演出を続けた。演出作には、浪花ひろ子・ふるさとロマン劇場『瞼《まぶた》の母』（長谷川伸作、民主音楽協会、各地巡演、二〇〇一年十二月十二～十七日、〇二年一月二十四～三十一日）などがある。フリーの演出家・プロデューサーとして活動するかたわら、放送批評懇談会専務理事、日本演劇協会常務理事、日露演劇会議理事、アジア放送文化交流協会常務理事など、さまざまな業

界団体の世話人や役職をつとめた。

新日本制作をたたんでからは、ずっとフリーです。舞台の演出、テレビドラマのプロデュース、テレビドキュメンタリーの構成、雑誌の編集、イベントの企画、いろいろやりました。恩がえしのつもりで、業界団体の役職と世話人も引き受けました。

いろいろやって、この年です。わが青春に悔いなし、「なんでも屋」と呼ばれる生き方でよかった。その原点として、スタジオドラマの演出をしていたことは誇りです。プロデューサーだけやっている人には、演出する側の悩みはわからないですから。

若いころは、物書きになりたかった。それが演出家となり、プロデューサーとなり、完成することはできなかったけれど最後は映画監督になった。人間は、つねに変わっていく。テレビ、ラジオ、映画、舞台といった垣根も、自分のなかでは消えました。すばらしいものは、みんなすばらしい。一日一日、あらたな発見がありますね。

二〇〇八（平成二十）年四月、著書『人と会うは幸せ！――わが「芸界秘録」五〇』（清流出版）を上梓した。喜寿にあたり、それまでのキャリアのエピソードを交え、五十人との交友関係を綴った。四月六日には、東京・新宿の居酒屋「千草」をほぼ一日貸し切り、「嶋田親一さんの出版を祝う会」が催されている。

『人と会うは幸せ！』を出したころ、劇場映画『地図に無い村（仮題）』のプロデュースに着手している。舞台は宮城県女川町《おながわちょう》、老人が多く暮らす村にメディアが目をつけ、騒動が巻き起こる。盟友の松木ひろしが脚本を担当し、『6羽のかもめ』をともに手がけた垣内健二、大野三郎、淡島千景らが参加する予定だった。

映画の舞台となる女川は、二〇一一（平成二十三）年三月十一日の東日本大震災により、大津波に襲われる。震災前に垣内健二も亡くなっており、『地図に無い村』の企画は消えた。嶋田の書斎には、この作品の企画書が残されていた。企画そのものは頓挫《とんざ》してしまったが、プロデューサーへの意気込みはつねになくさなかった。

一九五〇（昭和二十五）年の新国劇文芸部入りを皮切りに、ニッポン放送、フジテレビ、新制作、新日本制作、フリーとそのときどきで、さまざまな俳優と仕事をした。島田正吾と辰巳柳太郎に始まり、そうそうたるスターや名優が、そのキャリアを彩った。そのなかには、出演が叶わなかった人もたくさんいた。「こころ残りの企画があるとすれば」と訊いたことがある。

それはなんといっても香川京子です。ぼくとおない年で、いちばんのファンでしたから。新国劇にいたころ、成瀬さんの『おかあさん』を

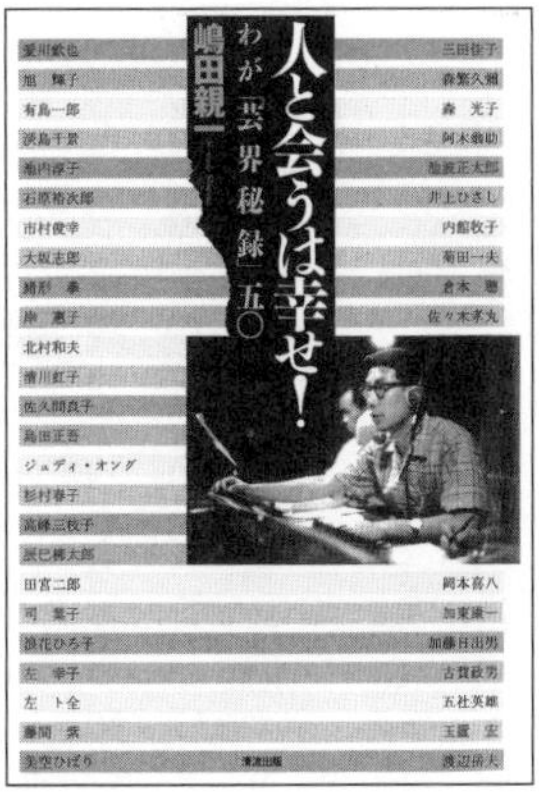

嶋田親一『人と会うは幸せ！——わが「芸界秘録」五〇』（清流出版、2008年）。［志賀信夫旧蔵］

スクリーンで観て、ひどく感動しました。

ぼくは二十歳のころで若かったし、ミーハーなところがけっこうあった。香川さんは本当の意味で、清純派という感じじゃないですか。映画で演じている役と本人が、ちゃんぽんになってしまう。こういう人なのか、と勝手に思ってしまった。


香川京子（一九三一〜）は、東京新聞主催「ニューフェイス・ノミネーション」に合格したのち、一九四九（昭和二十四）年に新東宝に入社した。嶋田が新国劇文芸部に入った前年である。

成瀬巳喜男（一九〇五〜一九六九）監督『おかあさん』（新東宝、一九五二年六月十二日公開）は、母親をテーマにした小学生の作文をもとに、水木洋子がシナリオにした。戦災で焼け出されたクリーニング店一家のものがたりである。福原正子（田中絹代）は、長男の進（片山明彦）と夫の良作（三島雅夫）を病気で亡くし、一家の大黒柱として店を守っている。香川京子ふんする長女の年子は、そんな〝おかあさん〟を愛してやまない。いまでもファンの多い、戦後日本映画の名作である。香川自身、《私の大好きな映画です》（『凛《りん》たる人生　映画女優　香川京子』ワイズ出版、二〇一八年三月）とインタビューで語っている。

嶋田も、『おかあさん』から「さりげない演出」という理想を見いだし、成瀬の演出を生涯の目標とした。島田洋州の名で『みちのく子供風土記』（第四章参照）を監督したさいには、香川と成瀬へのあこがれを胸に秘めた。フジテレビ時代に演出した芦川いづみ主演『おねえさん』（一九六四年、第三章参照）のタイトルは、『おかあさん』へのオマージュである。

嶋田は三十歳のとき、自身にとって初めての芸術祭参加ドラマ『朝子の子供たち』（一九六一年、第二章参照）を演出した。文部省の芸術祭参加は、ドラマ担当ディレクターにとって晴れ舞台である。早くからフリーに転身した香川京子は当時、映画を優先しながら、テレビドラマに出ていた。主人公の朝子役に香川を配した嶋田は、香川の叔父で映画プロデューサーの永島一朗を通じて、出演を打診する。

『朝子の子供たち』を、『おかあさん』のような作品にしたかったんです。香川さんには、朝子の役でぜひ出てもらいたかった。叔父の永島さんはOKで、香川さんのスケジュールも大丈夫だと思いこんだ。

香川京子（『旬刊ラジオ東京』1956年7月1日号、ラジオ東京）。

ところがどっこい、香川さん本人は知らなかった。永島さんとのあいだにもうひとり仲介者がいて、話がややこしくなった。ぼくのツメが甘かったんです。お宅にお邪魔したとき、「ごめんなさいね。わたし、知らなかったの」と謝られました。ちゃんと確認しなかった、ぼくが悪い。香川さんおかかえの運転手がいて、わざわざ車でフジテレビまで送ってくれました。

朝子の役は、香川京子をイメージして進めてい

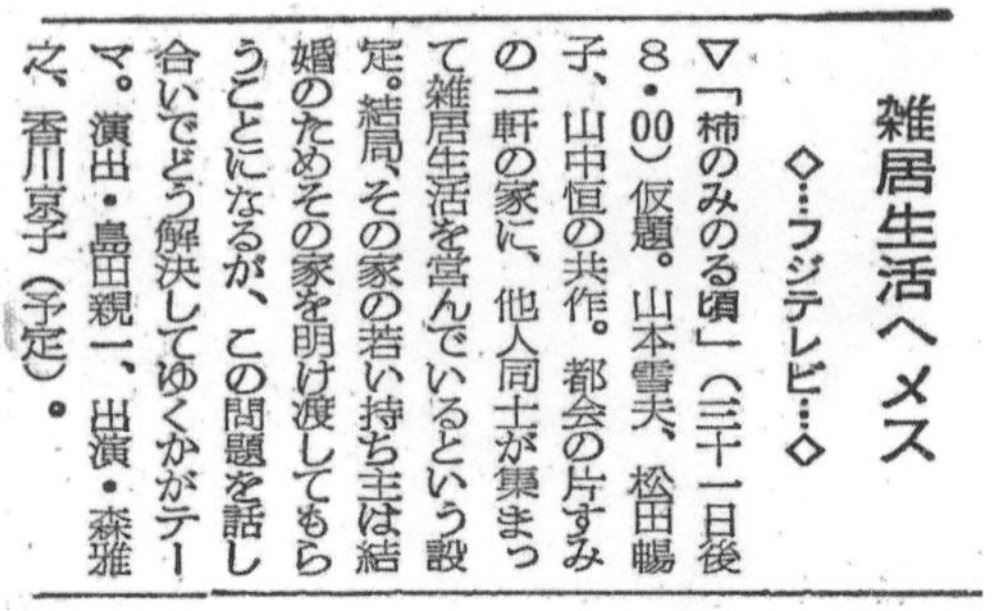

雑居生活へメス
◇…フジテレビ…◇
▽「柿のみのる頃」（三十一日後8・00）仮題。山本雪夫、松田暢子、山中恒の共作。都会の片すみの一軒の家に、他人同士が集まって雑居生活を営んでいるという設定。結局、その家の若い持ち主は結婚のためその家を明け渡してもらうことになるが、この問題を話し合いでどう解決してゆくかがテーマ。演出・島田親一、出演・森雅之、香川京子（予定）。

1961年10月10日付「東京中日新聞」部分拡大。『柿のみのる頃』は仮題で、香川京子の名がある。［嶋田旧蔵］

たので、参りました。救ってくれたのが、新国劇時代から親しかった左幸子です。香川京子の朝子ではなく、左幸子の朝子を演じてくれた。左さん、嫌なことを言わずに引き受けてくれて、いまでも恩に感じています。

もし香川京子でやっていたら、また別の朝子になったでしょうね。香川さんにお会いしたのは、お宅にうかがった一度きり。仕事をごいっしょする機会は、一度もありませんでした。

香川京子は、名画座の特集上映や戦争と平和がテーマの映画イベントがあると、ときどきトークショーをしている。「香川さん、お元気でいらっしゃいますか」と言う嶋田に、「機会があれば、いっしょにトークイベントに行きませんか」と誘ったことがある。「いまさらねえ」と恥ずかしそうに遠慮した。「楽屋へあいさつに行くわけでもないのに、いい年をして照れちゃって」と内心ほほえましく思った。

嶋田への聞き取りは、都内にある行きつけのファミリーレストランの個室で、二〇二〇（令和二）年九月二十一日から始めた。翌二一（令和三）年十二月十九日、十三回目の聞き取りを終え、近くの中華料理店でささやかな忘年会をした。紹興酒をかたむけ、ごきげんだった。

明けて二〇二二（令和四）年には、聞き取りの書籍化を準備しつつ、東京・東中野のカフェ「ポレポレ坐」でトークイベントを開く企画を立てた。一月に予定していた十四回目の聞き取りは、新型コロナウイルスの第六波により、延期した。翌二月、嶋田は体調をくずし、入院した。「春になったら、また会いましょう」と電話の声は明るく、安心した。

五月、入院先からふたたび電話をもらった。「退院後は自宅で療養します。その前に一度、書斎の資料を見ておいてもらえますか」。嶋田家のみなさんのご厚意で、初めて書斎に入った。若いころに書いた小説、ラジオドラマの脚本、同人誌、創作ノートなど、キャリアの原点というべき品がたくさんある。

「ひのきしん一ろう」（檜眞一郎）名義の『エッセイ集　窓』は、そのひとつ。一九五三（昭和二十八）年二月十六日から、五月の新国劇退座をへて、十二月二十八日まで記している。日々の身辺雑記、映画評、舞台評、ラジオドラマ評、演劇論、映画論、文学論、宗教と哲学、人生論にいたるまで、作家青年の視点と感性にあふれている。日本で始まったばかりのテレビ放送の可能性にも言及していて、おどろいた。

大学ノートに書かれた『窓』には、師の佐々木孝丸と香川京子の名が、ひんぱんに出てくる。「清涼剤『韋駄天記者《いだてんきしゃ》』—香川京子の魅力—」の見出しで、八ページにわたって書いた文章もある。田中重雄監督『韋駄天記者』（東映東京、一九五三年三月五日公開）は、若き新聞記者の坂田良平（沼田曜一）が主人公のブンヤもので、良平を見守る看護婦の福田幸子を香川が演じた。

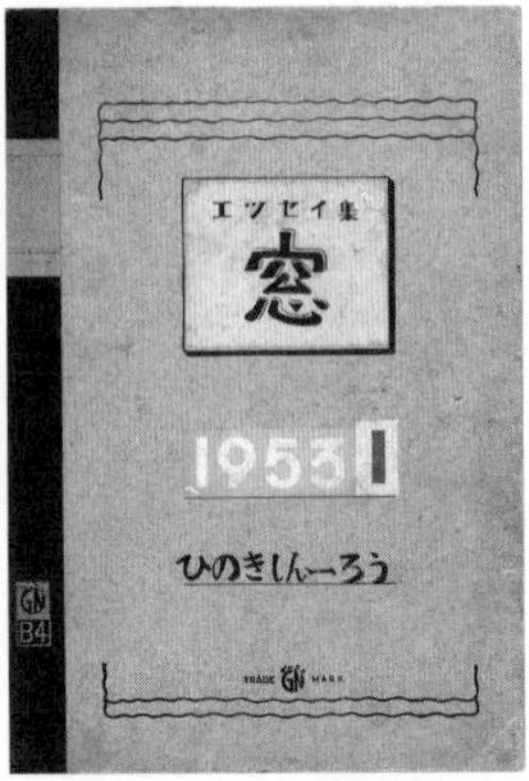


ひのきしんーろう（檜眞一郎）『エッセイ集　窓』（1953年）。[嶋田旧蔵]

『韋駄天記者』パンフレット（東映東京、1953年）。

この幸子が、香川京子であつたところに、絶対の魅力があつた。一寸、太つたような感じがしたが、美しく清純なシンボルのような感じで、仲々素晴らしかつた。『韋駄天記者』が、ほのぼのとした清涼剤となりえたのは、こう云う要素があつたからでもあろう。こういう若人の夢が、これからも映画（娯楽映画）にほしいものである。（略）この清涼剤は、今の日本映画にとつて大へん貴重なものであり、これにより香川京子は益々気にいつたのである。

『窓』にれんめんと綴ったエッセイからは、香川へのあこがれが伝わってくる。沼田曜一演じる新聞記者に、同世代の自分をだぶらせた印象も受ける。万年筆で書かれた太めの文字は、まるみを帯びていて、味がある。その筆跡は、亡くなるまで変わらなかった。

二〇二二（令和四）年七月九日、嶋田親一、うっ血性心不全により、東京都内の病院にて逝去。享年九十。

長年にわたり、専務理事をつとめたNPO法人放送批評懇談会は、「ほうこん特別号　ありがとう！　嶋田親一さん」（『GALAC』二〇二二年十月号付録）を発行した。故人をよく知る人たちによる追悼文からは、晩年の嶋田の素顔を知ることができる。

形見となった『エッセイ集　窓』を、ときどき読みかえす。そのたびに「いまさらねえ」と照れた顔を思い出す。

# あとがき

筆者に嶋田親一さんを紹介してくれたのは、友人で元編集者の朝倉史明《あさくらふみあき》さんである。「あのフジテレビの！　ご縁があれば、お会いしたい」と朝倉さんに言った記憶がある。

二〇二〇（令和二）年八月、前月に出したばかりの『俳優と戦争と活字と』（ちくま文庫、二〇二〇年七月）を、名刺がわりにお送りした。すぐ電話がかかってきて、「佐々木（孝丸）のおやじのこと、あなたの本に書いてくれて」とよろこんでくれた。その電話で意気投合して、嶋田さん行きつけのファミリーレストランで会うことになった。九月二十一日のことだ。

それから十三回、新型コロナウイルスの感染状況を気にしながら、聞き取り（オーラル・ヒストリー）をお願いした。一九六〇年代のスタジオドラマの現場が身近に感じられて、いつも楽しかった。取材の録音は、文字に起こしたものをそのつどお送りして、チェックしてもらった。「自分のことなのに、夜中まで夢中で読んじゃった」といつだったか笑っていた。

この本は、フジテレビ時代に演出・プロデュースしたスタジオドラマの証言をもとにまとめている。嶋田さんと異なる受けとめ方をする関係者もいると思うが、本人の記憶と考えを尊重した。できるだけ事実に即するように、当時の資料や関連記事を加えるようにした。聞き取りはのべ四十時間におよび、新国劇、ニッポン放送時代のエピソードはおさめきれなかった。あらためて発表する機会をつくりたい。

嶋田さんの旧蔵資料の調査および整理については、夫人の嶋田実子《みつこ》さん、ご子息の嶋田いづみさん、嶋田家のみなさんのご厚意が大きい。この場をかりて、深くお礼を申し上げます。

出版にあたっては、国書刊行会の神内冬人さんにご尽力いただいた。嶋田さんと面識のない神内さんが、原稿を読みながら、その人柄に触れようとしてくれたことがうれしかった。装幀の村松道代さんは、映画の関連書籍や企画展のＰＲデザインを手がけている。この本が、映画にあこがれを抱いた嶋田さんへの手向けになったと感謝しています。

一年と十か月。それが嶋田さんとの、出会いから別れまでの時間だった。もうすぐ三回忌。この本を、感謝と、世代をこえた友情のしるしとして。

嶋田親一さん、ありがとうございました。

二〇二四年五月

濵田研吾

# プロデューサーから演出家への書簡
## ――『6羽のかもめ』とともに――

嶋田親一

聞き取り時に嶋田親一より、「どのように活用してもらっても構わない」と受け取った資料のなかに、本原稿があった。四百字詰め原稿用紙十六枚からなる、嶋田の未発表原稿である。『6羽のかもめ』を演出した富永卓二（文中ではT君）と大野三郎（O君）に宛てたもので、「第1信」は一九七四（昭和四十九）年九月八日、「第2信」および「追伸」は同十月六日に書かれている。『6羽のかもめ』に対するプロデューサーの意見、テレビドラマに心血を注いだ者の視点が、真摯に、深い愛情をもって綴られている。第四章の『6羽のかもめ』の証言とあわせて読むと、いっそう現場の匂いがただよってくる。名作ドラマの舞台裏を知る貴重な手がかりであり、嶋田の演出哲学、テレビドラマにおける脚本家、演出家、カメラマン、音響効果、俳優の位置づけがわかることから、ここに全文掲載した。掲載にあたっては、明らかな誤字・脱字をのぞき、原稿の表記に準拠した。参考用の静止画像は筆者が追加した。

（濵田記）

（第1信）

はじめに――。

『6羽のかもめ』は私たちのいろんな願いがこめられている。手造りの過程の中で、ディスカッションしたこと、整理したことをまとめる意味で26回終了まで書きつづけてみたい。プロデューサーとして、ある時は元演出家の眼で、ある時は一般視聴者の眼で、ある時は記録係として、毎回この手紙を書き続けることは、ひょっとしていろいろ刺戟にもなるかもしれないし、反省の材料をのこして役目の検討に役立つかもしれない。その意味で、T君、O君という演出家個人に対する書簡の域をこえて、キチッと出来るだけ率直に記してみたいと思っている。――これは『6羽のかもめ』スタッフの日誌でもあり、問題提起の場でもありたい。とにもかくにも、『6羽のかもめ』は制作を開始したのである。ジョナサンではないがとにもかくにも飛び上がったのである。失速して墜落は出来ないのである。

［1］嘘について――

脚本家の倉本聰氏と私たちは確認した。このドラマでは「大きな嘘」から出発して、「小さな嘘」は排除しよう――ということである。役者の世界を舞台にしているだけに、現実から遊離しないリアリティを常に保ち、俳優にもキチッとした形の芝居を要求しようということである。第1回「6羽目」の完成前のプレビューの感じでは、基本的にはこの確認は守られていると思う。但し、まだまだ肩に力が入っていてギクシャクしているのは初回のせいか。「小さな嘘」を極度に警戒することによって、キメの細かい演出が成立するのではなかろうか。

## ［2］台詞のリングについて——

第1回の読み合せで、倉本氏は台詞の正確さ、特に冒頭の言葉と語尾について「台本通り」読むことをくどい程要求した。最近のテレビ演技に於いて、これ程正確度を要求した例は珍らしい。アドリブ全盛時代にむしろこれは新鮮な刺戟を与えたのである。倉本氏は云う。

「台詞は一つのリングである。前の台詞の語尾から次なる台詞の最初の言葉、これは常に会話としてつながっているのだ。そこにリズムが生まれ、一つの世界が生まれる。」こんなようなことを云った。

私はかつてラジオドラマの演出をしていた時、松木ひろしとコンビを組んで芝居をたて続けに上演した頃、特に神経質にそれを要求した。その頃のことを強烈に思い出した。田中千禾夫《たなかちかお》氏の『物云う術』ではないが、どんな素晴らしい役者でも、作者の書いた一つの台詞の世界、リズム、トーンを探り出すことは難かしいのだ。その作者がおそらく口の中でブツブツ云い乍ら書いた台詞の〝間〟とか調子の方がきっと正しいのだ。そのことを正確に読みとり、台詞としてキチッと云えた時、その『物云う術』は正しかったということなのだろう。「ですわ。」という語尾は「ですよ。」でもなければ、「ですね。」でもないのである。倉本氏の台詞の中には小さい字で『ン』というのが時々ある。彼は云う。〝怒鳴ったりするシーンの台詞を『ばかやろう!』という風に段々大きい字で書きたい位だ。〟と。

台詞はもっともっと大切にしなければならない。途中の内容より、初めと終りでテンポが変り、リズムが失われる。

——しかしテレビの制作過程にある現実との「妥協」の中で、その完全度の許容範囲は一体どこらにあるのか。このドラマではこの壁に挑戦して仕上げてみたいものだ。

### 〔3〕テンポと間について——

テンポがあるということは——この定義で実に気に入った言葉があるので御紹介しよう。映画監督の増村保造氏の言だが、

「テンポとは観客の想像を上廻った時に初めて生まれる。」

テンポとは別に早口にしゃべるとか、そういうことではないのだ。増村氏の云ったことは作品全体のテンポのことだが、台詞のしゃべり方にしても同じだろう。

役者の演技生理というのがある。芝居のテクニックではどうしようもない位、この演技生理というのが働くことがある。泣かなくてもいいのにひとりでに涙が出て来てしまうこと等よくあるのだ。またトントンと噛み合って盛り上りたい会話をテレビでは敢えておさえつけてしまうことがある。技術のスイッチングや、カメラ割の段取りの都合で、俳優の〝キッカケまち〟をさせる類だ。これは観客のリズムを大いに損わせる結果になる。テンポがなくなるのだ。

「6羽目」の面接シーンはその意味で典型だった。〝芝居の間〟をくずす結果になるスイッチングまたはコンテは研究課題ではなかろうか。(第2回以降はカメラもS・Wも馴れると思うが)このシーンの中でピヨコッと入った「田所大介が、西条ひろみを見るBSショット」(図A、B)は観客のリズムからとび出して(想像をこえて)インサートされ大いに効果的で新鮮だった。コンテにおけるテンポというものも、こ

図A

図B

こらに鍵があるのかもしれない。（9／8）

（第2信）

――1ケ月たってしまった。10月5日、昨夜第1回のON AIRを終えたのである。苦肉の策のアヴァンタイトル、リテークした喫茶店のシーン、教訓を多く盛りこんだ第1回目だった。10月2日、放送にさきがけてヴィデオカセットを病床に持参して倉本聰氏にプレビューしてもらった。

①「6羽目」――。

倉本氏は第一声に「もう一度読み合せをするべきだった。」と云った。台詞がリングになっていないことをしきりに残念がった。ACT（1）を問題にしていた。この1回目の放送は中途半端で「笑い」も散漫なら、芝居も頼りないといった具合で、脚本も含めて「ダメ」という反省。演技では、加東大介氏に注文あり。淡島千景氏無難。高橋英樹氏のオーバーな部分注意といったところ。しかし、一番研究すべきは

「演出」という注文だった。活かすも殺すも「演出」ということになるのだから致し方あるまい。

ＯＮ ＡＩＲに対する素人評——。

曰く「ユニークで面白かった。」「ドタバタだと思ったらまともなので素晴らしかった。俳優の世界の日常も興味あるので、これからもたのしみ。」「栗田ひろみが圧巻、彼女でないと〝ひろみ〟の設定は異和感があったかも。」

さて、ともかく放送は開始された。まずまずのスタートを切ったが、その成果は?

この通信も平常のペースにもどすことにしよう。

× ×

〔4〕サリゲビッチとリズムについて。——

『サリゲビッチ』とは新造語で、美術の松下朗と私が、どちらからともなく云い出して、しばらくの間私たちの中での「合言葉」になっていた。たしか昭和36年の秋に芸術祭参加作品として制作したドラマ『朝子の子供たち』の時ではなかったかと思う。

『サリゲ』とは文字通り「さりげない」「力《りき》まない」「肩に力を入れない」「普段着で」といった意味だが、この後につく『ビッチ』というのが曲者《くせもの》である。ロシア語的『ビッチ』だが、「ビッチリ」「しっかり」「かっちり」「ビシッと」作るという厳しい姿勢がこめられていることに注目してもらいたいのだ。

『サリゲビッチでいこう!』という合言葉の中には並々ならぬ決意とプロフェッショナルとしてのテクニックを要求されていたのである。

『6羽のかもめ』は正にサリゲビッチの作品でなければならないと思う。「サリゲ」なく見せるためには、実は周到な準備と計算がなければならないのだ。なんとなく演出し、なんとなく演ずることは「サリゲビッチ」ではないのである。

『ビッチ』の部類に入るのだが、当時はズームレンズというのは「ズーム手法」を必要とする時以外は使用しなかった。85㎜、135㎜等とレンズ・チェンジ（レン・チェン）の巧みなカメラマン、ドリー・イン等、ペデスタルを自由自在に操るカメラマンこそ優秀と云われていた。

レンズもそのため「せんべい焼」で云えば、いわば〝カタ焼き〟で、カッチリとした硬質の画面が私などがもっとも好んだ画面だった。現在のようにズームでサイズを調整することに馴れ切った若いカメラマンの中には、カメラ自体を動かしてベストの絵をとるという努力が昔より欠けているような気がしてならない。もっと大胆に、もっと貪欲に、自分の「絵」を、演出家はとるように、カメラマンを酷使すべきである。その精神が『サリゲビッチ』に通ずるのだ。

リズム――。

リズム感というのは、もって生れた天性のものだと云う。しかしリズム感の全くない人はいないだろう。音痴といわれる人でも、声を出さなければ身体の中に、正しいリズムをもっているのだと思う。

ドラマにおけるリズムというのは実に大切だと思う。特にテレビドラマに於いては不可欠のものだと思う。敢えて観客に特殊なリズム（作者側の）を押しつけるにしても、所謂リズム感を正確にふまえて、それをぶちこわすという作業になるのだろう。楽器ではないが、ドラマに於ける画面のコンティニュイティのリズムというのは、『6羽のかもめ』のようなドラマ作品では特に重要視される。このリズムが失われるとテンポは完全におかしくなる。

所謂カット割、それからカット尻り。何れも難かしい。

『ピストン・ショット』というのがある。例えばだが4人登場しているシーンがある。この4人が会話をするのだが、このシーンのカット割は千差万別だが、私は仮にA・B・C・Dという人間の4人として

①カメラがGSで4人を全部とる。

②カメラが3Sで3人をとる。

③カメラがAをWSで1人とる。

——とまアこう仮にしておいてカット割をした場合、①カメラのGSがあった後、③②③②③等という順で1Sと3Sが交互にスイッチされるカット割を『ピストンショット』といったものだ。（図C）特に意図した時でない限り、このカット割は1人と3人の同構図による単調な切り返ししかなく「リズム」があるとは思えない。どうして①カメラでDをとり、②カメラでCをWSでとらえ、会話と同じように画面ではずみをつけないのか——と思う。こういう工夫もなにもないピストン・ショットが生放送の時、もっとも無難な方法として乱用されていた。私たちはそれをタブーとしてカメラマンの人たちにも努力して協力してもらった。

『6羽のかもめ』に於いて喫茶店「ミネ」のカウンターのシーンで時々みられるのは、正直云うと私はあまり好きではないのだ——。

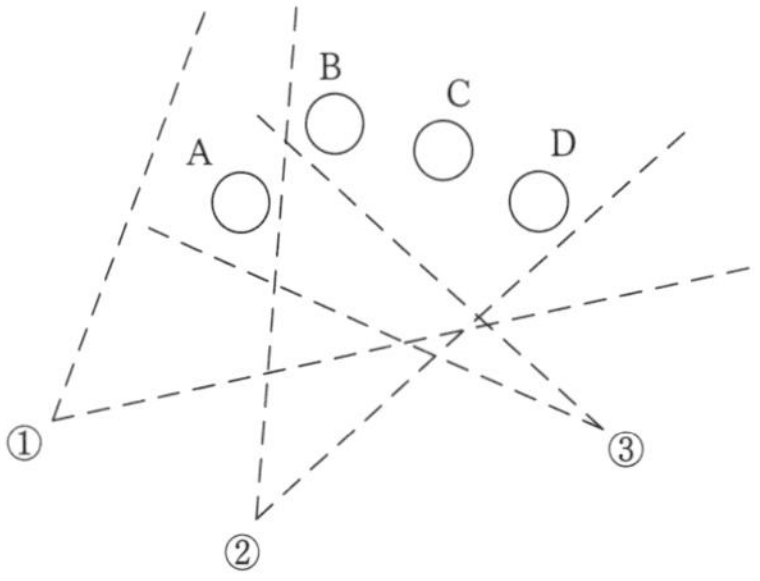

図C

同じ意味で、サイズの統一という作業が怠りになっていないか。本

来カメラは1人で操作すべきところを、3人なり4人で分担しているわけだから、カメラ、サイズに各人がもっと神経を使ってもらいたい。WSの切り返しにしても、ルーズタイトどちらにしても統一することをまず前提にして、それを土台にアップ気味にするとか、いろんな変化を試みてしかるべきだろう。カメラワークにおける「リズム」とはその点にも充分神経が行き届きたいものである。

『カット尻り』の問題がある。コメディタッチのオチがシーンのラストに用意されている時、このcutするタイミングが重要である。〝オチ〟があって〝サゲ〟があって、まだもたついているシーンの最後はまことにもたれてならない。俳優の表情がオチになる場合、台詞のラストでオチる場合、音の処理でシーン変りになる場合等々いろいろあるわけだが、いづれにしてもこの「オチ」の瞬間にカッティングがなされないと歯切れの悪いものになってしまう。『6羽のかもめ』の第2話「秋刀魚」は収録時で内容が足りないというので、のばし気味でとったせいか随所にその「もたつき」が見られたようだ。トップシーンの路上(電話のあと)での三段の積み重ねのカット尻りは、いづれも、加東大介氏の表情に「オチ」を通りこして「サゲ」まであり、それからカメラ前一杯になるという手法のため、折角音楽を中断してテンポを出しているのに、もたついているように見えた。この点T君の計算と意見が異なるが、どんなものだろう。

リズム——作品のリズムはこうしてあらゆるところで作られ、築かれ生まれるものだろう。『サリゲビッチ』の作品も実はそこから生まれるのだ——。

［5］キャスティングについて——。

『6羽のかもめ』の6人の主役たちは多分に非現実的なところに立っている主人公たちなので、他の登場人物には、おそろしくリアリティが要求される。従ってこのドラマのキャスティングは難かしいし、やり甲斐があるのだろう。

テレビに於ける演出プランの第一次発表は実にその「キャスティング」である——と私は思う。昔からの自説である。演劇、舞台の世界では、役の中に自らの肉体を没入させ、長い稽古の中で、次第に作り上げていく苦しくも楽しい作業があるのだが、テレビにはその時間もなければ、ようしゃなくその俳優をさらけ出そうという冷たいカメラの眼がある。つまり、役を演ずる俳優のキャラクターというものが、その俳優のもっている雰囲気と、役そのものの性格が混然と一体になって「新しいキャラクター」を創り上げるので、俳優の個性というものが極めて重要になるのだ。その意味でミスキャストには救いようがない。その『役』を演出家がどう理解したかは、そのキャスティングで答が出るといっていい程だ。これは実におそろしいことである。テレビドラマとは、特に現代劇ではそのスレスレの線が問題になるわけだ。

わが『6羽のかもめ』の6人の登場人物のキャラクターは、それを演ずる俳優の個性とナイマゼになって、犬山モエ子、川南弁三、田所大介、水木かおり、桜田英夫、西条ひろみを作り上げた。虚像と実像の谷間なのである。喫茶店ミネの主人は、文字通り、ディック・ミネという歌手の、そのキャラクター、キャリアその人そのものにおんぶして、そして劇中の人物として別の人間像を作り上げている典型である。

しかし他の登場人物はそうはいかない。

以下、第1話から第5話までのゲスト評。

(織本順吉)——「かもめ座」を退団してフリーになったにしては生活臭がありすぎて、もっといいかげんなというか、バイタリティにあふれた脇役の方がよかったかもしれない。喫茶店のシーンがやや沈んでいるのはそこにも原因あり。65点。

(中条静夫)――抜群。制作部長に実在感をいだかせた。キャスティングのヒット。98点。

(香山美子)――好感もてる感じで『ゴシップ』にうるおいをもたせた。しかし、犬山モエ子に反撥して退団した気の強い女優のイメージは皆無。難かしい注文だが、相殺して75点。

(大滝秀治)――狙い通りではまり役。最初からイメージにあって100点というところか。しかし実際は兄貴というより親爺に近い感じになってしまったかもしれない。

(佐野浅夫)――渋いが狙い目。ややオーバーだがどう仕上るか。80点というところ。

(中北千枝子)――どちらかというとミスキャストだが、意外な効果があるか、類型を脱する意味で。?点。

自分の狙ったキャスティングをしても、かんじんの俳優が逆のことを考えていることがある。つまり、俳優側にとっては、自分が「ハマリ役」という類型におちいることをすごく恐れているのだ。いつもその類型といわれないように、そこから脱しようとしてもがいている。これが時にはトンチン漢の結果になることがある。演出側は「いつものように」「いつものパターン」の演技を要求すると、その俳優は非常に抵抗して新しく「作ろう」とするのだ。この会話は実にすごく重大な問題を語っているのだ。テレビ配役の場合、俳優の方もあきらめていて抵抗しないで黙々と従う人もあるが、これは演出家の方が反省すべきだろう。その人の個性を活かしながら20%~30%はその俳優と演出家のカットウと共同作業の役作りがなければなるまい。その日光と水と栄養を与えるという演出家との共同作業で「役作り」をすることによって新しい発展と成長があるのではなかろうか。ベテラン、新人を問わず、この「共同作業」は演出家への信頼のもとになろう。俳優は演出家にとって単なる絵具にはなりえないのだ。テレビドラマの映画と異なる点の一つに挙げたい。

（10／6）

（追伸。）

――再びリズムについて。（音声先行のこと。）

『6羽のかもめ』では、次のシーンの音声が、前のシーンの最後のズリこんでくる手法を多用している。これは非常に功を奏していて、テンポを出す役目を果しているのだが、倉本氏からも次のように指摘されている。

つまり、せっかく次のシーンになっても、すぐ芝居が始まらないのだ。不思議なシーンの頭の〝間〟があるのだ。これは芝居が始まらないどころでなく、「芝居が始まって続いている」シーンにカメラがポンとうつるという形でなければ、音声を前のシーンにずりこませた意味がないのである。音声がかまわず先行して、芝居がドンドン進行している、そこに映像がついてゆく――という風に是非いって貰いたい。

昔『拾い育て失う』という単発ドラマ（1時間）で、5年位月日の経つシーンを、音声つなぎで処理してテンポと時間の省略を演出して成功させたことがあるが、それに較べると『6羽のかもめ』の音声先行は実に自然なのだから思い切ってテンポとリズムを出す「歯切れの良さ」を期待したい。

（10／6）

# 嶋田親一略年譜

一九三一（昭和六）年
八月三十日、東京府豊多摩郡野方町（現・東京都中野区）生まれ

一九三八（昭和十三）年　七歳
東京市上原小学校（現・渋谷区立上原小学校）入学
鎌倉郡立御成尋常高等小学校（現・鎌倉市立御成小学校）編入（同卒業）

一九四四（昭和十九）年　十三歳
鎌倉中学校（現・鎌倉学園中学校・高等学校）入学
秋田県立大館中学校（現・秋田県立大館鳳鳴高等学校）入学

一九四五（昭和二十）年　十四歳
秋田市立中学校（のちに秋田市立高等学校、現・秋田県立秋田中央高等学校）二年編入

一九四九（昭和二十四）年　十八歳
早稲田大学高等学院三年編入

一九五〇（昭和二十五）年　十九歳
早稲田大学文学部芸術科入学（演劇専攻、同年退学）
六月二十日、父・嶋田晋作急逝（享年四十九）
新国劇入団、芸名は檜眞一郎（文芸部研究生、五二年正座員）

一九五三（昭和二十八）年　二十二歳
新国劇退座

一九五四（昭和二十九）年　二十三歳
㈱ニッポン放送入社
一九五八（昭和三十三）年　二十七歳
㈱ニッポン放送より㈱富士テレビジョンへ出向（のち移籍、以下「フジテレビ」と表記）
一九五九（昭和三十四）年　二十八歳
フジテレビ編成局芸能部第四班（ディレクター）
一九六二（昭和三十七）年　三十一歳
フジテレビ編成局制作第一部主任（チーフディレクター）
一九六三（昭和三十八）年　三十二歳
フジテレビ編成局制作第二部主任（チーフディレクター）
一九六四（昭和三十九）年　三十三歳
フジテレビ編成局制作部（第四班）管理補佐職（副部長補佐、チーフディレクター、映画制作部勤務）
一九六六（昭和四十一）年　三十五歳
フジテレビ労働組合結成、副委員長
一九六七（昭和四十二）年　三十六歳
フジテレビ編成局編成部特別職（副参事）
一九六八（昭和四十三）年　三十七歳
㈱新国劇常務取締役（新国劇、フジテレビ業務提携）
一九七〇（昭和四十五）年　三十九歳
新国劇映画㈱専務取締役
一九七一（昭和四十六年）　四十歳
㈱新国劇取締役社長（翌年新国劇、フジテレビ業務提携解消）
新制作㈱代表取締役社長
一九七五（昭和五十）年　四十四歳
日本映画・テレビ製作者協会理事

一九七六（昭和五十一）年　四十五歳
新制作㈱取締役相談役（同社長退任）
㈱東宝映画企画顧問

一九七七（昭和五十二）年　四十六歳
フジテレビ総務局経営資料室調査役

一九七九（昭和五十四）年　四十八歳
社団法人（現・一般社団法人）日本映画テレビプロデューサー協会常務理事（経理担当）

一九八〇（昭和五十五）年　四十九歳
㈱スタジオアルタ常務取締役（翌年退任）
放送批評懇談会（現・NPO法人）理事

一九八二（昭和五十七）年　五十一歳
フジテレビ退職
新日本制作㈱代表取締役社長

一九九〇（平成二）年　五十九歳
放送批評懇談会常務理事

一九九六（平成八）年　六十五歳
放送批評懇談会専務理事（二〇〇一年退任）

二〇〇八（平成二十）年　七十七歳
著書『人と会うは幸せ！――わが「芸界秘録」五〇』（清流出版）刊行

二〇二二（令和四）年
七月九日、うっ血性心不全により、東京都内の病院にて逝去（享年九十）

本略年譜は、嶋田親一自筆年譜および旧蔵資料をもとに筆者が作成した。

# 参考文献


## 書籍関係（著者・編者五十音順）

足立巻一『へいぼん・ぶっくす　忍術』平凡社、一九五七年十二月
有島一郎『ピエロの素顔』レオ企画、一九八五年四月
アンリ・バルビュス 著／小牧近江・佐々木孝丸 訳『クラルテ』叢文閣、一九二三年四月
石原慎太郎『死の博物誌―小さき闘い―』新潮社、一九六三年十二月
井上ひさし『モッキンポット師の後始末』講談社、一九七二年十一月
色川武大『なつかしい芸人たち』新潮文庫、一九九三年六月
大木豊『戦後新作戯曲事典』青蛙房、一九六〇年十月
大笹吉雄『日本新劇全史　第二巻（昭和二十年～昭和四十年）』白水社、二〇二〇年九月
大原誠『ＮＨＫ大河ドラマの歳月』日本放送出版協会、一九八五年七月
岡室美奈子 監修／木原圭翔 編著『大テレビドラマ博覧会――テレビの見る夢』早稲田大学坪内博士記念演劇博物館、二〇一七年五月
香川京子 述／立花珠樹 著『凜たる人生　映画女優　香川京子』ワイズ出版、二〇一八年三月
春日太一　責任編集『文藝別冊［総特集］五社英雄　極彩色のエンターテイナー』河出書房新社、二〇一四年十一月
加藤義彦・鈴木啓之・濱田高志 編著『作曲家・渡辺岳夫の肖像』ブルース・インターアクションズ、二〇一〇年七月
川本三郎『君美わしく――戦後日本映画女優讃』文藝春秋、一九九六年十二月

北浦寛之『東京タワーとテレビ草創期の物語——映画黄金期に現れた伝説的ドラマ』ちくま新書、二〇二三年十一月
キネマ旬報社 編『映像の仕掛人たち』キネマ旬報社、一九八六年七月
熊井啓『映画「黒部の太陽」全記録』新潮文庫、二〇〇九年二月
倉本聰『さらば、テレビジョン』冬樹社、一九七八年七月
倉本聰『シナリオ ブルークリスマス』青也書店、一九七八年十一月
倉本聰『倉本聰コレクション5 6羽のかもめ』理論社、一九八三年二月
倉本聰『倉本聰コレクション18 あなただけ今晩は』理論社、一九八四年五月
倉本聰『愚者の旅 わがドラマ放浪』理論社、二〇〇二年一月
倉本聰・碓井広義『ドラマへの遺言』新潮新書、二〇一九年二月
倉本聰『破れ星、燃えた』幻冬舎、二〇二三年八月
小牧近江『種蒔くひとびと』かまくら春秋社、一九七八年四月
今野勉『テレビの青春』NTT出版、二〇〇九年三月
斎藤豊吉『ふり袖太平記』鱒書房、一九五六年六月
坂尻昌平・志村三代子・御園生涼子・鷲谷花 編著『淡島千景 女優というプリズム』青弓社、二〇〇九年四月
佐々木淳 編集担当『kihachi フォービートのアルチザン』東宝出版事業室、一九九二年一月
佐々木孝丸『風雪新劇志—わが半生の記—』現代社、一九五九年一月
相模太郎『財界夜話 武装せる日本経済』萬里閣、一九四〇年四月
笹沢左保『愛と孤独と』角川文庫、一九八六年六月
佐藤精『テレビを創る101人』評言社、一九八一年七月

佐藤清一郎『秋田県興行史　映画街・演劇街』みしま書房、一九七六年十一月
澤島忠『沢島忠全仕事　ボンゆっくり落ちやいね』ワイズ出版、二〇〇一年六月
志賀信夫『映像の先駆者　125人の肖像』NHK出版、二〇〇三年三月
鹿内信隆『泥まみれの挑戦―労組の経営参加を実践して』サンケイ出版、一九七八年八月
鹿内信隆『泥まみれの自画像（上）』扶桑社、一九八八年一月
島田正吾『ふり蛙』青蛙房、一九七八年三月
嶋田親一『人と会うは幸せ！――わが「芸界秘録」五〇』清流出版、二〇〇八年四月
島田晋作『昭和財界風雲録　戦時財界の巻』橘書店、一九四三年八月
城山三郎『総会屋錦城』文藝春秋新社、一九五九年三月
瀬崎圭二『テレビドラマと戦後文学――芸術と大衆性のあいだ』森話社、二〇二〇年十二月
高崎俊夫・朝倉史明 編『芦川いづみ　愁いを含んで、ほのかに甘く』文藝春秋、二〇一九年十二月
田中眞澄・阿部嘉昭・木全公彦・丹野達弥 編『映畫読本　成瀬巳喜男　透きとおるメロドラマの波光よ』フィルムアート社、一九九五年一月
田中眞澄・阿部嘉昭・永井正敏・佐藤千広 編『映畫読本　森雅之　知性の愁い、官能の惑わし』フィルムアート社、一九九八年六月
戸板康二『百人の舞台俳優』淡交社、一九六九年五月
土橋成男『土橋成男脚本選集』土橋とも子、一九九八年十二月
「とん平」35周年記念文集刊行会 編『しぶや酔虎伝――とん平35年のあゆみ』牧羊社、一九八二年七月
『ノーサイド　特集　懐かしのラジオ・デイズ』文藝春秋、一九九六年二月

日本演劇協会 編『年刊ラジオドラマ　第三集』宝文館、一九五五年五月
日本脚本アーカイブス特別委員会 編『日本脚本アーカイブス調査・研究報告書〔Ⅳ〕文化はめぐる〜文化リサイクルの観点から〜』日本放送作家協会、二〇一一年三月
日本俳優連合 編『故　佐々木孝丸氏略年譜』協同組合日本俳優連合、一九八七年一月
能村庸一『実録テレビ時代劇史』ちくま文庫、二〇一四年一月
樋口尚文『「昭和」の子役――もうひとつの日本映画史』国書刊行会、二〇一七年八月
檜六郎『中・小商工農業者は没落か？更生か？』大衆公論社、一九三〇年七月
北条常久『「種蒔く人」研究――秋田の同人を中心として――』桜楓社、一九九二年一月
北條秀司『古時計の歌』北斗社、一九九二年七月
三ヶ島糸『奇人でけっこう――夫・左卜全――』文化出版局、一九七七年十一月
水上勉『京都物語（一）』全国書房、一九六六年八月
牟田悌三『むた爺のつぶやき』文藝春秋、二〇〇五年九月
村上七郎『マスコミ漂流50年の軌跡 ロングラン』扶桑社、二〇〇五年六月
矢野誠一『舞台人走馬燈』早川書房、二〇〇九年八月
山崎洋子『沢村貞子という人』新潮社、二〇〇四年十一月
山田太一『山田太一エッセイ・コレクション　その時あの時の今　私記テレビドラマ50年』河出文庫、二〇一五年十二月


## 社史、放送局史、劇団史関係

石原まき子　監修／阿蘇品蔵　編『石原裕次郎・渡哲也　石原プロ社史1963―2021』青志社、二〇二一年一月
劇団手織座　編『劇団手織座三十周年史』劇団手織座、一九八四年十一月
劇団俳優座　編『俳優座史』劇団俳優座、一九六五年四月
劇団民藝　編『劇団民藝の記録1950～2000』劇団民藝、二〇〇二年七月
新国劇　編『新国劇五十年』中林出版、一九六七年七月
新国劇記録保存会　編『新国劇七十年栄光の記録』新国劇記録保存会、一九八八年八月
東京放送　編『TBS50年史』東京放送、二〇〇二年一月
東宝五十年史編纂委員会　編『東宝五十年史』東宝、一九八二年十一月
東宝作品リスト製作委員会　編『東宝70年　映画・演劇・テレビ・ビデオ　作品リスト』東宝、二〇〇二年十二月
ニッポン放送『社報いづみ　その歩み　開局15周年記念』ニッポン放送、一九六九年
日本テレビ50年史編集室『テレビ　夢　50年　番組編①／データ編』日本テレビ、二〇〇四年三月
日本放送協会　編『20世紀放送史』日本放送出版協会、二〇〇一年三月
日本放送協会　編『テレビ放送開始70年記念　NHKテレビ放送史』NHK放送総局・知財センター（アーカイブス部）、二〇二三年三月
フジテレビ『フジテレビ十年史稿』フジテレビ、一九七〇年一月
フジテレビ『フジテレビジョン開局50年史』フジ・メディア・ホールディングス／フジテレビ、二〇〇九年八月
フジテレビ旧友会「回想文集」編集委員会『フジテレビ回想文集　第一集――開局の頃――』フジテレビ旧友会、一九九四年十二月、『第四集（番組編①）――番組づくりに燃えたあの日あの時――』一九九七年十一月、『第五集（番組編②）』一九九八年四月

フジテレビ編成局調査部 編『タイムテーブルからみたフジテレビ35年史』フジテレビ編成局調査部、一九九四年五月
文学座 編『文学座五十年史』文学座、一九八七年四月

## 新聞、雑誌、企画書関係（主要文献のみ）

尾上規喜「番組を制作しなくなったフジテレビ」『マスコミ市民』一九七一年五月号、日本マスコミ市民会議
志賀信夫「垂直思考のマスコミ三冠王・鹿内信隆」『実業の日本』一九七〇年二月一日新春号、実業之日本社
四条貫哉「ある現代の英雄物語　テレビ・プロデューサーとは」『映画評論』一九五九年十月号、映画出版社
四条貫哉「〃生活のあるドラマ〃への模索　テレビ演出家研究（23）島田親一」『キネマ旬報』一九六一年九月下旬号、キネマ旬報社
島田親一『「花と剣」演出ノートから』私家版、一九六六年六月
嶋田親一『プロデューサーから演出家への書簡――「6羽のかもめ」とともに――』私家版、一九七四年九月
嶋田親一「フジテレビ労働組合　ワンマン鹿内王国への反乱」『放送批評』一九九四年六月号、放送批評懇談会
嶋田親一「鹿内信隆が残した負の遺産」『GALAC』二〇〇五年六月号、放送批評懇談会
嶋田親一「芸界秘録『証言（1）〜（23）』」『鯱』二〇一〇年十月号〜二〇一二年八月号、鯱友の会
島田晋作「四等國民に訴ふ―日本未だ目覺めず―」『さきがけ』創刊号（一九四五年十一月）、秋田魁新報社
藤田富士男「佐々木孝丸と秋田」『埼玉短期大学研究紀要　第八号』埼玉短期大学、一九九九年三月
松木ひろし「原稿用紙三枚の脚本」『ドラマ』二〇〇五年五月号、映人社
「あの頃、あなたは…　嶋田親一さん」『社内ニュース』一九七四年三月一日号、フジテレビ
「close・up　エンサイクロペディアと人は言う　ゲスト・佐々木孝丸」『放送批評』一九八三年十二月号

「企画書　土曜劇場　かもめ座物語（仮）」フジネットワーク、一九七四年七月
「企画書　ブルー・クリスマス（仮題）」東宝映画、一九七六年八月
「座談会・ドラマ温故知新『OBと現役が語るドラマ制作の楽しみ、やり甲斐とは？』」『AURA』第百四十八号（二〇〇一年八月）、フジテレビ編成制作局調査部
「テレビドラマ略語集」『テレビドラマ』一九六〇年五月号、現代芸術協会
「TVドラマに初出演の石原裕次郎」『週刊TVガイド』一九六四年五月十五日号、東京ニュース通信社
「テレビドラマ〝6羽のかもめ〟をおえて」『テレビ映像研究』一九七五年九月創刊号、ナカ・プランニング・デスク
「TV25年　その現実③　第三演出室　看板男三人　自適の日日」「朝日新聞」一九七八年二月六日付夕刊、朝日新聞社
「〝茶の間〟に展くテレビの方法」『キネマ旬報』一九六〇年五月下旬号、キネマ旬報社
「特集　国立国会図書館と脚本・台本」『月報　国立国会図書館』二〇一四年十一月号、日本図書館協会
「ニッポン個性派時代22　中条静夫」『キネマ旬報』一九七八年八月下旬号、キネマ旬報社
「フジテレビスタジオ」／清田文永「テレビ放送所計画概要」『新建築』一九五九年四月号、新建築社
「ほうこん特別号　ありがとう！　嶋田親一さん」『GALAC』二〇二二年十月号付録、放送批評懇談会
「魅力の周辺―桜田淳子　芝居向きの女　アイドルから本格女優へ翔ぶ」『毎日グラフ』一九八四年十二月二日号、毎日新聞社

＊ほかに人名事典、歴史年表、新聞、雑誌、テレビ情報誌、同人誌、放送台本（演出コンテ台本）、企画書、番組資料、映画パンフレット、演劇パンフレット・上演プログラム類、書簡類、嶋田親一個人資料を参考にした。引用文は本文中に出典を適宜明記した。

20の赤いバラ　エイズを止めろ…タブーに挑む熱き男達
＊テレビ朝日【放】11/23【時】14:40-16:05【原】馬場真人【脚】渡辺寿【演】恩地日出夫【企】嶋田親一、依田博史、平野一夫、森岡茂実【出】片岡鶴太郎、石橋蓮司、香川照之、桂三枝、船越英一郎、北林谷栄

＊本リスト作成にあたり、嶋田親一旧蔵台本・資料およびスクラップブックのほか、新聞各紙縮刷版、『キネマ旬報』『週刊ＴＶガイド』『ＴＶガイド』『演劇年鑑』、ウェブサイト「テレビドラマデータベース」などを参考にした。
＊多くの作品の映像が現存せず、未確認のデータが多い。とくにプロデューサーとして関わった作品は、ほかにもあると思われる。本リストの誤り、演出ドラマの追加情報などがあれば、編集部までご一報いただけると幸いです。(濵田記)

嶋田親一ラジオ担当番組リスト
(判明分のみ／すべてニッポン放送)
『一谷嫩軍記　熊谷陣屋』(1954年)
『わたしはキャロン』(1954～55年)
『紅白歌合戦　ライラック・ゲーム』(1954～55年)
『ニッカハローハロークイズ』(1954～55年)
『映画の時間』(1954～55年)
『ポーラファニーショー　飛び出す放送』(1955年)
『新国劇あべこべ集　国定忠治／月形半平太』(1955年)
『ふり袖太平記』(1955～56年)
『ロート東西対抗お笑い他流試合』(1955～56年)
『今週の花嫁花婿　ミスターキャロンミスキャロン』(1955～58年)
『声のスターコンテスト』(1955～58年)
『あなたも名探偵』(1956～57年)
『トクホンミュージカルス　俺はマドロス』(1956～57年)
『夢声の忍術こらい也』(1957年)

嶋田親一舞台演出リスト
(判明分のみ)
勉強座(新国劇青年部)『入れ札』(1952年／53年再演)
現代劇場『娑婆に脱帽』(1958年／61年再演)
現代劇場『野良犬譚』(1958年)
現代劇場『ネグリジェと十字架』(1960年)
現代劇場『靴のなかの石ころ』(1961年)
海賊の会『実践悪党学』(1963年)
海賊の会『北涯停点』(1964年)
橋幸夫特別公演『江戸っ娘気質』(1966年)
劇団テアトル・エコー『オレンジ色の罪状』(1966年)
新国劇『まごころ』(1969年)
民音浪漫劇場『からすなぜ啼くの～さすらいの詩人・野口雨情』(1977年)
外野の会『ふるさとを謳う』(1980年)
水曜座『目醒めのときは短かくて―青春心中考―』(1982年)
水曜座『獏の笑う日』(1983年)
外野の会『歌・芝居・ふるさと』(1984年)
『菊岡久利は熱く』(1986年)
劇団新派『比叡颪し』(1994年)
オールアーツ、サンシャイン劇場提携『死して候・乱世(さだめ)に生きた女』(1997年)
日本演劇協会『立体朗読劇「怪談・面影橋の地蔵」』(2000年)
民主音楽協会『浪花ひろ子・ふるさとロマン劇場「瞼の母」』(2001～02年)
朗読劇「女の一生」を上演する会『女の一生』(2006年)
東京コメディー倶楽部いこい座『君愛せし山河』(2009年)

二、若山勉【出】林与一、美空ひばり、香山武彦、里見浩太郎

シオノギテレビ劇場　新珠三千代のおんなシリーズ　わかれ道
【放】3/2【時】22:00-22:45【原】樋口一葉【脚】内村直也【演】島田親一【出】新珠三千代、中村賀津雄、武内亨、文野朋子、堺左千夫、菅井きん【共】東宝テレビ部

シオノギテレビ劇場　新珠三千代のおんなシリーズ　天の夕顔
【放】3/9【時】22:00-22:45【原】中河与一【脚】有高扶桑【演】島田親一【出】新珠三千代、江原真二郎、高橋信人、有川博、堀井永子【共】東宝テレビ部

シオノギテレビ劇場　新珠三千代のおんなシリーズ　好人物の夫婦
【放】3/16【時】22:00-22:45【原】志賀直哉【脚】田井洋子【演】島田親一【出】新珠三千代、池部良、長山藍子、村瀬幸子【共】東宝テレビ部

シオノギテレビ劇場　ピーターと狸
【放】7/27-8/17【時】22:00-22:45【脚】筒井敬介【演】島田親一【出】小林桂樹、高千穂ひづる、頭師佳孝、河内桃子、有島一郎、山茶花究【共】東宝テレビ部

---

1968（昭和43）年
ワン・チュー・スリー作戦
【放】10/6-12/29【時】18:00-18:30【脚】井上ひさし、山元護久【演】若山勉、清水浩二【制】島田親一【出】西村晃、和久井節雄、羽佐間道夫、大泉滉（声の出演）

---

1969（昭和44）年
アーラわが君
【放】4/2-1970/3/25【時】21:30-22:00【脚】松木ひろし、馬場当、土橋成男、寺島アキ子【演】藤井謙一【制】島田親一【出】三田佳子、長門裕之、東山千栄子、三島雅夫、真家宏満、左卜全

---

1973（昭和48）年
ボクのしあわせ
【放】8/6-12/24【時】21:00-21:55【原】井上ひさし【脚】隆巴、神馬伸、大津皓一、今野勉、増島文彦ほか【演】今野勉、村木良彦【制】重延浩、嶋田親一、村上光一【出】石坂浩二、小鹿ミキ、夏木マリ、三谷昇、宍戸錠、扇千景【共】テレビマンユニオン、新制作

---

1974（昭和49）年
土曜劇場　6羽のかもめ
【放】10/5-1975/3/29【時】22:00-22:55【原】倉本聰【脚】石川俊子、倉本聰、高際和雄、宮川一郎、斎藤憐、土橋成男、野波静雄【演】富永卓二、大野三郎【制】嶋田親一、垣内健二【出】淡島千景、高橋英樹、加東大介、長門裕之、夏純子、栗田ひろみ【共】新制作

---

1975（昭和50）年
土曜劇場　あなただけ今晩は
【放】7/26-9/27【時】21:00-21:55【脚】倉本聰【演】大野木直之【制】嶋田親一、中村敏夫【出】若尾文子、藤田まこと、仁科明子、岸田今日子、中条静夫、瀬川菊之丞【共】新制作

---

1988（昭和63）年
水曜グランドロマン　バラ
＊日本テレビ【放】11/9【時】21:03-22:52【原】曽野綾子【脚】内館牧子【演】恩地日出夫【制】山口剛【企】嶋田親一【出】岸恵子、菅原文太、佐々木すみ江、菅原薫、三谷昇、賀原夏子

---

1997（平成９）年

1965（昭和40）年

シオノギ劇場　佐久間良子アワー　北野踊り
【放】2/12-3/5【時】21:00-21:30【原】水上勉【脚】佐々木武観【演】島田親一【出】佐久間良子、山本学、進藤英太郎、夏川静枝、二木てるみ、水戸光子【共】東映テレビ室

信託劇場　坊っちゃん
【放】2/15-3/22【時】20:00-20:56【原】夏目漱石【脚】山中恒【演】大野木直之【制】島田親一【出】市川染五郎、喜浦節子、加藤武、三木のり平、三島雅夫、北村和夫【共】東宝テレビ部

シオノギ劇場　司葉子アワー　海抜0米
【放】4/9-5/7【時】21:00-21:30【原】曽野綾子【脚】山本雪夫【演】島田親一【出】司葉子、園井啓介、中谷一郎、藤原釜足、斎藤達雄、高橋紀子【共】東宝テレビ部

シオノギ劇場　新国劇アワー　土用ブナ
【放】9/24，10/1【時】21:00-21:30【原】茂木草介【脚】田中林輔【演】島田親一【出】辰巳柳太郎、初瀬乙羽、香川桂子、高倉典江、大山克巳

信託水曜劇場　乳母車
【放】10/6，13【時】22:00-22:45【原】石坂洋次郎【脚】沢村勉【演】島田親一【出】川地民夫、十朱幸代、佐分利信、木暮実千代、村松英子

シオノギテレビ劇場　春琴抄
【放】10/7，14【時】22:00-22:45【原】谷崎潤一郎【脚】榎本滋民【演】島田親一【出】山本富士子、市川猿之助、島田正吾、進藤英太郎、杉村春子、市川翠扇

信託水曜劇場　鶴っ子
【放】10/20-11/10【時】22:00-22:45【原】増田小夜【脚】鈴木尚之【演】島田親一【出】佐久間良子、森光子、水城蘭子、清川玉枝、神田隆、津川雅彦

1966（昭和41）年

信託水曜劇場　走れ！おふくろ
【放】1/5，12【時】22:00-22:45【脚】松木ひろし【演】島田親一【出】高峰三枝子、志村喬、水谷八重子、市川翠扇、川崎敬三、青島幸男【共】東宝テレビ部

信託水曜劇場　やったれ！おふくろ
【放】2/23【時】22:00-22:45【脚】松木ひろし【演】島田親一【出】高峰三枝子、志村喬、水谷八重子、市川翠扇、川崎敬三、青島幸男【共】東宝テレビ部

信託水曜劇場　一匹おやじ
【放】3/2【時】22:00-22:45【脚】山中恒【演】島田親一【出】辰巳柳太郎、入江若葉、川地民夫、牟田悌三、赤木春恵、渡辺篤史

シオノギテレビ劇場　霧の音
【放】4/28，5/5【時】22:00-22:45【原・脚】北條秀司【演】島田親一【出】島田正吾、八千草薫、辰巳柳太郎、河村憲一郎、浜田寅彦、中北千枝子

ひばり・与一の花と剣
【放】10/16-12/25【時】20:00-20:45【脚】宮川一郎、有高扶桑、結束信二【演】島田親一、富永卓二、若山勉【出】林与一、美空ひばり、香山武彦、高松英郎、嵐寛寿郎、東千代之介

1967（昭和42）年

花と剣
【放】1/29-4/9【時】20:00-20:45【脚】沢島忠【演】島田親一、富永卓

【脚】山中恒【演】島田親一【出】葉山葉子、渡辺篤史、二木てるみ、ジュディ・オング、中原ひとみ、左卜全

さくらスターライト劇場　あいつと私
【放】12/1-1964/1/5【時】21:45-22:30【原】石坂洋次郎【脚】松木ひろし【演】島田親一【出】小桜純子、三上真一郎、有島一郎、三宅邦子、久松喜世子、山田吾一

---

1964（昭和39）年
さくらスターライト劇場　哀愁によろしく
【放】1/12-2/23【時】21:45-22:30【脚】笹沢左保【演】島田親一【出】鳳八千代、富士真奈美、十朱幸代、小坂一也、佐々木孝丸、松本朝夫

ドラマへの招待　拾い育て失う
【放】2/1【時】20:00-20:56【脚】菊村到【演】有高扶桑【出】芦川いづみ、神田隆、風見章子、大塚道子、二木てるみ、東恵美子

さくらスターライト劇場　おねえさん
【放】3/1【時】21:45-22:30【脚】山中恒【演】島田親一【出】芦川いづみ、杉村春子、ジュディ・オング、富田浩太郎、笈田勝弘、今井和子

さくらスターライト劇場　あしたの虹
【放】3/8-6/29【時】21:45-22:30、20:00-21:00【原】石坂洋次郎【脚】山本雪夫、山中恒【演】島田親一【出】金井克子、北原三枝、渡辺篤史、桂小金治、根上淳、藤田佳子【共】石原プロモーション

一千万人の劇場　小さき闘い
【放】5/6【時】21:45-22:45【原】石原慎太郎【脚】山中恒【演】島田親一【制】平岡鯛二【出】石原裕次郎、池田秀一、水戸光子、三津田健、夏川大二郎、佐竹明夫【共】石原プロモーション

一千万人の劇場　私に薔薇を
【放】6/17【時】21:45-22:45【脚】北村篤子【演】島田親一【出】高千穂ひづる、高松英郎、千之赫子、矢野昭、中村次朗

一千万人の劇場　幸せを三人前
【放】7/8【時】21:45-22:45【脚】松木ひろし【演】島田親一【出】中村メイコ、緑魔子、ジュディ・オング、多々良純、笈田勝弘、中山昭二

一千万人の劇場　おやじの勲章
【放】9/2【時】21:45-22:45【脚】榎本滋民【演】島田親一【出】島田正吾、辰巳柳太郎、緒形拳、初瀬乙羽、松尾嘉代、石浜朗

シオノギ劇場　司葉子アワー　招かれた人
【放】9/4-10/9【時】21:00-21:30【原】澤野久雄【脚】沢村勉【演】島田親一【出】司葉子、浜木綿子、井上孝雄、太田博之、風見章子、土屋嘉男【共】東宝テレビ部

男なら
【放】10/6-10/27【時】21:45-22:15【脚】松木ひろし、浅間虹児【演】白鳥隆一【制】島田親一【出】内田良平、待田京介、井上孝雄、青柳美枝子、国景子、榊ひろみ

シオノギ劇場　露地の星
【放】10/16【時】21:00-21:30【脚】茂木草介【演】島田親一【出】辰巳柳太郎、島田正吾、香川桂子、初瀬乙羽

一千万人の劇場　コスモスよ赤く咲け
【放】11/18【時】21:45-22:45【脚】大野靖子【演】島田親一【出】緒形拳、大辻伺郎、杉村春子、河野秋武、中北千枝子、富田浩太郎

ソフラン座　女経
【放】7/18, 25【時】21:15-21:45【原】村松梢風【脚】高橋辰雄【演】島田親一【出】森雅之、藤間紫、故里明美、文野朋子、標滋賀子、若柳敏三郎

ソフラン座　美しい橋
【放】8/1, 8【時】21:15-21:45【原】早乙女勝元【脚】浅川清道【演】島田親一【出】山本学、松本典子、村田正雄、小林昭二、北村昌子、本間文子

ソフラン座　ゼロの焦点
【放】8/15-11/28【時】21:15-21:45【原】松本清張【脚】高橋辰雄【演】島田親一、五社英雄【出】河内桃子、鳳八千代、小山田宗徳、河野秋武、村瀬幸子、植村謙二郎

シャープ火曜劇場　朝子の子供たち
【放】10/31【時】20:00-21:00【脚】山中恒、松田暢子、山本雪夫【演】島田親一【出】左幸子、森雅之、左卜全、賀原夏子、梅野泰靖、二木てるみ

ソフラン座　波
【放】12/5-1962/1/30【時】21:15-21:45【原】山本有三【脚】松田暢子【演】島田親一【出】若原雅夫、津島恵子、沢阿由美、岩崎加根子、穂積隆信、清水元

---

1962（昭和37）年
ソフラン座　若い川の流れ
【放】2/6-2/27【時】21:15-21:45【原】石坂洋次郎【脚】松木ひろし【演】島田親一【出】寺島達夫、梅野泰靖、河内桃子、清水将夫、三宅邦子、中西杏子

ソフラン座　蒼い描点
【放】3/6-4/17【時】21:15-21:45【原】松本清張【脚】高橋辰雄【演】島田親一【出】藤田佳子、若原雅夫、垂水悟郎、文野朋子、喜多道枝、山東昭子

ソフラン座　二十歳の設計
【放】4/24-5/29【時】21:15-21:45【原】源氏鶏太【脚】松木ひろし【演】島田親一【出】福田豊土、山内幸子、田浦正巳、市川和子、市村俊幸

東芝土曜劇場　娑婆に脱帽
【放】5/12【時】20:00-21:00【脚】松木ひろし【演】島田親一【出】大坂志郎、市村俊幸、牟田悌三、浦里はるみ、菅井きん、福田豊土

ソフラン座　愛する
【放】6/5-8/28【時】21:15-21:45【脚】松田暢子、松木ひろし【演】島田親一【出】河野秋武、三宅邦子、和田孝、藤田佳子、野口ふみえ、ジュディ・オング

十人の目撃者
【放】11/1-1963/4/11【時】20:00-21:00【脚】高橋辰雄、山本雪夫、中島河太郎ほか【演】島田親一【出】二本柳寛、高松英郎、牟田悌三、山下洵一郎、榊ひろみ、市村俊幸

---

1963（昭和38）年
シャープ火曜劇場　異母妹たち
【放】3/5【時】20:00-21:00【原】田宮虎彦【脚】松田暢子【演】島田親一【出】市村俊幸、藤田佳子、上月左知子、山内幸子、市川和子、沼田曜一【共】海賊の会

シャープ火曜劇場　河のほとりで
【放】4/2【時】20:00-21:00【原】石坂洋次郎【脚】山本雪夫【演】島田親一【出】香山美子、清水将夫、轟夕起子、小川治彦、三上真一郎

かっぱ子物語
【放】4/5-10/25【時】19:30-20:00

サンウエーブ火曜劇場　横丁の女
【放】4/19【時】22:00-22:45【脚】松田暢子【演】島田親一【出】中村メイコ、吉行和子、高橋昌也、村田正雄、永井柳太郎

サンウエーブ火曜劇場　脚光―フットライト―
【放】5/3, 10【時】22:00-22:45【脚】山本雪夫【演】島田親一【出】森雅之、松本典子、仲谷昇、富田浩太郎、松本克平、宝生あやこ

サンウエーブ火曜劇場　巨匠錦を飾る
【放】5/31【時】22:00-22:45【脚】多岐川恭【演】島田親一【出】西村晃、岡田真澄、夏川かほる、成瀬昌彦、左卜全、小林重四郎

東芝土曜劇場　墓場はバラ色
【放】8/6【時】20:00-21:00【脚】松木ひろし【演】島田親一【出】有島一郎、鳳八千代、植村謙二郎、高橋昌也、高田敏江、加代キミ子

富士ホーム劇場　にあんちゃん
【放】11/27-12/11【時】19:30-20:00【原】安本末子【脚】松田暢子【演】島田親一【出】二木てるみ、福田豊土、山崎左度子、渡辺篤史、瀬良明、富田浩太郎

---

1961（昭和36）年
富士ホーム劇場　根っこ物語
【放】1/1-1/22【時】19:30-20:00【原】加藤日出男【脚】松田暢子【演】島田親一【出】小山田宗徳、津村悠子、村田正雄、鈴木瑞穂、小林昭二、佐々木すみ江

東芝土曜劇場　そこから歩くのだ
【放】1/14【時】20:00-21:00【脚】多岐川恭【演】島田親一【出】井川比佐志、河野秋武、楠田薫、標滋賀子、村田正雄、三島謙

三太物語
【放】3/2-1962/5/31【時】19:00-19:30【原】青木茂、筒井敬介【脚】山中恒ほか【演】島田親一、藤井謙一【出】渡辺篤史、ジュディ・オング、中西杏子、市村俊幸、左卜全、七尾伶子

ドラマシリーズ　おんな　悲恋十年
【放】4/8-4/22【時】21:15-21:45【原】田宮虎彦【脚】山本雪夫【演】島田親一【出】岩崎加根子、神山繁、加代キミ子、北城真記子、福田豊土、鈴木瑞穂

ドラマシリーズ　おんな　女の中の悪魔
【放】4/29-5/13【時】21:15-21:45【原】由紀しげ子【脚】松田暢子【演】島田親一【出】左幸子、清水将夫、山根寿子、細川俊夫、細川ちか子、鈴木光枝

ドラマシリーズ　おんな　女が階段を上る時
【放】5/20-6/10【時】21:15-21:45【原】菊島隆三【脚】山本雪夫【演】島田親一【出】池内淳子、若原雅夫、夏川かほる、高橋昌也、市村俊幸、千之赫子

ドラマシリーズ　おんな　母のない子と子のない母と
【放】6/17-7/1【時】21:15-21:45【原】壺井栄【脚】寺島アキ子【演】島田親一【出】森光子、三条美紀、太田博之、江木俊夫、下元勉

ソフラン座　女同士
【放】7/4, 11【時】21:15-21:45【原】石坂洋次郎【脚】未詳【演】島田親一【出】二本柳寛、杉田弘子、中村メイコ、沼田曜一

# 嶋田親一（島田親一）演出・プロデュース
# 主要テレビドラマ、ラジオ担当番組、舞台演出リスト

【放】放送日【時】放送時間【原】原作（原案）【脚】脚本【演】演出【制】プロデューサー【企】企画【出】出演者【共】共同制作（制作協力）
特記なきものはフジテレビが制作、キー局として放送（共同制作は判明分のみ記載）。人名は当時のもの。

1959（昭和34）年

警察日記（試験放送）
【放】1/12【時】18:15-18:45【原】伊藤永之介【脚】高橋辰雄【演】島田親一【出】村田正雄、浮田左武郎、中野かほる、田所千鶴子、今井和子、三田佳子

フジ劇場　執刀（試験放送）
【放】2/9【時】18:15-18:45【脚】山本雪夫【演】島田親一【出】滝田裕介、大塚道子、松村達雄、立川恵作、西田昭市、藤岡琢也

ありちゃんのパパ先生
【放】3/3-1960/2/23【時】22:15-22:45、22:00-22:30【脚】小崎政房、小野田勇、須崎勝弥【演】島田親一【出】有島一郎、若山セツ子、野上優子、家田佳子、島田妙子、村田正雄【共】東宝テレビ室

恋と御同席
【放】4/11【時】13:20-13:50【脚】松木ひろし【演】島田親一、森川時久、丹羽茂久【出】沼田曜一、今井和子、松田敦子、翠潤子、河野彰

東芝土曜劇場　失敗
【放】5/16【時】20:00-21:00【原】松本清張【脚】浅川清道【演】島田親一【出】津島恵子、清水将夫、土屋嘉男、瀬良明、河村久子、成瀬昌彦【共】東宝テレビ室

東芝土曜劇場　投影
【放】7/18【時】20:00-21:00【原】松本清張【脚】山本雪夫【演】島田親一【出】三橋達也、岩崎加根子、河野秋武、佐々木孝丸、石山健二郎、浮田左武郎

東芝土曜劇場　私は死んでいる
【放】8/15【時】20:00-21:00【脚】多岐川恭【演】島田親一【出】島田正吾、杉村春子、岸田今日子、庄司永建、天野新二、郡司八郎

風雲さそり谷
【放】8/30-1960/2/28【時】19:30-20:00【原】角田喜久雄【脚】知切光歳ほか【演】島田親一【出】若柳敏三郎、沢阿由美、小林重四郎、岡譲司、山田吾一、金井修

1960（昭和35）年

サンウエーブ火曜劇場　暖流
【放】3/1，8【時】22:00-22:45【原】岸田國士【脚】高橋辰雄【演】島田親一【出】岩崎加根子、河内桃子、富田浩太郎、佐々木孝丸

小天狗小太郎
【放】3/6-1961/2/23【時】19:30-20:00、19:00-19:30【原】谷屋充【脚】谷屋充、大津皓一ほか【演】島田親一【出】藤間城太郎、若柳敏三郎、岩井半四郎、千葉信男、岩下志麻、鈴木光枝

**カバー写真およびスライド解説**

表1：右列上から下へ、『東芝土曜劇場　そこから歩くのだ』リハーサル中の井川比佐志（1961年）／『サンウエーブ火曜劇場　横丁の女』リハーサル風景。左から高橋昌也、吉行和子、中村メイコ（1960年）／フジテレビスタジオでの嶋田親一（1960年代）／フジテレビスタジオでのリハーサル風景。中央に嶋田（1960年代）／『シオノギ劇場　佐久間良子アワー　北野踊り』カメラテスト中の佐久間良子（1964年）

中列上から下へ、『サンウエーブ火曜劇場　巨匠錦を飾る』リハーサル風景。左に西村晃、右に岡田真澄（1960年）／『小天狗小太郎』千葉県房総・峯山ロケ。右から美川洋一郎、ひとりおいて、藤間城太郎、嶋田（1960年）／『ソフラン座　ゼロの焦点』石川県能登ロケ。左に河内桃子（1961年）／『東芝土曜劇場　墓場はバラ色』リハーサル風景。左から鳳八千代、植村謙二郎、有島一郎、加代キミ子、高橋昌也（1960年）

左列上から下へ、『ドラマシリーズ　おんな　女が階段を上る時』ロケハン中の池内淳子（1961年）／『サンウエーブ火曜劇場　脚光―フットライト―』リハーサル中の森雅之（1960年）／『ソフラン座　蒼い描点』ロケ。中央に藤田佳子、右に嶋田（1962年）／『ゼロの焦点』石川県能登ロケ。左に嶋田、中央に河内桃子（1961年）

背：『北野踊り』京都市北区ロケ。中央に二木てるみ、右に嶋田（1965年）

表4：『巨匠錦を飾る』タイトル文字のスライド。「匠」のスライドのみ現存せず（1960年）

［以上、嶋田旧蔵］

## み



## む



## も



## や

## ひ



## ふ



## ほ



## ま

## に



## ぬ



## ね



## の



## は

## ち



## つ



## て



## と



## な

## さ



## し

## き



## く



## け



## こ

## か

## う



## え



## お

# 人名索引

（項目見出し、あとがき、参考文献、本文図版キャプション、図表内人名、巻末ドラマリストの人名および嶋田親一［島田親一、島田洋州、檜眞一郎］はのぞく）

## あ



## い

嶋田親一（1960年代、フジテレビスタジオ）。[嶋田旧蔵]

著者略歴

## 濱田研吾（はまだ・けんご）

ライター、編集者。一九七四（昭和四十九）年、大阪府交野市生まれ。京都造形芸術大学（現・京都芸術大学）卒業。著書に『徳川夢声と出会った』（晶文社）、『三國一朗の世界あるマルチ放送タレントの昭和史』（清流出版）、『鉄道公安官と呼ばれた男たち』（交通新聞社新書）、『脇役本 増補文庫版』『俳優と戦争と活字と』（以上、ちくま文庫）。編書に徳川夢声『夢声戦中日記』（中公文庫）。

証言者略歴

## 嶋田親一（しまだ・しんいち）

演出家、プロデューサー。一九三一（昭和六）年、東京府豊多摩郡野方町（現・東京都中野区）生まれ。新国劇、ニッポン放送を経て、一九五八（昭和三十三）年、開局前のフジテレビに移籍。ディレクター、プロデューサーとして、多くのスタジオドラマを手がけた。代表作に『三太物語』『ゼロの焦点』『小さき闘い』『6羽のかもめ』など。映画プロデュース、舞台演出も多数。二〇二二（令和四）年逝去。

# 俳優《はいゆう》たちのテレビドラマ創世記《そうせいき》

二〇二四年六月三〇日　初版第一刷発行

著　者　濵田研吾
発行者　佐藤今朝夫
発行所　株式会社国書刊行会
東京都板橋区志村一―一三―一五　〒一七四―〇〇五六
電話〇三―五九七〇―七四二一
Mail：info@kokusho.co.jp
URL：https://www.kokusho.co.jp
装　幀　村松道代
印刷所　創栄図書印刷株式会社
製本所　株式会社村上製本所

ISBN978-4-336-07650-2

## ふぞろいの林檎たちⅤ／男たちの旅路〈オートバイ〉
### 山田太一未発表シナリオ集

山田太一／頭木弘樹編・解説

四六変型判／四三六頁／二九七〇円

誰も見ることのできなかった幻のテレビドラマがついに！　名作ドラマシリーズ『ふぞろいの林檎たち』幻の第5部、新発見の『男たちの旅路』の未発表回、未映像化のサスペンスドラマなど貴重なシナリオを一挙収録。

## 「昭和」の子役
### もうひとつの日本映画史

樋口尚文編著

四六判／三八四頁／三〇八〇円

六〇～七〇年代に映画やテレビで活躍した伝説の「子役」たちから見る昭和エンタテインメントの世界。初インタビューや資料を満載、初めて明かされる秘話や事実を掘り起こした、もうひとつの日本映画史。

## 井上ひさしの劇世界

扇田昭彦

四六判／五〇六頁／三三〇〇円

日本文学と演劇に多大な影響を与えた井上ひさし。その活動の軌跡を、現代演劇評論の第一人者であり、交流のあった著者が丹念に浮かび上がらせる。巻末には詳細な年譜も収録。

## 園井恵子
### 原爆に散ったタカラジェンヌの夢

千和裕之

四六変型判／四二四頁／三〇八〇円

宝塚少女歌劇で活躍し、戦中名画『無法松の一生』のヒロイン役で日本中を魅了するも、三十二歳で広島の原爆に斃れた劇的な人生。大林宣彦、井上ひさし作品のモデルとなった伝説の女優・園井恵子の初の評伝。